山东省学前教育条例释义

《山东省学前教育条例释义》编写组
编著

山东教育出版社

图书在版编目（CIP）数据

山东省学前教育条例释义 /《山东省学前教育条例释义》编写组编著 . — 济南 ：山东教育出版社，2020. 8
ISBN 978-7-5701-1405-4

Ⅰ. ①山… Ⅱ. ①山… Ⅲ. ①学前教育 - 教育法 - 法律解释 - 山东 Ⅳ. ①D927. 552. 165

中国版本图书馆CIP数据核字（2020）第151735号

SHANDONG SHENG XUEQIAN JIAOYU TIAOLI SHIYI

山东省学前教育条例释义

《山东省学前教育条例释义》编写组 编著

主管单位：山东出版传媒股份有限公司
出版发行：山东教育出版社
地址：济南市纬一路321号 邮编：250001
电话：（0531）82092660 网址：www.sjs.com.cn
印 刷：济南万方盛景印刷有限公司
版 次：2020 年 8 月第 1 版
印 次：2020 年 8 月第 1 次印刷
开 本：710 毫米 × 1000 毫米 1/16
印 张：21. 25
印 数：1 – 2000
字 数：276 千
定 价：50. 00 元

指导委员会

主　　任：姚潜迅　邓云锋　王玉君

副 主 任：石　晓　关延平　李建军　齐延安

委　　员：（按姓氏笔画为序）

王春英　张小永　张升峰　张建军

陈洪波　邵学伦　徐金妹

编写委员会

主　　编：孔　玲

副 主 编：王录平　王　波　李　婷

编写人员：（按姓氏笔画为序）

尹蕾蕾　李玉珍　张雅雯　张瑞泉

张献华　陈鹏飞　杨冬梅　赵　慧

景　珠

序

学前教育是国民教育体系的重要组成部分，是重要的社会公益事业。保障学前教育事业健康可持续发展，必须首先建立一套行之有效的法规制度体系。

2014年，省政府以规章形式颁布实施《山东省学前教育规定》，为学前教育发展提供了有力的制度支撑。2018年，省政府办公厅印发《关于加快学前教育改革发展的意见》，启动实施第三期学前教育行动计划，学前教育发展取得显著成效。2018年以来，我省在学前教育体制机制方面做了很多重大创新和突破，密集出台了一系列政策文件，各级政府和教育主管部门也积累了很多好的做法和成熟经验。

但是，由于我省学前教育底子薄、历史欠账多，是教育链条中最突出的短板和最薄弱的环节，发展不平衡不充分、“入园难”“入园贵”问题依然比较突出。特别是经济社会发展、人口政策调整和城镇化进程的加快，给学前教育工作提出了一系列新挑战、新要求，学前教育面临的形势、任务更加严峻、紧迫。例如，我省学前教育优质资源供给总量不足，经费保障缺口较大，教师队伍整体素质不高、社会地位和待遇保障有待改善，幼儿园管理和保育教育质量有待进一步规范和提高等等，这些问题都严重制约了学前教育的持续健康发展。

2018年9月，省人大对学前教育进行专题问询，并将制定《山东省学前教育条例》（以下简称《条例》）列为2019年地方性法规一类项目，正是基于当前我省学前教育发展的条件基础和现实需要所作出的决定。

省教育厅作为《条例》起草的牵头部门，开展了专题研究，广泛征求了有关部门、全省教育系统和幼儿园等各方面的意见建议，学习外省市先进经验，于2019年1月形成《条例（草案）》初稿。各有关部门献计献策、改革创新，为《条例》修改完善给予了大力支持。省人大常委会坚持开门立法，对《条例（草案）》的制定工作给予了具体指导。省人大法制委、教科文卫委、常委会法工委以及省司法厅提前介入调研起草工作，通过省内外专题调研、征求社会各界立法建议、组织立法听证、专家论证等多种形式，精准把握了《条例》的立法需求，及时回应了幼儿园等基层群众的关切。

2019年9月27日，《条例》经山东省第十三届人民代表大会常务委员会第十四次会议审议通过，于2020年1月1日起实施。《条例》对学前教育性质定位、幼儿园规划建设、幼儿园设立与管理、保育与教育、教师队伍建设、保障与监督、法律责任等都作出了全面规定，这是我省第一部学前教育地方性法规，具有鲜明的地方特色和较强的时代性、前瞻性和可操作性。《条例》的颁布是全省推进依法治教、健全教育法律法规体系、完善教育治理体系和治理能力建设、促进学前教育事业健康发展的重要举措，充分彰显了山东大力发展学前教育、补齐学前教育短板的信心和决心，对于强化顶层设计，凝聚全省推进学前教育事业发展的力量，保障学前教育健康可持续发展具有重要的里程碑意义。

知法、懂法是守法、执法的前提。深入学习并贯彻实施好《条例》，既是我们贯彻落实党中央、国务院关于学前教育改革发展部署要求和省委、省政府工作安排，补齐我省学前教育事业发展"短板"的重要举措，也是发挥法律制度刚性约束作用，提高各级政府依法治教能力的根本保障，更是解决群众反应强烈民生问题的治本之策。要实现学前教育工作法治化，使发展学前教育成为政府、各有关部门和全社会的共同责任，就必须进一步加强对普法工作的领导，健全普法宣传教育机制，通过多种形式加大《条例》的宣传力度，不断提高《条例》的社会知晓度和影响力。为此，我们编写了《山东省学前教育条例释义》（以下简称《释义》）一书，对《条例》的内容逐条进行了详细解读，特别注重在实施环节提供可操作的指引，供全省学前教育工作者学习、参考。因时间紧迫和水平所限，书中难免有不妥之处，敬请批评指正。

在《条例》及《释义》制定及编撰过程中，得到许多领导、专家及学前教育工作者的大力指导和无私帮助，在此一并表示衷心感谢！

编者

2020年8月

目录

山东省人民代表大会常务委员会公告

（第74号）

《山东省学前教育条例》已于2019年9月27日经山东省第十三届人民代表大会常务委员会第十四次会议通过，现予公布，自2020年1月1日起施行。

山东省人民代表大会常务委员会

2019年9月27日

山东省学前教育条例

（2019年9月27日山东省第十三届人民代表大会
常务委员会第十四次会议通过）

目　录

第一章　总　则

第一条　为了促进和规范学前教育普及普惠安全优质发展，维护学龄前儿童、保育教育人员和学前教育机构的合法权益，提高民生保障水平，根据《中华人民共和国教育法》等法律、行政法规，结合本省实际，制定本条例。

第二条　在本省行政区域内实施学前教育以及相关监督管理等活动，适用本条例。

本条例所称学前教育，是指幼儿园等学前教育机构对三周岁以上学龄前儿童实施的保育与教育。

第三条 学前教育是国民教育体系的重要组成部分，是重要的社会公益事业。

发展学前教育，必须坚持公益普惠基本方向，实行政府主导、社会参与、公办民办并举的办学体制，大力发展公办幼儿园，扶持普惠性民办幼儿园，鼓励社会力量以多种形式举办幼儿园等学前教育机构。

第四条 学前教育应当贯彻国家教育方针，坚持立德树人，尊重儿童人格，保障儿童权利，遵循儿童身心发展规律，实行科学保育教育，促进儿童德智体美劳全面发展。

第五条 县级以上人民政府应当将学前教育纳入国民经济和社会发展规划，制定实施学前教育发展规划，普及学前三年教育，合理配置学前教育资源，构建覆盖城乡、布局合理的学前教育公共服务体系。

第六条 省、设区的市人民政府应当统筹本行政区域学前教育事业发展，健全学前教育责任分担体系，完善保障措施并组织实施。

县（市、区）人民政府应当履行本行政区域学前教育发展的主体责任，统筹负责幼儿园的规划布局、资源配置、教师配备、投入保障等工作。

乡镇人民政府、街道办事处依法承担本辖区内学前教育发展和管理的相关责任。

第七条 县级以上人民政府教育行政部门主管本行政区域的学前教育工作，具体负责幼儿园等学前教育机构的监督管理。

县级以上人民政府发展改革、公安、财政、人力资源社会保障、自然资源、住房城乡建设、卫生健康、市场监督管理等部门，按照各自职责做好学前教育相关工作。

第八条 县级以上人民政府和有关部门应当按照规定，对在学前教育事业中做出突出贡献的单位和个人给予表彰、奖励。

第二章　幼儿园规划与建设

第九条　设区的市、县（市）人民政府教育行政部门应当会同自然资源等部门，根据本行政区域国土空间规划、适龄儿童分布以及变动等情况，制定、调整幼儿园布局规划，明确幼儿园的总体布局、用地规模，纳入公共服务设施专项规划，征求社会公众意见后，报本级人民政府批准实施。

控制性详细规划、乡规划、村庄规划应当落实幼儿园布局规划的有关内容。

第十条　省、设区的市、县（市）人民政府应当将教育行政部门纳入本级国土空间规划委员会。

县级以上人民政府自然资源主管部门在提出居住用地规划条件时，应当明确配套幼儿园同步规划设计要求，确定幼儿园地块布局、用地面积等内容；在审查城镇居住区建设项目设计方案前，应当征求同级教育行政部门的意见。

县级以上人民政府自然资源主管部门对配套幼儿园不符合规划条件要求的城镇居住区建设项目，不予办理规划许可手续。

第十一条　城镇居住区配套幼儿园建设用地应当以划拨方式供应。

配套幼儿园建设用地应当与居住用地同步供地、同步达到建设条件；居住区分期建设的，配套幼儿园建设用地应当在首期供地并达到建设条件。

第十二条　城镇居住区配套幼儿园由当地人民政府投资建设或者由开发建设单位按照约定代为建设。

第十三条　对需要配套建设幼儿园的城镇居住区，设区的市、县（市）人民政府住房城乡建设部门应当会同同级教育行政部门，在房地产开发项目建设条件意见书中明确配套幼儿园的建设标准、投资来源、完成时限、产权归属、移交方式等内容。

建设单位应当按照县级以上人民政府自然资源主管部门提出的配套幼儿园规划设计要求进行建设。

第十四条 城镇居住区配套幼儿园应当与居住区建设项目同步建设施工、同步竣工验收、同步交付使用；居住区分期建设的，应当在首期建设配套幼儿园并同步验收。

县级以上人民政府自然资源主管部门依法对配套幼儿园建设是否符合规划条件予以核实，未经核实或者经核实不符合规划条件的，建设单位不得组织竣工验收。

第十五条 新建的城镇居住区配套幼儿园，房地产开发项目建设条件意见书确定幼儿园权属归所在地县（市、区）人民政府的，建设单位应当按照约定的移交方式，自竣工验收合格之日起三个月内将园舍、场地、附属配套设施以及相关资料等全部无偿移交所在地县（市、区）人民政府教育行政部门。

第十六条 县（市、区）人民政府应当将城镇居住区配套幼儿园优先举办为公办幼儿园，或者通过招标方式无偿委托举办为普惠性民办幼儿园，不得举办为营利性民办幼儿园。

任何单位和个人不得擅自改变城镇居住区配套幼儿园的性质和用途。

第十七条 已建成的城镇居住区未按照规划建设配套幼儿园，或者已建幼儿园不能满足需求的，设区的市、县（市、区）人民政府应当补建、改建、就近新建或者通过置换、购置等方式予以解决。

第十八条 各级人民政府应当完善农村幼儿园布局，将农村幼儿园建设纳入公共服务设施专项规划并组织实施。

每个乡镇应当至少举办一所公办中心幼儿园。鼓励、支持公办中心幼儿园对辖区内的公办幼儿园进行业务指导或者实施一体化管理。

第十九条 各级人民政府根据学龄前儿童入园需求，将中小学闲置校舍、空置厂房、办公用房等设施改建为幼儿园的，应当符合安全、环保、卫生的要求。

县级以上人民政府应当鼓励、支持农村集体经济组织、国有企业事业单位举办公办幼儿园，引导民办幼儿园规范发展，支持民办幼儿园提供优质的保育教育服务，满足家长对学前教育的多元化需求。

第二十条 特殊教育机构应当设置幼儿园。

鼓励、支持儿童福利机构、残疾儿童康复机构设置幼儿园。

第二十一条 因公共利益需要征收幼儿园土地、房屋的，县级以上人民政府应当按照幼儿园布局规划和调整方案予以重建；需要异地重建的，应当先建设并投入使用后再征收；需要原地重建的，在建设期间应当就近妥善安置在园儿童。

第二十二条 幼儿园的选址、建设和装修应当执行国家和省相关规定，符合抗震、避险、防雷、消防、卫生、环保、日照、通风等要求。

已建成的幼儿园存在安全隐患的，举办者应当采取有效防控措施消除隐患；存在重大安全隐患采取措施仍不能消除的，应当组织迁移或者关停。

第三章 幼儿园设立与管理

第二十三条 设立幼儿园应当具备下列条件：

（一）符合幼儿园布局规划和学前教育发展需要；

（二）有章程、组织机构和规范的名称；

（三）有符合规定的场所、设施和设备；

（四）有符合规定的园长、教师和保育、卫生保健、财务、安全保卫等人员；

（五）有必备的办学资金和稳定的经费来源；

（六）法律、法规规定的其他条件。

第二十四条 设立公办幼儿园，应当经县级以上人民政府教育行政部门和机构编制主管部门批准，并办理法人登记手续。

未经县级以上人民政府教育行政部门和机构编制主管部门批准，不得停办公办幼儿园。

未经省人民政府教育行政部门批准，任何单位和个人不得将公办幼儿园转为民办幼儿园。

第二十五条 设立民办幼儿园，应当向所在地县（市、区）人民政府审批机关提出申请。

审批机关应当自受理之日起二十个工作日内作出是否批准的决定。符合条件的，发给办学许可证，并向社会公告；不符合条件的，书面说明理由。

民办幼儿园取得办学许可证后，应当进行法人登记，登记机关应当依法予以办理。

第二十六条 幼儿园变更审批、登记事项或者终止的，应当向原审批、登记管理机关申请办理变更或者注销手续。原审批、登记管理机关应当按照有关规定办理。

第二十七条 县（市、区）人民政府教育行政部门应当按照有关规定组织认定普惠性民办幼儿园，并向社会公布。

第二十八条 幼儿园应当依照法律、法规和章程，建立相应的组织机构与管理体制，健全教职工管理、儿童权益保护、资产与财务管理、安全、卫生等制度。

幼儿园实行园长负责制。

第二十九条 幼儿园应当按照国家和省有关规定，配备安全保卫人员，建设、配备和管理安全防护设施，在幼儿园门口设置硬质隔离和防冲撞设施，安装一键式紧急报警装置，在重点部位安装符合相关标准的入侵报警和视频图像采集装置，建立并实施网上巡查制度。

幼儿园应当加强对视频图像资料的存储保管，确保视频图像资料的有效性。

第三十条 幼儿园应当建立健全安全管理制度，制定各类突发事件应急预案，定期组织开展安全教育和应急演练。

发生自然灾害、传染性疾病、食物中毒、公共安全等事件时，幼儿园应当立即采取应急措施，并按照规定报所在地教育、卫生健康、市场监督管理和其他有关部门，不得迟报、谎报、瞒报和漏报。

幼儿园应当按照国家规定办理校方责任保险。鼓励家长为儿童办理人身意外伤害保险。

第三十一条 幼儿园应当加强财务管理，公布收费依据、收费项目和标准，接受家长和社会监督。

幼儿园收取的保教费应当主要用于儿童的保育教育活动、改善办园条件和保障教职工的待遇。

第三十二条 幼儿园应当建立完善教职工绩效考核制度，考核结果作为对教职工岗位聘用、职务晋升、工资分配、奖惩的重要依据。

第三十三条 幼儿园应当建立儿童交接、登记等制度。儿童接送由父母、其他监护人或者其委托的成年人负责。

幼儿园一般不使用车辆集中接送儿童；因特殊情况需要使用车辆集中接送的，应当落实儿童交接登记制度，使用符合国家规定标准的儿童专用车辆，其安全管理应当遵守国家和省有关校车管理的规定。

第四章 保育与教育

第三十四条 三周岁以上学龄前儿童可以申请入园。幼儿园接收有困难的，所在地县（市、区）人民政府教育行政部门应当按照就近原则统筹协调安排入园。

幼儿园应当按照国家和省有关规定设置班额，并向社会公布招生计划和招生简章。

第三十五条 在普惠性学前教育资源充足的区域，公办幼儿园和普惠性民办幼儿园应当按照划定的服务范围，就近接收学龄前儿童入园。服务范围由所在地县（市、区）人民政府教育行政部门划定。

第三十六条 幼儿园不得歧视或者拒绝接收具有接受普通教育能力

的残疾儿童入园。在同等条件下，残疾儿童优先进入公办幼儿园或者普惠性民办幼儿园。

鼓励、支持残疾儿童达到规定规模的幼儿园建立特殊教育资源教室。

第三十七条 儿童入园前应当按照国家卫生保健规定进行健康检查，合格者方可入园。除健康检查外，幼儿园不得对儿童进行任何形式的考试或者测查。

儿童有特异体质、特定疾病或者其他生理、心理异常状况的，其父母或者其他监护人应当在入园前书面告知幼儿园。

第三十八条 幼儿园应当制定膳食营养、体育锻炼、健康检查、卫生消毒、疾病预防等措施，关注儿童用眼卫生，增强儿童体质，预防和减少疾病发生。

提供用餐的幼儿园应当依法取得食品经营许可，为儿童提供安全卫生健康的食品，并按照规定进行食品留样。幼儿园应当每周向家长公示儿童食谱，并建立集中用餐陪餐制度。

幼儿园应当为儿童提供安全卫生的饮用水。

第三十九条 幼儿园应当建立健全卫生保健制度，按时进行卫生消毒、儿童健康例行检查，落实预防和控制传染病措施，并配合卫生健康部门做好计划免疫工作。

幼儿园应当建立患病儿童用药交接制度，未经儿童父母或者其他监护人同意或者书面委托，幼儿园不得给儿童服用药品。

第四十条 幼儿园应当遵循儿童身心发展规律，按照国家和省有关规定科学组织儿童在园一日生活，以游戏为基本活动。正常情况下，儿童在园期间每天户外活动时间不得少于两小时。

幼儿园应当创造满足儿童感知、体验、探索需求的成长环境，启发保护儿童的兴趣和想象力，关注儿童心理健康，培养儿童良好的道德品质和学习、生活习惯，保障儿童健康快乐成长。

第四十一条 幼儿园不得使用小学化教育方式、教授小学教育内容、布置小学教育内容的作业或者组织与小学教育内容有关的考试、测验。

幼儿园不得使用或者要求家长购买幼儿教材和教辅资料，不得向家长推销或者变相推销玩具、教具、图书等。

第四十二条 幼儿园的设施设备、用品用具、玩具、教具、图书等，应当适合儿童年龄特点和身心发展需求，符合国家和省有关质量、安全标准和卫生、环保要求。

鼓励幼儿园利用当地自然资源自制玩具、教具。

第四十三条 幼儿园不得组织儿童参加商业活动和无安全保障的活动，不得使用包含色情、暴力、网络游戏以及违背保育教育规律等内容的应用软件以及其他相关物品，不得泄露儿童和家长的信息。

禁止商业广告、商业活动进入幼儿园。

禁止在幼儿园内吸烟、饮酒。

第四十四条 幼儿园应当与儿童家庭建立交流协作机制，通过家长开放日、家长会等形式开展科学保育教育宣传和指导，促进儿童身心健康成长。

家长可以通过志愿服务等形式参与幼儿园保育教育活动。

第四十五条 儿童父母、其他监护人应当树立正确教育观念，学习科学教育方法，创造有利于儿童身心健康成长的家庭教育环境，合理控制儿童使用电子产品时间，配合、支持幼儿园开展家园共育活动。

第五章 教师与其他工作人员

第四十六条 幼儿园应当按照国家规定配备园长、教师、保育员、卫生保健人员、财务人员、安全保卫人员、后勤服务人员和其他工作人员。

幼儿园应当根据需要增加男性教师的数量。

第四十七条 幼儿园教师与其他工作人员应当遵守法律、法规和职业道德规范，尊重、爱护和平等对待儿童，不得有虐待、歧视、恐吓、体罚或者变相体罚儿童以及侮辱儿童人格等损害儿童身心健康的行为。严禁猥亵、性侵害儿童。

幼儿园发现猥亵、性侵害儿童行为，应当采取措施保护、帮助受害儿童，立即向公安机关报案，同时向教育行政部门报告，并依法保护受害儿童的隐私。

第四十八条 县级以上机构编制主管部门应当为纳入机构编制管理的公办幼儿园核定编制，并按照工作需要定期进行动态调整。现有编制总量仍然不能满足工作需要的，可以对实验幼儿园、乡镇中心幼儿园和公办学校附属幼儿园等公益二类幼儿园探索实行人员控制总量备案管理。

县级以上人民政府人力资源社会保障部门、教育行政部门应当根据编制和人员控制总量及时补充招聘幼儿园教师。

第四十九条 幼儿园园长应当具备国家和省规定的任职条件，由举办者任命或者聘任，报主管的教育行政部门备案。

幼儿园教师应当取得相应的教师资格，卫生保健人员、保育员、安全保卫人员应当受过相应的专业知识培训。

第五十条 幼儿园教师与其他工作人员上岗前应当取得健康合格证明。幼儿园教师与其他工作人员在岗期间患有传染性疾病、精神障碍等不适宜继续工作的，应当立即离岗治疗。幼儿园应当组织教师与其他工作人员每年进行至少一次健康检查。

幼儿园不得招用有以下情形的人员：

（一）有吸毒、犯罪记录的；

（二）有精神病史和其他不适合从事幼儿园工作疾病的；

（三）有虐待儿童等不良记录的；

（四）有严重违反师德行为的；

（五）其他不宜从事幼儿园工作的情形。

第五十一条 幼儿园应当与教师和其他工作人员依法订立聘用合同或者劳动合同，保障其工资福利、社会保险、休息休假和参加培训等合法权益。

实行人员控制总量备案管理的公办幼儿园聘任教师，其工资、福利待遇、社会保险等与纳入机构编制管理的教师相同。

专职从事特殊教育的幼儿园教师按照国家和省规定享受特殊教育津贴。

第五十二条 幼儿园岗位结构比例应当按照有关规定设置。

民办幼儿园教师在专业技术职称评聘、培养培训、评优表彰等方面与公办幼儿园教师享有同等权利。

县级以上人民政府应当对长期在偏远地区、条件艰苦地区工作的幼儿园教师，按照规定在专业技术职称评聘、福利待遇等方面予以倾斜。

第五十三条 县级以上人民政府教育行政部门应当完善学前教育师资培养和培训体系，合理安排师范院校学前教育专业招生规模，实施公费师范生乡村幼儿教师培养计划，并适当增加男生招收、培养比例。

幼儿园园长和教师应当定期参加专业培训。

第五十四条 幼儿园教师依法享受寒暑假期的带薪休假。幼儿园应当创造条件，在寒暑假期间安排工作人员轮流休假。

第六章 保障与监督

第五十五条 县级以上人民政府应当建立健全政府投入为主、家庭合理分担、其他多种渠道筹措经费的学前教育经费保障机制。

鼓励社会组织和个人捐助学前教育。

第五十六条 县级以上人民政府应当保障学前教育公益普惠属性。

公办幼儿园和普惠性民办幼儿园在园儿童比例不低于本行政区域在园儿童总数的百分之八十，其中公办幼儿园在园儿童比例不低于本行政区域在园儿童总数的百分之五十。

第五十七条 县级以上人民政府应当加大对农村学前教育的投入，在教师配备、培养培训、表彰奖励等方面给予扶持，改善办园条件，提高农村幼儿园保育教育质量。

第五十八条 县级以上人民政府财政、教育行政部门应当根据经济和社会发展状况，制定、落实公办幼儿园生均公用经费财政拨款标准和普惠性民办幼儿园生均补助标准，并逐步提高。

残疾儿童生均公用经费应当按照特殊教育学校生均公用经费标准列入财政预算，并足额拨付。

第五十九条 县级以上人民政府应当建立学前教育资助制度，并逐步提高资助标准。

对孤儿、残疾儿童和符合规定条件的贫困家庭儿童免收保教费，所需经费纳入财政预算。

第六十条 公办幼儿园收费标准实行政府定价或者政府指导价，非营利性民办幼儿园收费标准实行政府指导价，营利性民办幼儿园收费标准实行市场调节。

设区的市、县（市、区）人民政府应当根据当地经济发展状况、办园成本、幼儿园类别和群众承受能力等，制定公办幼儿园和非营利性民办幼儿园收费标准，并实行动态调整。

设区的市、县（市、区）人民政府市场监督管理等部门应当加强对幼儿园收费行为的监督检查，依法查处价格违法行为，抑制过高收费。

第六十一条 县级以上人民政府应当采取购买服务、综合奖补、减免租金、派驻公办教师、组织教师培训和教研指导等方式，支持普惠性民办幼儿园发展。

第六十二条 民办幼儿园用水、用电、用气、用热等价格，应当与公办幼儿园执行统一标准。

幼儿园按照国家规定享受相关税收优惠政策。

城镇居住区配套幼儿园免缴物业服务费。

第六十三条 县级以上人民政府教育行政部门应当加强对幼儿园保育教育质量的监督管理，会同有关部门对幼儿园办园水平进行分类认定，并实行动态管理。

第六十四条 县级以上人民政府教育行政部门应当加强对营利性民办幼儿园参与并购、加盟、连锁经营等行为的监督管理，规范办园行为。

第六十五条 任何单位和个人不得截留、挤占或者挪用学前教育经费，不得违法向幼儿园收取或者摊派费用，不得侵占、破坏幼儿园园舍和设备，不得在幼儿园周边区域设置有危险、有污染、有辐射和影响采光的建筑和设施，不得干扰幼儿园的正常工作秩序。

第六十六条 发生儿童安全等事故，儿童父母或者其他监护人以及其他有关人员应当配合事故处置和调查处理，并不得有下列行为：

（一）侮辱、威胁、恐吓、故意伤害儿童、教师与其他工作人员、事故调查处理人员，或者限制其人身自由；

（二）围堵幼儿园，扰乱正常保育教育秩序；

（三）侵占、损毁幼儿园设施、设备；

（四）携带危险物品和管制刀具、器械进入幼儿园；

（五）制造、散布谣言；

（六）其他违法行为。

发生前款行为，幼儿园应当立即向所在地公安机关报案；涉嫌违法犯罪的，公安机关应当依法及时采取措施予以处置，维护幼儿园秩序。

第六十七条 幼儿园所在社区和图书馆、博物馆、科技馆、体育场馆、美术馆等公共文化体育场所，应当为幼儿园提供相关图书、展品、设施等教育资源，为幼儿园开展保育教育提供便利。

广播、电视、报刊、网络等媒体应当积极普及正确的学前教育理念，引导公众理解和支持学前教育。

第六十八条 县级以上人民政府应当依法对本级人民政府有关部门、下级人民政府及有关部门履行学前教育发展职责进行督导，并将结果向社会公布。

第七章　法律责任

第六十九条　对违反本条例规定的行为，法律、行政法规已经规定法律责任的，适用其规定。

第七十条　违反本条例规定，各级人民政府、教育行政部门和其他有关部门及其工作人员有下列情形之一的，由有关主管机关责令改正，通报批评，对直接负责的主管人员和其他直接责任人员依法给予处分；构成犯罪的，依法追究刑事责任：

（一）未按照规定制定、调整和组织实施幼儿园布局规划的；

（二）对配套幼儿园不符合规划要求的城镇居住区建设项目办理规划许可手续的；

（三）未按照法定条件和程序核发民办幼儿园办学许可证的；

（四）擅自改变城镇居住区配套幼儿园的性质和用途的；

（五）未按照规定制定并落实公办幼儿园生均公用经费财政拨款标准和普惠性民办幼儿园生均补助标准的；

（六）未按照规定足额拨付残疾儿童生均公用经费的；

（七）截留、挤占或者挪用学前教育经费的；

（八）其他滥用职权、玩忽职守、徇私舞弊的情形。

第七十一条　违反本条例规定，建设单位未按照规定建设配套幼儿园将城镇居住区建设项目交付使用的，或者未按照规定将配套幼儿园园舍、场地、附属配套设施全部无偿移交所在地县（市、区）人民政府教育行政部门的，由县级以上人民政府住房城乡建设部门责令限期改正；逾期不改正的，处配套幼儿园建设工程造价二倍以上五倍以下罚款。

第七十二条　违反本条例规定，擅自举办民办幼儿园的，由所在地县级以上人民政府有关部门责令停止办园、退还所收费用，并对举办者处违法所得一倍以上五倍以下罚款；构成违反治安管理行为的，由公安机关依法予以处罚；构成犯罪的，依法追究刑事责任。

第七十三条 违反本条例规定，未经批准停办公办幼儿园或者将公办幼儿园转为民办幼儿园的，由县级以上人民政府教育行政部门给予警告，责令限期改正，通报批评，对直接负责的主管人员和其他直接责任人员依法给予处分。

第七十四条 违反本条例规定，幼儿园有下列行为之一的，由县级以上人民政府教育行政部门给予警告，责令限期改正，通报批评，处五千元以上三万元以下罚款；有违法所得的，没收违法所得：

（一）组织儿童参加商业活动和无安全保障的活动的；

（二）歧视或者拒绝接收具有接受普通教育能力的残疾儿童入园的；

（三）在儿童入园前违反规定对儿童进行考试或者测查的；

（四）使用小学化教育方式、教授小学教育内容、布置小学教育内容的作业或者组织与小学教育内容有关的考试、测验的；

（五）使用或者要求家长购买幼儿教材和教辅资料，向家长推销或者变相推销玩具、教具、图书的；

（六）使用包含色情、暴力、网络游戏以及违背保育教育规律等内容的应用软件以及其他相关物品的；

（七）允许商业广告、商业活动进入幼儿园的。

公办幼儿园有前款规定行为的，对直接负责的主管人员和其他直接责任人员依法给予处分。

第七十五条 违反本条例规定，幼儿园教师和其他工作人员有虐待、歧视、恐吓、体罚或者变相体罚儿童以及侮辱儿童人格等损害儿童身心健康的行为的，依法予以批评教育；情节严重的，由县级以上人民政府教育行政部门依法给予处分或者撤销教师资格；构成犯罪的，依法追究刑事责任。

第八章　附　则

第七十六条 对不满三周岁婴幼儿的照护服务，按照国家和省有关规定执行。

第七十七条 本条例下列用语的含义是：

（一）公办幼儿园，是指国家机构、国有企业事业单位以及农村集体经济组织，利用财政性经费或者国有、集体资产举办的幼儿园。

（二）民办幼儿园，是指国家机构、国有企业事业单位、农村集体经济组织以外的社会组织或者个人举办的幼儿园，包括营利性民办幼儿园和非营利性民办幼儿园。

（三）普惠性民办幼儿园，是指接受县级以上人民政府财政扶持，按照规定标准收费并向一定区域的居民提供普遍学前教育服务的非营利性民办幼儿园。

第七十八条 本条例自2020年1月1日起施行。

山东省学前教育条例释义

第一章　总　则

【本章提要】

“总则”是法律、法规中总揽全局的部分，一般规定立法目的、立法依据、重要概念、基本原则等，是其后各章具体法律规范的灵魂和最高准则。本章共8条，规定了学前教育立法目的和立法依据，高度概括了学前教育的性质和定位，明确了政府及有关部门发展学前教育的责任，规定了有利于学前教育发展的表彰奖励制度。总则的这些高度概括性的规定，对于本条例的贯彻实施，具有根本性的指导作用和规范作用。

第一条　为了促进和规范学前教育普及普惠安全优质发展，维护学龄前儿童、保育教育人员和学前教育机构的合法权益，提高民生保障水平，根据《中华人民共和国教育法》等法律、行政法规，结合本省实际，制定本条例。

释　义

本条是关于立法目的和立法依据的规定。

1. 关于立法目的

立法目的，主要是指立法者通过立法所要实现的目标、立法所要解决的问题以及力图产生的社会效果。立法目的既是立法的出发点，也是立法的落脚点。本条例的立法目的主要体现在以下三个方面：

一是促进和规范学前教育普及普惠安全优质发展。办好学前教育，实现幼有所育，是党的十九大作出的重大决策部署。2018年11月7日，《中共中央 国务院关于学前教育深化改革规范发展的若干意见》（中发〔2018〕39号）颁布，这是新中国成立以来第一个以中共中央、国务院名义出台的学前教育的专门文件，是新时代学前教育改革发展的顶层设计，具有重要的里程碑意义。该文件第一次明确提出了“推进学前教育普及普惠安全优质发展，满足人民群众对幼有所育的美好期盼”的要求，这是党和政府对发展学前教育的基本要求，也是本条例最根本的立法目的。

二是维护学龄前儿童、保育教育人员和学前教育机构的合法权益。在我国的法律框架内，儿童的权利主体地位明确，儿童的基本权益清晰。《中华人民共和国宪法》明确规定，儿童受国家保护，禁止虐待儿童。国家出台的《中华人民共和国未成年人保护法》《中华人民共和国教育法》《中华人民共和国母婴保健法》等有关儿童保护的专门法律，以及非以儿童为主体对象的法律，如《中华人民共和国刑法》《中华人民共和国婚姻法》《中华人民共和国妇女权益保障法》《中华人民共和国反家庭暴力法》和《中华人民共和国民法通则》等，也包含了保护儿童权利的条款，对维护儿童权利起到了关键性的作用。直接针对学龄前儿童教育和保育相关权益保护的教育部《幼儿园管理条例》及卫生部、教育部《托儿所幼儿园卫生保健管理办法》，对幼儿园期间儿童的生命健康、人身安全等方面的权利作出直接或间接的规定。《中华人民共和国教育法》《中华人民共和国教师法》《中华人民共和国义务教育法》

等对教育机构、教师及其他工作人员权益也作出明确规定。但现实中侵犯学龄前儿童、保育教育人员和学前教育机构合法权益的现象仍然存在。近年来发生的幼儿园暴力砍杀事件、幼儿教师虐童事件等，需要我们高度重视儿童生命健康及人身安全保护问题。特别是在发生安全事故或矛盾纠纷后，有些行为也会侵犯到保育教育人员和学前教育机构的合法权益，甚至触犯法律底线，如侮辱、威胁、恐吓、故意伤害教师以及其他职工或者限制其人身自由，围堵园所扰乱教育教学秩序，侵占、损毁园所设施设备，制造、散布谣言等各种违法行为。因此，必须依法保护学龄前儿童、保育教育人员和学前教育机构的合法权益。

三是提高民生保障水平。学前教育是我国重要的社会公益事业，具有极强的社会公共服务属性。《中共中央 国务院关于学前教育深化改革规范发展的若干意见》（中发〔2018〕39号）指出，办好学前教育、实现幼有所育，是党和政府为老百姓办实事的重大民生工程，关系亿万儿童健康成长，关系社会和谐稳定，关系党和国家事业未来。党的十九届四中全会指出，必须健全幼有所育、学有所教、劳有所得、病有所医、老有所养、住有所居、弱有所扶等方面国家基本公共服务制度体系，保障群众基本生活。2018年5月，《山东省人民政府办公厅关于加快学前教育改革发展的意见》（鲁政办字〔2018〕71号）指出，各级政府要把发展学前教育作为重大民生工程，列入政府工作重要议事日程和相关部门年度任务。

2. 关于立法依据

本条例依据和参考了我国多部法律及行政法规。

《中华人民共和国教育法》（2015年）是教育的基本法，对实行学前教育在内的指导思想、教育活动应遵循的基本原则、教育的培养目的以及教育者和受教育者的权利和义务等做了比较全面的规定。

《中华人民共和国教师法》（1993年）的基本精神之一就是用法律来维护教师的合法权益，保障教师待遇和社会地位的不断提高。该法适用于在各级各类学校和其他教育机构中专门从事教育教学工作的教师，包括幼儿教师。

《中华人民共和国民办教育促进法》（2018年）是促进民办教育事业健康发展、维护民办学校和受教育者合法权益的一部法律，是规范发展民办学前教育的法律参考。

《中华人民共和国未成年人保护法》（2006年）是为了保护未成年人的身心健康、保障未成年人的合法权益、促进未成年人在品德、智力、体质等方面全面发展的一部专门法律。

此外，教育部《幼儿园管理条例》（1989年）是经国务院批准颁发的第一个学前教育行政法规，它明确了幼儿园的任务、管理体制与原则、举办幼儿园的条件、保教工作的目标和原则以及法律责任和执法、监督等，是各级政府举办、管理和评估幼儿园的基本依据，使幼儿园在办园任务、举办条件、审批程序、保教工作、行政事务、奖励和处罚等方面都有法可依、有章可循，推动了我国学前教育事业的健康发展和管理工作的科学化，促进了我国学前教育的法治化进程。

第二条　在本省行政区域内实施学前教育以及相关监督管理等活动，适用本条例。

本条例所称学前教育，是指幼儿园等学前教育机构对三周岁以上学龄前儿童实施的保育与教育。

释义

本条是关于条例适用范围和调整范围的规定，共2款。

1. 关于本条例适用范围

《中华人民共和国教育法》规定，国家和地方各级人民政府根据分级管理、分工负责的原则，领导和管理教育工作。中等及中等以下教育在国务院领导下，由地方人民政府管理。因此，我国在教育管理体制上实行的是“国务院领导，省地（市）统筹，以县为主”的管理体制。《中共中央 国务院关于学前教育深化改革规范发展的若干意见》（中发〔2018〕39号）进一步提出，要健全学前教育管理体制，落实国务院领导、省市统筹、以县为主的学前教育管理体制。

对于国家机构、国有企业事业单位、农村集体经济组织及其之外的社会组织或者个人，通过不同的经费渠道在我省举办学前教育机构，开展学前教育活动的行为，各级政府和有关部门应当依法进行监督和管理。

2. 关于本条例调整范围

对于学前教育的概念，目前学术上有广义和狭义之分。广义的学前教育，是指对出生至入学前儿童所进行的教育；狭义的学前教育，是指对3周岁以上至入学前儿童实施的教育。根据国家关于发展学前教育的部署要求，结合我省以及兄弟省市的工作实际，本条例中的学前教育是指狭义的学前教育。另外，根据《国务院办公厅关于促进3岁以下婴幼儿照护服务发展的指导意见》（国办发〔2019〕15号），0至3岁婴幼儿照护服务由国家卫生健康委员会负责，相应的机构设置标准和管理规范也由其制定。为此，条例在附则中作出了衔接规定。

本条例适用于山东省境内所有经行政审批部门依法批准的学前教育机构，包括各类幼儿园及教学点、幼儿班等。虽然学前教育机构的形式多样，但是总体来看，幼儿园是我国和我省学前教育机构中最主要的类型，也是地方各级政府发展学前教育事业的重点领域。

第三条　学前教育是国民教育体系的重要组成部分，是重要的社会公益事业。

发展学前教育，必须坚持公益普惠基本方向，实行政府主导、社会参与、公办民办并举的办学体制，大力发展公办幼儿园，扶持普惠性民办幼儿园，鼓励社会力量以多种形式举办幼儿园等学前教育机构。

释 义

本条是关于学前教育性质定位和办学体制的规定，共2款。

1. 关于学前教育的定位

《中华人民共和国教育法》第17条明确规定，“国家实行学前教育、初中教育、中等教育、高等教育的学校教育制度”。学前教育是我国教育基本制度的重要组成部分，是学制的起始阶段，是学校教育和终身教育的奠基阶段。

学前教育的公益性是由其社会功能所决定的，具有造福大众、让社会获益的性质。学前教育的公益性不仅使儿童及其家庭受益，在提高国家人口素质、减少贫困、预防及减少犯罪等社会问题方面也起到了重要作用，并为国家未来人力资源的开发奠定了基础。因此，发展学前教育不只是家庭和社会的责任，政府更应当承担主体责任。目前，国际社会，包括许多发展中国家都切实地把对学前教育的投入看作是为国家积累财富而将其放在优先发展位置上，更多地承担发展学前教育的责任，并坚定不移地履行职责。

2. 学前教育的办学体制

我国实行政府主导、社会参与、公办民办并举的办学体制。大力发展公办幼儿园，充分发挥公办幼儿园保基本、兜底线、引领方向、平抑收费的主渠道作用，体现着政府对学前教育的基本定位。国家和省多项政策文件均明确提出要大力发展公办幼儿园，提供“广覆盖、保基本”

的学前教育公共服务。《中共中央 国务院关于学前教育深化改革规范发展的若干意见》（中发〔2018〕39号）明确提出，要逐步提高公办园在园幼儿占比，到2020年全国原则上达到50%。

同时，要解决提高学前教育普及率与政府经费投入相对不足的矛盾，需要坚持社会参与，公办民办并举。促进民办学前教育发展，一是要鼓励社会力量以多种形式举办幼儿园。通过保证合理用地、减免税费等方式，鼓励社会力量办园和捐资助园。二是要积极扶持普惠性民办幼儿园发展。采取生均财政补贴、购买服务、综合奖补、减免租金、派驻公办教师、组织教师培训和教研指导等方式，引导和支持民办幼儿园提供普惠性服务，并将提供普惠性学位数量和办园质量作为政府奖补和支持的重要依据。三是要强调公办、民办一视同仁。民办幼儿园在审批登记、分类定级、评估指导、教师培训、职称评定、资格认定、表彰奖励等方面与公办幼儿园具有同等地位。近年来，中央和省均设立了专项奖补资金，鼓励各地出台政策措施，引导和扶持民办幼儿园提供普惠性学前教育服务。2018年，我省制定每生每年不低于710元的公办幼儿园生均公用经费拨款标准和普惠性民办幼儿园生均补助标准，对于进一步提高公办幼儿园运转保障水平，引导和扶持民办幼儿园为社会提供普惠性服务，促进学前教育持续健康发展具有十分重要的意义。

第四条　学前教育应当贯彻国家教育方针，坚持立德树人，尊重儿童人格，保障儿童权利，遵循儿童身心发展规律，实行科学保育教育，促进儿童德智体美劳全面发展。

释义

本条是关于学前教育办园方向和培养目标的规定。

1. 实施学前教育应当贯彻国家教育方针

教育方针是各级各类教育必须都遵守的，是我国教育社会主义性质的根本保证。《中华人民共和国教育法》明确指出，“教育必须为社会主义现代化建设服务、为人民服务，必须与生产劳动和社会实践相结合，培养德、智、体、美等方面全面发展的社会主义建设者和接班人”。学前教育作为我国现代国民教育体系的重要组成部分，担负着培养儿童和未来建设者、接班人的重要任务，关系着国家和民族的未来，必须要把贯彻国家的教育方针作为首要的原则。

2. 发展学前教育应该遵循的原则

一是坚持立德树人。立德树人是教育的根本任务，是教育系统坚持和发展中国特色社会主义的核心所在，也是实现中华民族伟大复兴中国梦的基础保障。抓教育首先要抓立德树人，这是教育的本质要求，也是教育的根本使命，符合教育规律和人的培养规律。《中华人民共和国教育法》规定，“教育应当坚持立德树人，对受教育者加强社会主义核心价值观教育，增强受教育者的社会责任感、创新精神和实践能力。国家在受教育者中进行爱国主义、集体主义、中国特色社会主义的教育，进行理想、道德、纪律、法治、国防和民族团结的教育”。党的十八大报告把“立德树人”明确为教育的根本任务，党的十九大报告提出“落实立德树人根本任务”。2018年9月10日，习近平总书记在全国教育大会上强调，要把立德树人融入思想道德教育、文化知识教育、社会实践教育各环节，贯穿基础教育、职业教育、高等教育各领域。我们要在发展学前教育的过程中，坚持教育为社会主义现代化建设服务、为人民服务，切实加强儿童的理想信念教育，把社会主义核心价值体系融入学前教育，合理确定目标，科学设置课程，加强爱国主义和理想信念教育，加强传统美德、公共道德教育，为培养德智体美劳全面发展的社会主义建设者和接班人奠定坚实的基础。

二是尊重儿童人格，保障儿童权利。保障儿童价值与权利实现的职能，是教育的基本职能，也是教育最基本的社会价值。教育作为社会的组成部分，是儿童作为人生存与发展的最重要的环境与条件之一，不仅可以使儿童对于社会的潜在价值（例如作为未来的劳动力）得以实现，而且本身也是儿童权利保障与实现的基本途径和过程。教育保障儿童权利的实现，一方面可以通过教育立法来满足与保障每个儿童学习与发展的机会与权利；另一方面通过对教师的教育行为的规范（例如平等的师生关系和同伴关系）来保障儿童权利在教育过程中的实现。

三是遵循儿童身心发展规律，实施科学保育教育。“保育”和“教育”是幼儿园工作的两个重要方面，同时对儿童产生影响。教育部颁布的《幼儿园工作规程》明确指出，幼儿园的任务是贯彻国家的教育方针，按照保育与教育相结合的原则，“遵循幼儿身心发展特点和规律，实施德、智、体、美等方面全面发展的教育，促进幼儿身心和谐发展。”“保育”是对儿童身体的照顾和心理过程发展的培养，是学前儿童教育中非常重要的基本部分。“教育”即幼儿园的教育教学，是按照德、智、体、美、劳的要求，有目的、有计划地对儿童进行全面发展的教育。在实际工作中，不能将保育和教育截然分开，忽视和偏重任何一方面，都是不可取的。

3. 发展学前教育应当以促进儿童德智体美劳全面发展为目标

《中共中央 国务院关于学前教育深化改革规范发展的若干意见》（中发〔2018〕39号）提出，推进学前教育普及普惠安全优质发展，满足人民群众对幼有所育的美好期盼，为培养德智体美劳全面发展的社会主义建设者和接班人奠定坚实基础。实施学前教育，必须坚持“德育”“智育”“体育”“美育”“劳育”五育并举。

“德育”是培养儿童正确的世界观、人生观、价值观，培养儿童具有良好的道德品质和正确的价值观念的教育。比如，萌发儿童爱祖国、爱家乡、爱集体的情感，培养诚实、自信、友爱、勇敢、勤学、好问、爱护公物、克服困难、讲礼貌、守纪律等良好的品德行为和习惯。

“智育”是发展儿童智力和非智力因素的教育。比如，培养正确运用感官和运用语言交往的基本能力，增进对环境的认识，培养有益的兴趣和求知欲望，能从生活和游戏中感受事物的数量关系并体验到数学的重要和有趣。

“体育”是教授儿童健康的知识、技能，发展儿童体力，增强体质，培养意志力的教育。比如，组织的游戏活动要能促进儿童身体正常发育和机能的协调发展，增强体质，促进心理健康，培养良好的生活习惯、卫生习惯和参加体育活动的兴趣。

“美育”是培养儿童的审美观，发展感受美、欣赏美、表现美、创造美的能力，培养高尚情操和文明素质的教育。比如，引导儿童能初步感受并喜爱环境、生活和艺术中的美；喜欢参加艺术活动，并能大胆地表现自己的情感和体验；能用自己喜欢的方式进行艺术表现活动。

“劳育”是培养儿童进行劳动观念和劳动技能的教育。2018年9月，习近平总书记在全国教育大会上的讲话指出，要在学生中弘扬劳动精神，教育引导学生崇尚劳动、尊重劳动，懂得劳动最光荣、劳动最崇高、劳动最伟大、劳动最美丽的道理，长大后能够辛勤劳动、诚实劳动、创造性劳动。《中共中央 国务院关于全面加强新时代大中小学劳动教育的意见》（中发〔2020〕7号）强调，劳动教育是中国特色社会主义教育制度的重要内容，把劳动教育纳入人才培养全过程，贯通大中小学各学段，贯穿家庭、学校、社会各方面。幼儿园要结合儿童年龄特点，通过组织儿童参加自我服务、为集体服务，种植、饲养等简单劳动和观察、认识成人劳动等，培养儿童热爱劳动、尊重劳动人民的思想感情，初步认识各种劳动的意义，掌握初步的劳动技能，懂得珍惜劳动成果，提高劳动兴趣，养成劳动习惯。

第五条　县级以上人民政府应当将学前教育纳入国民经济和社会发展规划，制定实施学前教育发展规划，普及学前三年教育，合理配置学前教育资源，构建覆盖城乡、布局合理的学前教育公共服务体系。

释 义

本条是关于各级人民政府发展学前教育事业，着力构建学前教育公共服务体系的规定。

建成覆盖城乡、布局合理的学前教育公共服务体系，形成完善的学前教育管理体制、办园体制和政策保障体系，为儿童提供更加充裕、更加普惠、更加优质的学前教育，是党中央关于学前教育改革发展的重大部署。为落实中央决策部署，结合我省实际，必须强化和落实各级政府发展学前教育的主体责任。

1. 制定学前教育发展规划

制定教育发展规划，举办学校及其他教育机构，是《中华人民共和国教育法》赋予各级政府的法定职责。《中共中央 国务院关于学前教育深化改革规范发展的若干意见》（中发〔2018〕39号）进一步提出，学前教育深化改革和规范发展，必须坚持政府主导，落实各级政府在学前教育规划、投入、教师队伍建设等方面的主体责任。《山东省人民政府办公厅关于加快学前教育改革发展的意见》（鲁政办字〔2018〕71号）提出，“结合本地实际，统筹考虑城镇化进程、人口变化趋势等因素，以县（市、区）为单位做好2018—2020年学前教育发展规划和幼儿园总体布局规划”。县级以上人民政府应当将学前教育事业纳入国民经济和社会发展规划，纳入政府工作报告，纳入为民办实事事项，纳入政府重要议事日程，以及对市县政府教育履职考核，切实担负起领导和规划的责任，牢牢把握公益普惠基本方向，坚持公办民办并举，加大公共财政投入，大力举办公办幼儿园，着力扩大普惠性学前教育资源供给，为适龄儿童提供基本学前教育公共服务，构建覆盖城乡的学前教育公共服务体系。

2. 普及学前三年教育

《中共中央 国务院关于学前教育深化改革规范发展的若干意见》（中发〔2018〕39号）提出，“到2035年，全面普及学前三年教育”。从我省总体情况来看，尽管截至2019年底，全省学前三年毛入园率已经达到90.4%，但学前教育仍然是整个教育链条中的短板和薄弱环节。经费投入保障机制不完善、城镇居住区配套幼儿园建设不足、公益普惠程度不高、幼儿教师队伍薄弱等问题在一些地方还表现得十分突出。为此，《山东省人民政府办公厅关于加快学前教育改革发展的意见》（鲁政办字〔2018〕71号）提出，全省每年新建改扩建幼儿园2000所以上，每年新增幼儿学位50万个以上，提高城镇居住区配套幼儿园配建标准，提升农村幼儿园建设水平，大力支持普惠性民办幼儿园发展。因此，普及学前三年教育，保障适龄儿童接受学前教育的权利，仍将是当前和今后一段时期各级政府在发展学前教育方面的重点内容。

3. 合理配置学前教育资源

学前教育资源配置事关教育公平。目前，我省部分地区学前教育资源配置依然存在数量不足、分布不均和质量不高的问题，必须大力发展农村学前教育，缩小城乡之间、区域之间、学前教育机构之间保育教育条件和水平的差距，提升学前教育整体办园水平。《中共中央 国务院关于学前教育深化改革规范发展的若干意见》（中发〔2018〕39号）提出，“公办园资源不足的城镇地区，新建改扩建一批公办园。大力发展农村学前教育，每个乡镇原则上至少办好一所公办中心园，大村独立建园或设分园，小村联合办园，人口分散地区根据实际情况可举办流动幼儿园、季节班等，配备专职巡回指导教师，完善县乡村三级学前教育公共服务网络”。《山东省人民政府办公厅关于加快学前教育改革发展的意见》（鲁政办字〔2018〕71号）指出，省和设区的市政府加强统筹，加大对农村和贫困地区支持力度。实施城镇幼儿园建设工程，大力支持民办幼儿园发展，实施普惠性民办幼儿园扶持计划，实行“优质园+”办园模式，进一步扩大普惠优质资源。

第六条　省、设区的市人民政府应当统筹本行政区域学前教育事业发展，健全学前教育责任分担体系，完善保障措施并组织实施。

县（市、区）人民政府应当履行本行政区域学前教育发展的主体责任，统筹负责幼儿园的规划布局、资源配置、教师配备、投入保障等工作。

乡镇人民政府、街道办事处依法承担本辖区内学前教育发展和管理的相关责任。

释 义

本条是关于各级政府履行学前教育管理职责的原则规定，共3款。

明确各级政府及其职能部门在学前教育发展中的责任，是学前教育立法的核心之一。《中共中央 国务院关于学前教育深化改革规范发展的若干意见》（中发〔2018〕39号）指出，要“认真落实国务院领导、省市统筹、以县为主的学前教育管理体制”。按照国家要求，我省确立了“省市统筹、以县为主”的学前教育管理体制。

1. 省、市级人民政府统筹学前教育发展

地方政府是发展学前教育的责任主体，省级和市级政府负责统筹加强学前教育工作，推动出台地方性学前教育法规，制定相关规章和本地学前教育发展规划，健全投入机制，明确分担责任，完善相关政策措施并组织实施。

2. 县（市、区）人民政府是发展学前教育的主体

学前教育实行属地管理，县（市、区）人民政府对本行政区域内学前教育发展负有主体责任。具体负责制定和调整幼儿园的布局规划，在土地划拨等方面对幼儿园予以支持和优惠，加大公办幼儿园建设，加强教师配备与补充，加强经费筹措，保障教师工资待遇及幼儿园运转，面向各类幼儿园进行监督管理，指导幼儿园做好保育教育工作，确保县域内学前教育规范有序健康发展。

3. 乡镇人民政府、街道办事处承担发展和管理相关职责

幼儿园所在街道（乡镇）、城乡社区居民委员会（村民委员会）有共同做好幼儿园安全监管工作的职责，鼓励村（居）民委员会依法举办幼儿园，实现农村学前教育全覆盖，保障适龄儿童就近接受学前教育。

第七条　县级以上人民政府教育行政部门主管本行政区域的学前教育工作，具体负责幼儿园等学前教育机构的监督管理。

县级以上人民政府发展改革、公安、财政、人力资源社会保障、自然资源、住房城乡建设、卫生健康、市场监督管理等部门，按照各自职责做好学前教育相关工作。

释　义

本条是关于政府各相关部门对学前教育管理的原则规定，明确了有关部门对学前教育的管理职责，共2款。

学前教育事业发展涉及政府多个部门，需要建立健全教育部门主管、各有关部门分工负责、齐抓共管的教育管理机制。

1. 县级以上人民政府教育行政部门主管

县级以上教育行政部门是本地区学前教育工作的主管部门，要督促和保障本区域内适龄儿童按时入园接受学前教育；根据实际情况进行幼儿园布局结构调整，合理设置幼儿园；协助政府编制学前教育经费预算草案；提高幼儿教师队伍素质，促进师资合理配置；充实管理和教研力量，加强科学指导和监督管理，提高保育教育质量等。

2. 县级以上人民政府其他有关部门各司其职

县级以上人民政府其他有关部门在各自的职责范围内负责有关的学前教育工作。《中共中央 国务院关于学前教育深化改革规范发展的若干意见》（中发〔2018〕39号）指出，“编制部门要结合实际合理核定公办园教职工编制。发展改革部门要把学前教育纳入当地经济社会发展规划，支持幼儿园建设发展。财政部门要完善财政支持政策，支持扩大普惠性学前教育资源。自然资源、住房城乡建设部门要将城镇小区和新农村配套幼儿园必要建设用地及时纳入相关规划，会同教育部门加强对配套幼儿园的规划、建设、验收、移交等环节的监管落实。人力资源社会保障部门要制定完善幼儿园教职工人事（劳动）、工资待遇、社会保障和职称评聘政策。价格、财政、教育部门要根据职责分工，加强幼儿园收费管理。卫生健康部门要监督指导幼儿园卫生保健工作。民政、市场监管部门要分别对取得办学许可证的非营利性幼儿园和营利性幼儿园依法办理法人登记手续。金融监管部门要对民办园并购、融资上市等行为进行规范监管。党委政法委组织协调公安、司法等政法机关和有关部门进一步加强幼儿园安全保卫工作的指导，依法严厉打击侵害儿童人身安全的违法犯罪行为，推动幼儿园及周边社会治安综合治理”。

第八条　县级以上人民政府和有关部门应当按照规定，对在学前教

育事业中做出突出贡献的单位和个人给予表彰、奖励。

释义

本条是关于表彰和奖励的规定，也是保障学前教育实施的重要法定措施。

《中华人民共和国教育法》规定，“国家对发展教育事业做出突出贡献的组织和个人，给予奖励”。《中共中央 国务院关于全面深化新时代教师队伍建设改革的意见》（中发〔2018〕4号）提出，要“提升教师社会地位，加大教师表彰力度”。根据本条规定，表彰、奖励的条件是“在学前教育事业中做出突出贡献的单位和个人”。表彰、奖励的行为主体是“县级以上人民政府和有关部门”，实施表彰、奖励“应当按照规定”来进行。这就要求县级以上人民政府及其有关部门应当依法建立健全关于学前教育实施的表彰、奖励制度，并据此对在学前教育事业中做出突出贡献的单位和个人实施表彰、奖励。

本条中所指的“突出贡献”主要包括：举办学前教育机构、保教管理和实践、教育改革和科研、人才培养、捐资助学等。其对象主要为三类：一是在幼儿园的创建、管理和教育教学中做出突出贡献的管理者和教师；二是在指导、监管学前教育办学中和在学前教育研究中做出突出贡献的管理人员和研究人员；三是捐赠创办幼儿园的社会组织和个人。奖励和表彰通常由县级以上人民政府及其有关部门负责实施，可以设立专项资金，用于奖励和表彰。

第二章　幼儿园规划与建设

【本章提要】

做好幼儿园规划与建设，科学合理布局学前教育资源，是普及学前三年教育、解决“入园难”问题、满足老百姓子女就近就便接受学前教育的前提和保证。本章共14条，主要是围绕幼儿园的规划与建设作出规定，明确了幼儿园布局规划的设计要求，确定了教育行政部门进入国土空间规划委员会的制度设计，并针对城镇居住区配套幼儿园规划建设形成了同步规划设计、同步供地、同步达到建设条件、同步建设施工、同步竣工验收、同步交付使用“六同步”的闭环设计规定，强调了加强农村幼儿园建设，积极利用闲置资源扩增普惠性学前教育资源。

第九条　设区的市、县（市）人民政府教育行政部门应当会同自然资源等部门，根据本行政区域国土空间规划、适龄儿童分布以及变动等情况，制定、调整幼儿园布局规划，明确幼儿园的总体布局、用地规模，纳入公共服务设施专项规划，征求社会公众意见后，报本级人民政府批准实施。

控制性详细规划、乡规划、村庄规划应当落实幼儿园布局规划的有关内容。

释义

本条是关于制定和调整幼儿园布局规划的规定，共2款。

做好幼儿园布局规划，满足本行政区域内适龄儿童接受学前教育的需求，是政府提供公共服务的重要内容之一。幼儿园布局规划科学与否直接影响学前教育事业持续健康发展，设区的市、县（市）人民政府教育行政部门作为学前教育的主管部门，要会同自然资源等部门统筹做好幼儿园的规划布局工作。

幼儿园布局规划是完成对幼儿园“数量”“点位”“边界”的综合控制，整个规划工作过程主要是完成对幼儿园的“定量”“定点”“定界”。“定量”可以理解为两层含义，首先是立足于整个区域，预测幼儿园学位数需求总量；其次是对具体幼儿园办园规模的确定，包括幼儿园班数、用地规模、建筑规模等。“定点”是对幼儿园的选址进行确定，确定幼儿园所在地块。“定界”是对有独立占地的幼儿园进行用地边界的划定，是在定点的基础上完成的。制定、调整幼儿园布局规划，要坚持适龄儿童就近入园的原则，统筹考虑城镇化进程、人口变化趋势、国土空间规划调整、适龄儿童分布以及变动等因素。

1. 制定、调整幼儿园布局规划要依据本行政区域内的国土空间规划

强化国土空间规划对各专项规划的指导约束作用，是党中央、国务院作出的重大部署。国土空间规划是对一定区域国土空间开发保护在空间和时间上作出的安排，包括总体规划、详细规划和相关专项规划。国土空间规划本质上是一种对国土空间的治理手段，是各类开发保护建设活动的基本依据。国土空间规划体系将主功能区规划、土地利用规划、城乡规划等实现“多规合一”，是详细规划的依据、相关专项规划的基础。幼儿园布局规划属于国土空间规划在教育领域内的专项规划。因

此，制定和调整幼儿园布局规划必须符合国土空间规划的要求。

2. 制定、调整幼儿园布局规划要依据适龄儿童分布以及变动

制定、调整幼儿园布局规划的目的，是使幼儿园在一定行政区域内合理分布。在普惠性学前教育资源逐渐满足需求的前提下，政府应科学划分普惠性幼儿园的服务区域，保证每所幼儿园服务区域内的适龄儿童从住所到幼儿园的距离在合理的范围内。根据《城市居住区规划设计标准》中“五分钟生活圈居住区”需要具备托幼等社区服务设施，以及《幼儿园标准设计图样》中“城镇幼儿园服务半径宜为300—500m”的相关要求，幼儿园布局规划要充分考虑本行政区域内适龄儿童数量与分布、地理、环境、交通、经济状况等因素的制约，科学运用数理统计方法对各种因素可能造成的影响进行量化和评估，在此基础上，因地制宜地对幼儿园布局规划进行科学性的制定与调整。

3. 幼儿园布局规划要纳入公共服务设施专项规划

公共服务设施是为城市或乡村一定范围内的居民提供基本的公共文化、教育、体育、医疗卫生和社会福利等服务的、不以营利为目的公益性公共设施，其规划建设应遵循以人为本的发展理念，坚持集约共享、绿色开放的基本原则，合理配置、高效服务等内容。公共服务设施规划是决定各项公共服务设施项目的规模、空间分布、设施配置数量和具体配置设备的过程。从层级上看，包括城市公共服务设施规划、镇和乡村公共服务设施规划。关于城市公共服务设施规划，2008年，中华人民共和国建设部颁发了《城市公共设施规划规范》（GB50442-2008），对城市公共服务设施规划的目的、内容进行了较为详细的规定。2018年，住房城乡建设部办公厅发布了关于国家标准《城市公共服务设施规划标准（修订）》（GB50442-2018）公开征求意见，进一步修订和完善城市公共服务设施规划内容。关于镇和乡村公共服务设施规划，目前

施行的是中华人民共和国建设部于2007年5月1日颁布的《镇规划标准》（GB50188–2007）和中国工程建设标准化协会推荐的《乡村公共服务设施规划标准》（CECS 354：2013）。将幼儿园布局规划纳入公共服务设施规划内容，是提高人民群众的生活质量，提升公共服务设施的服务效率和水平，科学合理、经济有效地使用土地和空间，保障基本公共服务的均等化的体现。

4. 制定、调整幼儿园布局规划要征求社会公众意见

为确保幼儿园布局规划的科学性和合理性，落实幼儿园布局规划公开征求意见制度十分必要。《山东省人民政府办公厅关于加快学前教育改革发展的意见》（鲁政办字〔2018〕71号）要求，“幼儿园布局建设规划要以县（市、区）政府名义公布，接受社会各界监督”。在规划草案征求意见过程中，结合各方面的意见建议，将征求社会公众意见作为一项法定程序确定下来，有利于广泛吸收社会公众参与民主决策，提高规划决策的科学性和民主性。

5. 编制城乡规划要落实幼儿园布局规划

幼儿园是城乡区域重要的公共服务设施，是民生保障不可缺少的重要一环。2019年，山东省教育厅联合山东省发展和改革委员会、山东省自然资源厅、山东省住房和城乡建设厅印发了《关于编制2019—2030年中小学及幼儿园布局规划的实施方案的通知》（鲁教计字〔2019〕1号），为各市、县（市）进一步落实幼儿园布局规划提供了政策基础，是保障山东省“幼有所育”的重要顶层设计。从另一个层面上说，幼儿园的布局规划并不是独立的，而是全面渗透在城乡规划之中的。新修订的《中华人民共和国土地管理法》第十八条、第八十六条对国土空间规划与城乡规划的衔接和适用问题进行了明确规定，在编制国土空间规划前的过渡期内，经依法批准的城乡规划继续执行。因此，根据《中华人

民共和国土地管理法》《中华人民共和国城乡规划法》《城市规划编制办法》《山东省城乡规划条例》的规定，控制性详细规划、乡规划、村庄规划应当严格落实幼儿园布局规划相关内容，保证其科学、有效、合理，并便于落实。

第十条　省、设区的市、县（市）人民政府应当将教育行政部门纳入本级国土空间规划委员会。

县级以上人民政府自然资源主管部门在提出居住用地规划条件时，应当明确配套幼儿园同步规划设计要求，确定幼儿园地块布局、用地面积等内容；在审查城镇居住区建设项目设计方案前，应当征求同级教育行政部门的意见。

县级以上人民政府自然资源主管部门对配套幼儿园不符合规划条件要求的城镇居住区建设项目，不予办理规划许可手续。

释 义

本条是关于幼儿园与城镇居住区同步布局规划设计的规定，共3款。

城镇居住区配套建设幼儿园是城镇公共服务设施建设的重要内容，是扩大普惠性学前教育资源的重要途径，是保障和改善民生的重要举措。随着二孩政策全面实施和城镇化进程不断加快，城镇适龄儿童大幅增加，给我省学前教育带来极大的压力和挑战，特别是近年来人民群众关心的“入园难”“入园贵”问题更是集中体现在城镇。虽然早在2010年《国务院关于当前发展学前教育的若干意见》（国发〔2010〕41号）就已经明确提出了“城镇小区没有配套幼儿园的，应根据居住区规划和居住人口规模，按照国家有关规定配套建设幼儿园”。但由于一些历史原因，造成不少地方城镇居住区出现未规划配套幼儿园或规划不足无法全部满足入园需求的问题。因此，坚持与居住区同步规划配套幼儿园显得尤为重要。

1. 明确教育行政部门进入国土空间规划委员会

国土空间规划委员会职责一般为：统筹推动建立区域内国土空间规划体系并监督实施工作，研究重要工作安排，协调解决重大问题；审议有关重要国土空间规划方案；指导督促各地做好建立国土空间规划体系并监督实施相关工作。吸收教育行政主管部门进入国土空间规划委员会，充分征求教育行政部门的意见，对科学布局幼儿园有着重要的意义。我省规定，新建居住区和旧城改造居住区项目，要按照每3000—5000人口设置1所6个班以上规模幼儿园的标准规划建设配套幼儿园。规模不足3000人口的居住区，自然资源主管部门应进行区域统筹，合理规划幼儿园配建项目。如果存在开发建设单位比邻建设不足3000人口的居住区，到底谁应该建设配套幼儿园往往存在难题，自然资源主管部门要征求教育行政部门意见，共同提出合理规划建议；在审查批准建设单位设计方案前，同样需要征求同级教育行政部门意见。因此，保障教育行政部门进入国土空间规划委员会，是一项重要的城镇居住区配套幼儿园建设与治理决策。目前，全省所有市、县（市）教育行政部门全部进入同级国土空间规划委员会。

2. 明确规划和审批要求

规划是建设居住区配套幼儿园的首要环节。只有在居住区配套幼儿园建设源头上严格把关，确保规划科学合理到位，才能确保配套幼儿园配置到位，不产生新的遗留问题。《中华人民共和国城乡规划法》第三十七条第二款规定，“建设单位在取得建设用地规划许可证后，方可向县级以上地方人民政府土地主管部门申请用地，经县级以上人民政府审批后，由土地主管部门划拨土地”。第三十八条第一款规定，“在城市、镇规划区内以出让方式提供国有土地使用权的，在国有土地使用权出让前，城市、县人民政府城乡规划主管部门应当依据控制性详细规划，提出出让地块的位置、使用性质、开发强度等规划条件，作为国有土地使用权出让合同的组成部分。未确定规划条件的地块，不得出让国有土地使用权”。第二款规定，“以出让方式取得国有土地使用权的建设项目，建设单位在取得建设项目的批准、核准、备案文件和签订国有土地使用权出让合同后，向城市、县人民政府城乡规划主管部门领取建设用地规划许可证”。第三款规定，“城市、县人民政府城乡规划主管部门不得在建设用地规划许可证中，擅自改变作为国有土地使用权出让合同组成部分的规划条件”。根据以上条款，作为国土空间规划的主管机关无论是划拨还是出让国有土地使用权时，一定要明确规划条件，而根据《城市居住区规划设计标准》（GB50180）要求，幼儿园作为重要的社区服务设施需要成为重要的规划条件要素。基于《幼儿园标准设计图样》第四条、第八条、第九条、第十一条、第十二条等，对幼儿园选址及遵循原则、幼儿园建设规模与对应服务人口等做了详细要求。这就需要自然资源主管部门在提出居住用地规划条件时，应当明确配套幼儿园同步规划设计要求，确定幼儿园地块布局、用地面积等内容。

第十一条　城镇居住区配套幼儿园建设用地应当以划拨方式供应。

配套幼儿园建设用地应当与居住用地同步供地、同步达到建设条件；居住区分期建设的，配套幼儿园建设用地应当在首期供地并达到建设条件。

释　义

本条是关于配套幼儿园与城镇居住区同步供地、同步达到建设条件的规定，共2款。

1. 城镇居住区配套幼儿园建设用地应当以划拨方式供应

我国土地分为农用地、建设用地和未利用地三大类。城市土地归国家所有，土地所有权不能流通。建设用地使用权人依法对国家所有的土地享有占有、使用和收益的权利，有权利用该土地建造建筑物、构筑物及其附属设施。建设用地使用权的设立，一般采用出让或者划拨两种方式。出让建设用地使用权，是指国家将国有建设用地使用权在一定年限内出让给土地使用者，由土地使用者向国家支付建设用地使用权出让金的行为。划拨建设用地使用权，是指国家无偿在国有土地上为土地使用人创设建设用地使用权的行为。土地使用人无需向国家支付土地使用费，便可将土地用于特定的公益目的，是一种行政行为，而非民事行为。在划拨时，政府无须与土地使用者进行协商并达成协议，也无需签订建设用地使用权划拨合同，只需经县级以上人民政府批准后，由市、县土地管理部门向土地使用者核发国有土地划拨决定书即可。根据《划拨用地目录》（国土资源部令第9号）规定，“城市基础设施用地和公益事业用地（五）非营利性教育设施用地……3. 托儿所、幼儿园的教学、办公、园内活动场地”。由建设单位提出申请，经有批准权的人民政府批准，可以以划拨方式提供土地使用权。

另外，《中华人民共和国民办教育促进法》第五十一条规定，“新建、扩建非营利性民办学校，人民政府应当按照与公办学校同等原则，以划拨等方式给予用地优惠。新建、扩建营利性民办学校，人民政府应当按照国家规定供给土地”。以划拨形式提供城镇居住区配套幼儿园建设用地，为构建公益普惠学前教育体系提供了政策保障。

2. 城镇居住区配套幼儿园建设用地应当与居住用地同步供地、同步达到建设条件

城镇居住区配套幼儿园建设用地在明确划拨方式后，应当及时予以

供地，以保证幼儿园建设顺利施工。早在2016年，为有效保障配套幼儿园建设用地，山东省教育厅、山东省机构编制委员会办公室、山东省财政厅、山东省国土资源厅、山东省住房和城乡建设厅就联合发布了《山东省城乡居住区配套幼儿园规划建设及管理使用的若干意见》（鲁教基发〔2016〕1号），除明确土地供应方式及建设条件外，更要求“幼儿园建设用地一经确定，应与居住区项目一并办理供地手续，任何单位和个人不得侵占或擅自变更。违反规划在配建幼儿园用地上进行其他项目建设的，依法实行追责，城乡规划执法部门责令其自行拆除，限期按规划要求完成幼儿园配套建设”。另外，在《山东省人民政府办公厅关于城镇居住区配套教育设施规划建设的意见》（鲁政办字〔2018〕189号）中进一步要求，应当“优先熟化配套教育设施用地。配套教育设施用地未熟化、没有达到建设条件的规划建设居住区，不予供给建设用地，确保教育设施用地与首期居住用地同步供地、同步达到建设条件”。

通过以上两个规范性文件，一方面可以保障配套幼儿园建设用地的专有专用属性，规避被挤占、挪用或者擅自变更土地属性的可能。另一方面，进一步明确开发建设单位责任，防止“规而不建”现象，要求开发建设单位优先投资配套幼儿园建设用地，进行“三通一平”（路通、水通、电通和场地平整）的熟化建设，并以此作为政府供地条件。

另外，针对居住区分期建设的情形，本条例明确要求配套幼儿园建设用地应当在首期供地并达到建设条件，保证首期入住的居民子女享有接受学前教育的权利。

第十二条　城镇居住区配套幼儿园由当地人民政府投资建设或者由开发建设单位按照约定代为建设。

释义

本条是关于城镇居住区配套幼儿园建设主体的规定。

配套幼儿园的建设主体，可以是政府，也可以是政府与开发建设单位进行约定，由开发建设单位代为建设。

1. 政府作为城镇居住区配套幼儿园的建设主体

学前教育的公益属性决定了发展学前教育要遵循政府主导的原则，落实各级政府在发展学前教育方面的主体责任。由政府作为建设主体投资建设城镇居住区配套幼儿园是落实政府主体责任的一项重要内容。

2. 开发建设单位作为城镇居住区配套幼儿园的建设主体

约定由开发建设单位代为建设的，开发建设单位是城镇居住区配套幼儿园的重要责任主体。政府委托开发建设单位建设的，应当明确配套幼儿园的经费来源渠道。对此，《山东省人民政府办公厅关于加快学前教育改革发展的意见》（鲁政办字〔2018〕71号）要求，“明确配套幼儿园投资来源为开发企业的，实行‘交钥匙’工程，由开发企业无偿优先代建，建成并验收合格后3个月内无偿交付当地教育行政主管部门”。

第十三条　对需要配套建设幼儿园的城镇居住区，设区的市、县（市）人民政府住房城乡建设部门应当会同同级教育行政部门，在房地产开发项目建设条件意见书中明确配套幼儿园的建设标准、投资来源、完成时限、产权归属、移交方式等内容。

建设单位应当按照县级以上人民政府自然资源主管部门提出的配套幼儿园规划设计要求进行建设。

释　义

本条是关于实施房地产开发项目建设条件意见书制度的规定，共2款。

1. 实施房地产开发项目建设条件意见书制度

“房地产开发项目建设条件意见书”是指在房地产开发项目确立即国有土地使用权出让或者划拨前，对拟开发项目的开发期限、建设单位资信状况、保障性住房与基础设施和公共服务设施的投资来源及产权归属、建筑（住宅）产业化技术应用等方面提出的书面建设条件意见，是房地产开发项目建设的重要依据。

自然资源（规划）主管部门在编制国有土地使用权出让、划拨方案前，应书面向住房城乡建设部门征求《建设条件》，并提供该宗土地的坐落、用途、面积等基本信息和公共服务设施配建等规划条件。住房城乡建设部门在收到自然资源（规划）主管部门的书面通知后，针对拟开发建设地块，按照相应的规划条件，会同城市管理（市政公用）、教育、民政、卫生等相关部门和专营单位提出建设条件意见，并由各提出意见部门（单位）依职责负责监督落实。

2. 自然资源主管部门应当履行监督职责

自然资源部门的主要职责包括履行全民所有土地、矿产、森林、草原、湿地、水、海洋等自然资源资产所有者职责和所有国土空间用途管制职责、负责自然资源统一确权登记工作、负责建立空间规划体系并监督实施等。自然资源部门是居住区规划的主管机关，居住区规划中包含着配套幼儿园的规划设计内容，如配套幼儿园的地块布局、用地面积等。因此，规划设计城镇居住区，自然资源主管部门在提出居住用地规划条件时，应当明确配套幼儿园同步规划设计要求，确定幼儿园地块布局、用地面积等内容，并要求建设单位按照提出的配套幼儿园规划设计要求进行建设。

第十四条　城镇居住区配套幼儿园应当与居住区建设项目同步建设

施工、同步竣工验收、同步交付使用；居住区分期建设的，应当在首期建设配套幼儿园并同步验收。

县级以上人民政府自然资源主管部门依法对配套幼儿园建设是否符合规划条件予以核实，未经核实或者经核实不符合规划条件的，建设单位不得组织竣工验收。

释义

本条是关于幼儿园与城镇居住区同步建设施工、同步竣工验收、同步交付使用的规定，共2款。

城镇居住区配套幼儿园与居住区同步建设施工、同步竣工验收、同步交付使用是保障全体业主利益的前提条件。在新时代强调“幼有所育”并重新构建人口生育与教育体系的大背景下，必须更好地满足人民群众子女就近入园接受学前教育的基本需求。

1. 城镇居住区配套幼儿园与居住区的“同步效应”

一是同步建设施工。分期开发的居住区建设项目应将城镇居住区配套幼儿园安排在首期建设。建设条件意见书中明确由政府投资建设的，原则上应先于居住区首期建设项目开工建设。建设条件意见书中明确由开发建设单位投资建设的，应与居住区首期建设项目主体工程一并申报规划、施工许可，不符合建设条件的，住房城乡建设部门不予核发建筑工程规划、施工许可证。

二是同步竣工验收。城镇居住区配套幼儿园与居住区建设项目同步竣工，同步接受验收，要确保工程施工进度，不得影响居住区业主正常使用。

三是同步交付使用。城镇居住区配套幼儿园建设实施“交钥匙”工程，要在建成并验收合格后3个月内无偿交付当地教育行政部门。教育行政部门接收后，应及时办理产权登记手续。对办成公办幼儿园的，机构编制、人力资源社会保障部门应及时落实机构编制和教职工配备，同时，教育行政部门按要求配备设施设备，达到山东省幼儿园办园条件标准。对办成普惠性民办幼儿园的，教育行政部门要切实发挥监管责任，指导幼儿园举办者按照要求达到办园条件。

2. 自然资源部门履行监督职责

在最终落实城镇居住区配套幼儿园是否符合规划设计要求方面，建成移交时幼儿园门窗、水电暖等齐全到位，内外墙完成简装修，达到使用要求。配建的幼儿园不符合城乡规划确定的幼儿园布局和有关技术标准、规范的，规划主管部门不予办理竣工规划核实，登记部门不予办理确权登记”。山东省人民政府办公厅印发的《山东省城镇居住区配套幼儿园专项整治工作方案》（鲁政办字〔2018〕174号）提出，“对违反规划要求和建设条件、且不按时落实整改要求的开发企业，住房城乡建设部门要将其记入不良信用记录，依法依规实施联合惩戒”。《山东省人民政府办公厅关于加快学前教育改革发展的意见》（鲁政办字〔2018〕71号）提出，“在土地供应成交后，提出关联条件部门应当要求土地使用权取得人提交项目用地承诺书。提出关联条件部门应对承诺书的履行进行监督，适时通报国土资源主管部门；幼儿园竣工达不到约定要求的，各相关部门按职能分工依法依约进行处置”。

本条第二款明确对配套幼儿园按照规划要求建设的监管部门和核实职责，并明确配套幼儿园不符合规划条件的法律后果。依据《中华人民共和国城乡规划法》第四十五条规定，“县级以上地方人民政府城乡规划主管部门按照国务院规定对建设工程是否符合规划条件予以核实。未经核实或者经核实不符合规划条件的，建设单位不得组织竣工验收”。

第十五条　新建的城镇居住区配套幼儿园，房地产开发项目建设条件意见书确定幼儿园权属归所在地县（市、区）人民政府的，建设单位应当按照约定的移交方式，自竣工验收合格之日起三个月内将园舍、场地、附属配套设施以及相关资料等全部无偿移交所在地县（市、区）人民政府教育行政部门。

释义

本条是关于城镇居住区配套幼儿园无偿移交的规定。

教育行政部门是学前教育的主管部门。房地产开发项目建设条件意见书确定配套幼儿园权属归所在地县（市、区）人民政府的，幼儿园建成后，开发建设单位应当按照约定的移交方式在规定时间内将园舍、场地、附属配套设施以及相关资料等无偿移交给教育行政部门，不得提出有偿条件，不得故意拖延时间。建设单位是否做到按时全部无偿移交，将作为企业信用评价管理的重要因素，违反规定的要作为不良信用予以记录，以此督促建设单位按时移交，正常启用配套幼儿园。

第十六条　县（市、区）人民政府应当将城镇居住区配套幼儿园优先举办为公办幼儿园，或者通过招标方式无偿委托举办为普惠性民办幼儿园，不得举办为营利性民办幼儿园。

任何单位和个人不得擅自改变城镇居住区配套幼儿园的性质和用途。

释义

本条是关于城镇居住区配套幼儿园办园性质的规定，共2款。

国家和省均提出，到2020年，普惠性幼儿园覆盖率（公办园和普惠性民办园在园幼儿占比）达到80%，公办园在园幼儿占比达到50%，基本建成广覆盖、保基本、有质量的学前教育公共服务体系。加快发展公办学前教育，要求公办园在园幼儿占比不能低于50%，其根本目的就是坚持以人民为中心的学前教育发展理念，发挥公办幼儿园对学前教育的引领和调控作用，最大限度地保障学前教育的公益属性，降低儿童接受学前教育的成本，这是对“幼有所育”的重要践诺，也是学前教育发展的核心任务。城镇居住区配套幼儿园作为公共教育资源，首先要保证其公益性、普惠性，优先举办为公办幼儿园。

对于确实有困难的、条件不具备的地区，县（市、区）教育行政部门可以通过招标方式，无偿委托具有资质的、社会信誉度高的幼儿教育专业机构、社会团体和个人等社会力量，通过独资、合资、合作等形式举办普惠性民办幼儿园，并严格按照政府定价或指导价收费。

同时，本条例强调，任何单位和个人不得擅自改变城镇居住区配套幼儿园的性质和用途，不得擅自拆改或闲置，严禁出租、出售、转让、抵押，不得举办为营利性民办幼儿园。对于已经改变性质和用途的，要限期收回，并对相关责任人依法处置，确保城镇居住区配套幼儿园的公益普惠属性。

需要说明的是，条例所说的“营利性民办幼儿园”的概念，应当根据《中华人民共和国民办教育促进法》第十九条的规定“民办学校的举办者可以自主选择设立非营利性或者营利性民办学校”的规定来界定。按照法律的要求，“非营利性民办幼儿园”的举办者不得取得办学收益，幼儿园的办学结余全部用于办学。而“营利性民办幼儿园”的举办者可以取得办学收益，幼儿园的办学结余依照公司法等有关法律、行政法规的规定处理。

第十七条　已建成的城镇居住区未按照规划建设配套幼儿园，或者已建幼儿园不能满足需求的，设区的市、县（市、区）人民政府应当补建、改建、就近新建或者通过置换、购置等方式予以解决。

释义

本条是关于对城镇居住区配套幼儿园历史遗留问题进行整治的规定。

近年来，城镇居住区配套幼儿园建设无规划、规划不足或者规划不落实、应建未建、应交未交、挪作他用、举办成高收费民办园等问题非常突出，导致普惠性学前教育资源严重缺失，进一步加剧了“入园难”“入园贵”矛盾，给学前教育带来极大的压力和挑战。2018年11月，《中共中央 国务院印发关于学前教育深化改革规范发展的若干意见》（中发〔2018〕39号），提出规范小区配套幼儿园建设使用，并对小区配套幼儿园规划、建设、移交、办园等情况进行治理作出部署。2019年1月，国务院办公厅印发《关于开展城镇小区配套幼儿园治理工作的通知》（国办发〔2019〕3号），启动专项治理工作。我省早在2018年，省政府先后印发了《关于加快学前教育改革发展的意见》《关于城镇居住区配套教育设施规划建设的意见》《山东省城镇居住区配套幼儿园专项整治工作方案》，聚焦居住区配套幼儿园规划、建设、移交、办园等环节存在的突出问题开展治理，取得了较好成效。

做好居住区配套幼儿园专项整治，首先，要明确工作任务。一是确保城镇居住区严格依标配建幼儿园。严格遵循《中华人民共和国城乡规划法》和《城市居住区规划设计标准》（GB 50180），老城区（棚户区）改造、新城开发和居住区建设、易地扶贫搬迁应将配套建设幼儿园纳入公共管理和公共服务设施建设规划，并按照相关标准和规范予以建设。城镇居住区没有规划配套幼儿园或规划不足，或者有完整规划但建设不到位的，县（市、区）政府要依据国家和地方配建标准，通过补建、改建或就近新建、置换、购置等方式予以解决。对存在配套幼儿园缓建、缩建、停建、不建和建而不交等问题的，在整改到位之前，不得办理规划核实和竣工验收。二是确保居住区配套幼儿园如期移交。已建成的居住区配套幼儿园应按照规定及时移交当地教育行政部门，未移交的应限期完成移交，对已挪作他用的要采取有效措施予以收回。有关部门要按规定对移交的幼儿园办理土地、园舍移交及资产登记手续。三是规范居住区配套幼儿园使用。居住区配套幼儿园移交当地教育行政部门后，应当由教育行政部门办成公办园或委托办成普惠性民办园，不得办成营利性幼儿园。办成公办园的，当地政府及有关部门要做好机构编制、教师配备等方面的工作；委托办成普惠性民办园的，要做好对相关机构资质、管理能力、卫生安全及保教质量等方面的审核，明确补助标准，加强对普惠实效及质量方面的动态监管。

其次，要建立健全治理工作协调机制。省、市、县要成立城镇居住区配套幼儿园治理工作小组，组长由协助分管教育工作的政府副秘书长担任，成员由教育、住房城乡建设、自然资源、发展改革、民政等部门负责同志组成。治理工作联合办公室设在教育和住房城乡建设部门。

再次，要落实治理责任分工。按照居住区配套幼儿园规划、建设、移交、办园等各个环节的工作要求，明晰各项工作的主责部门及配合部门，建立联审联管机制，切实把摸底排查、全面整改等各项任务落到实处。教育行政部门要参与居住区配套幼儿园规划、建设、验收、移交等各个环节的工作。发展改革部门要参与居住区配套幼儿园建设项目规划布局，对需要补建、改建、新建的项目按程序及时办理审批、核准或备案手续。自然资源部门要根据国家和地方配建标准，统筹规划城镇居住区配套幼儿园，将居住区配套幼儿园必要建设用地及时纳入国土空间规划，按相关规定划拨建设用地。住房城乡建设部门要加强对城镇居住区配套幼儿园的建筑设计、施工建设、验收、移交的监管落实。机构编制部门按程序做好居住区配套幼儿园移交涉及的机构编制工作，根据办园性质，分别由机构编制部门和民政部门依法办理事业单位法人登记或民办非企业单位法人登记。在治理工作中，需要其他相关部门支持配合的，地方各级人民政府要加强统筹协调。

第十八条　各级人民政府应当完善农村幼儿园布局，将农村幼儿园建设纳入公共服务设施专项规划并组织实施。

每个乡镇应当至少举办一所公办中心幼儿园。鼓励、支持公办中心幼儿园对辖区内的公办幼儿园进行业务指导或者实施一体化管理。

释义

本条是关于农村幼儿园建设和管理的规定，共2款。

实施乡村振兴战略，是以习近平同志为核心的党中央着眼党和国家事业全局，深刻把握现代化建设规律和城乡关系变化特征，顺应亿万农民对美好生活的向往，对“三农”工作作出的重大决策部署，是决胜全面建成小康社会、全面建设社会主义现代化国家的重大历史任务，是新时代做好“三农”工作的总抓手。《国家乡村振兴战略规划（2018—2022）》明确指出，优先发展农村教育事业，保障学生就近享有有质量的教育。

学前教育发展起步晚、底子薄、欠账多，特别是农村学前教育又是学前教育发展中的短板，规划建设不科学、经费投入不均衡、办园条件差距大、教师队伍不稳定、保教质量提升慢等问题一度成为制约我省农村学前教育发展的瓶颈。大力发展农村学前教育，完善农村幼儿园布局，将农村幼儿园建设纳入公共服务设施专项规划并组织实施，确保每个乡镇要至少办好一所公办中心幼儿园，进而完善县、乡、村学前教育公共服务网络，是建立健全全民覆盖、普惠共享、城乡一体的基本公共服务体系，推进城乡基本公共服务均等化的重要举措之一。

将发展农村学前教育作为实施乡村振兴战略和脱贫攻坚行动的基础工程、民生工程，坚持问题导向，聚焦补齐短板，以破解困扰农村学前教育发展难题为切入点，创新实施“镇村一体化”管理模式，是优化农村学前教育资源配置，推动农村学前教育高质量发展的有效举措。农村学前教育“镇村一体化”管理体制改革，重点是落实乡镇中心幼儿园对辖区内所有幼儿园的管理责任。日照市在这方面作出了有益探索，总结出“一个中心”“五个统一”的经验。“一个中心”，就是每个乡镇建设一处由乡镇政府举办、教育部门主管、具有独立法人地位的乡镇中心幼儿园。乡镇中心幼儿园在乡镇政府和县（市、区）教育行政部门的领导下负责全镇学前教育管理和业务指导，成为与中心小学、初中并行的三个独立法人之一，乡镇中心幼儿园园长与乡镇中心小学、初中校长享受同等待遇。“五个统一”，即充分发挥乡镇中心幼儿园的统筹、辐射、带动、示范作用，负责对辖区内学前教育进行统一规划建设、统一经费管理、统一教师管理、统一设施配备、统一保教管理，形成镇域学前教育集团化办园、标准化管理、一体化发展的办园格局。一是统一规划建设。明确镇级政府是举办农村学前教育的责任主体，解决了长期以来农村学前教育无发展主体、无投入来源的难题。在乡镇政府的领导和县（市、区）教育行政部门的指导下，以镇域为单位按照“在每个乡镇驻地建设一处公办中心幼儿园，每个社区（村）建设一处公办或公办性质幼儿园”的标准，中心幼儿园负责制定幼儿园布局规划和园所建设改造规划，并做到同步排查、鉴定、维修改造、验收和划拨资金。实施乡镇中心幼儿园建设工程，将乡镇中心幼儿园建成农村学前教育的龙头，充分发挥管理指导和辐射带动作用。将社区幼儿园建设列入市政府为民办实事重点项目，纳入对县级政府的目标管理绩效考核，大力建设社区幼儿园。二是统一经费管理。在县级教育财务结算中心设立幼教专户，村级幼儿园收费全部上交乡镇中心幼儿园，分园建账，乡镇中心幼儿园统一审核后报县级教育财务结算中心统一管理。实行幼儿园资金使用审批制度，专款专用，严格资金支出程序。各幼儿园支出项目实行预算管理，由乡镇中心幼儿园统筹安排，优先用于幼儿园自身建设和发展。三是统一教师管理。乡镇中心幼儿园对全镇幼儿教师实行统筹管理，统一招聘、统一调配、统一培训、统一计酬考核。各乡镇中心幼儿园面向社会公开招聘、择优录用幼师，在全镇范围内统一调配使用，定期进行交流。中心幼儿园定期派骨干教师到村级园中任教；村级园教师根据需要轮流到中心幼儿园跟班学习；村级园教师之间实行跨村任教。各乡镇中心园统一制定教师培训计划，统一组织业务学习培训。按岗位制定考核目标，全镇幼儿教师实行统一考核；由乡镇中心幼儿园根据考核结果统一核算、发放教师工资，努力实现优教优酬。四是统一设施配备。把乡镇中心幼儿园建设成乡镇学前教育资源中心，配齐配强设施设备，建立公共资料库和图书馆，面向全镇开放。乡镇中心幼儿园按照省定标准统一购置与调配全镇各园的设施配备，实现资源共享、设备互用，使镇域内幼儿园办学条件基本均衡。五是统一保教管理。乡镇中心幼儿园统筹镇域内各园教育教学，配备业务负责人，负责全镇幼儿园的业务管理；选派骨干教师定期到各园对教学常规、一日活动、教科研等进行指导。成立中心教研组，选拔辖区内骨干教师担任兼职教研员，建立教研网络，定期组织听评课、优质课评选、基本功比赛等教研活动。每学年度对所属幼儿园开展一次督导评估，评估结果上报区县教育主管部门备案，并在一定范围内公布，接受社会监督。

第十九条　各级人民政府根据学龄前儿童入园需求，将中小学闲置校舍、空置厂房、办公用房等设施改建为幼儿园的，应当符合安全、环保、卫生的要求。

县级以上人民政府应当鼓励、支持农村集体经济组织、国有企业事业单位举办公办幼儿园，引导民办幼儿园规范发展，支持民办幼儿园提供优质的保育教育服务，满足家长对学前教育的多元化需求。

释 义

本条是关于充分利用闲置资源举办幼儿园和鼓励发展多元化学前教育的规定，共2款。

当前，学前教育资源，特别是优质学前教育资源的供给还存在较大的不足，“入园难”“入园贵”等问题仍然是制约我省学前教育发展的难题。因此，各级政府要进一步发挥主导作用，牢牢把握公益普惠基本方向，坚持公办民办并举，着力扩大普惠性学前教育资源供给，在办好公办园的同时，大力发展民办园，鼓励支持更多的民办园提供普惠性服务，满足人民群众对“幼有所育”的美好期盼。

1. 积极挖潜扩大增量

各地要把发展普惠性学前教育作为重点任务，结合本地实际，着力构建以普惠性资源为主体的办园体系。按照实现普惠目标的要求，公办幼儿园在园幼儿占比2020年达到50%，只有这样才能充分发挥公办园保基本、兜底线、引领方向、平抑收费的主渠道作用。普惠性资源不足特别是公办幼儿园资源不足的地区，当地政府要充分利用腾退搬迁的空置厂房、乡村公共服务设施、农村中小学闲置校舍等资源，在符合国家和省有关幼儿园建设标准的基础上加以改建，确保符合安全、环保、卫生等要求，并可以以租赁、租借、划转等形式举办为公办幼儿园，有效缓解和补充幼儿园数量不足的问题，满足适龄儿童就近入园的需求。

同时，积极鼓励支持街道、村集体、有实力的国有企事业单位，特别是普通高等学校举办公办幼儿园，在为本单位职工子女入园提供便利的同时，也为社会提供普惠性服务。

2. 鼓励和支持社会力量办园

民办幼儿园是扩充学前教育资源的重要力量，在促进学前教育发展、满足民众多样化的学前教育需求方面作出了很大的贡献。无论是《中华人民共和国民办教育促进法》还是《中共中央 国务院关于学前教育深化改革规范发展的若干意见》（中发〔2018〕39号），鼓励社会力量举办幼儿园的态度都非常明确。实现“幼有所育”的目标，离不开民办幼儿园；为民众提供多样化、个性化的学前教育，同样离不开民办幼儿园。但同时要看到，民办幼儿园也存在办园不规范、保教质量不高以及过度逐利等问题。对此，在坚持鼓励社会力量举办幼儿园政策的同时，也需要对其进行规范，尤其是要避免资本在学前教育领域跑马圈地、过度逐利，制造教育不公。对于民办幼儿园来说，规范发展才有出路，规范发展才有未来。

首先，要积极扶持民办幼儿园提供普惠性服务。我省规定，到2020年，普惠性民办幼儿园要达到民办幼儿园总数的50%以上。各市要制定普惠性民办幼儿园认定办法，以县（市、区）为单位逐年认定一批普惠性民办幼儿园。认定通过的普惠性民办幼儿园名单，由县（市、区）教育行政主管部门向社会公布，并统一标识。按照普惠性民办幼儿园的类别、办园条件、保教质量等，通过生均财政补贴、购买服务、综合奖补、减免租金、派驻公办教师、培训教师、教研指导等方式，支持普惠性民办幼儿园发展。

其次，要规范营利性民办幼儿园发展，满足家长不同选择性需求。一方面，要大力支持民办幼儿园发展。民办幼儿园用电、用水、用气、用热，执行与公办幼儿园相同的价格政策。落实用地、减免税费等优惠政策，吸引具有合法资质、信誉良好的社会团体、企业和公民出资举办幼儿园。另一方面，支持民办幼儿园提供优质的保育教育服务，满足家长对学前教育的多元化需求。各级发展改革部门应当加强对幼儿园保教费定价成本的调查或监审，使营利性民办幼儿园的收费控制在合理范围内，抑制过度逐利、过高收费。

归根结底，实现“幼有所育”，既离不开政府的主导，也离不开社会力量的参与，必须充分发挥政府和市场的力量，坚持公办民办并举。既要大力发展公办幼儿园，又要鼓励支持更多的民办幼儿园提供普惠性服务，解决好“入园难”“入园贵”问题，努力提升学前教育质量，提高民众的学前教育满意度和获得感。

第二十条　特殊教育机构应当设置幼儿园。

鼓励、支持儿童福利机构、残疾儿童康复机构设置幼儿园。

释 义

本条是关于特殊教育机构等设置幼儿园的规定，共2款。

特殊儿童，是指与正常儿童在各方面有显著差异的各类儿童，既包括发展上低于正常的儿童，也包括发展上高于正常的儿童，还包括有轻微违法犯罪的儿童。从狭义的理解来看，专指残疾儿童，即身心发展上有各种缺陷的儿童。本条例的特殊教育主要是指针对残疾儿童进行的教育，即使用一般的或经过特别设计的课程、教材、教法和教学组织形式及教学设备，对残疾儿童进行旨在达到一般和特殊培养目标的教育。它的目的和任务是最大限度地满足社会的要求和残疾儿童的教育需要，发展他们的潜能，使其增长知识、获得技能、完善人格，增强社会适应能力。特殊教育机构是对残疾儿童进行特殊教育的专门组织。

国家法律法规保障残疾儿童接受学前教育的权利。《中华人民共和国残疾人保障法》第二十六条规定，“残疾幼儿教育机构、普通幼儿教育机构附设的残疾儿童班、特殊教育机构的学前班、残疾儿童福利机构、残疾儿童家庭，对残疾儿童实施学前教育”。《中华人民共和国残疾人教育条例》第三十一条规定，“各级人民政府应当积极采取措施，逐步提高残疾幼儿接受学前教育的比例”。《幼儿园工作规程》第八条规定，“幼儿园对烈士子女、家中无人照顾的残疾人子女、孤儿、家庭经济困难幼儿、具有接受普通教育能力的残疾儿童等入园，按照国家和地方的有关规定予以照顾”。自2014年以来，国家和省实施了第一期和第二期特殊教育提升计划，均提出要加快发展非义务教育阶段特殊教育。要求各地将残疾儿童学前教育纳入当地学前教育发展规划，支持普通幼儿园创造条件接收残疾儿童。在特殊教育学校和有条件的儿童福利机构、残疾儿童康复机构普遍增加学前部或附设幼儿园。在有条件的地区设置专门招收残疾儿童的特殊幼儿园。鼓励各地整合资源，为残疾儿童提供半日制、小时制、亲子同训等多种形式的早期康复教育服务。为学前教育机构中符合条件的残疾儿童提供功能评估、训练、康复辅助器具等基本康复服务。

强调特殊教育机构设置幼儿园，鼓励、支持儿童福利机构、残疾儿童康复机构设置幼儿园的规定，是对残疾儿童接受正规的、系统的学前教育的保障举措。同时，融合教育的思潮正在世界范围内获得广泛的认同，并得以实践。维护残疾儿童生存、受教育和发展的权利，促进他们能够更好地融入正常儿童群体以及未来社会生活作为融合教育的基本理念，正在被越来越多的人接受。推动特殊教育机构设置幼儿园，鼓励、支持儿童福利机构、残疾儿童康复机构设置幼儿园，鼓励、支持普通幼儿园接收残疾儿童入园，对于保障这一特殊群体的儿童接受正规的、系统的学前教育具有十分重要的意义。

第二十一条　因公共利益需要征收幼儿园土地、房屋的，县级以上人民政府应当按照幼儿园布局规划和调整方案予以重建；需要异地重建的，应当先建设并投入使用后再征收；需要原地重建的，在建设期间应当就近妥善安置在园儿童。

释义

本条是关于幼儿园拆迁及重建的规定。

《国有土地上房屋征收与补偿条例》规定，为了保障国家安全、促进国民经济和社会发展等公共利益的需要，由政府组织实施的科技、教育、文化、卫生、体育、环境和资源保护、防灾减灾、文物保护、社会福利、市政公用等公共事业，确需征收房屋的，市、县级人民政府有关部门应当依照本条例的规定和本级人民政府规定的职责分工，互相配合，保障房屋征收与补偿工作的顺利进行。上级人民政府应当加强对下级人民政府房屋征收与补偿工作的监督。《国有土地上房屋征收与补偿条例》第二条规定，“为了公共利益的需要，征收国有土地上单位、个人的房屋，应当对被征收房屋所有权人（以下称被征收人）给予公平补偿”。对于因公共利益需要征收幼儿园土地、房屋的情况，本条规定了县级以上人民政府应当承担的责任和义务。

对于因公共利益需要征收幼儿园土地、房屋的，县级人民政府应当按照幼儿园布局规划和调整方案予以重建，以保障适龄儿童可以就近入园。主要分两种情况，一是异地重建幼儿园，要解决幼儿园重建与土地、房屋征收的顺序问题。为了确保适龄儿童的入园及原幼儿园在园儿童入园问题，应该在幼儿园土地、房屋征收前，先建设好新的幼儿园，妥善安置在园儿童后再进行征收。二是原地重建幼儿园，要解决原幼儿园在园儿童的安置问题。在幼儿园土地、房屋被征收之前，县级人民政府教育行政部门要制定儿童安置方案，按照就近原则妥善安置原幼儿园在园儿童。

第二十二条　幼儿园的选址、建设和装修应当执行国家和省相关规定，符合抗震、避险、防雷、消防、卫生、环保、日照、通风等要求。

已建成的幼儿园存在安全隐患的，举办者应当采取有效防控措施消除隐患；存在重大安全隐患采取措施仍不能消除的，应当组织迁移或者关停。

释 义

本条是关于幼儿园建设标准和安全要求的规定，共2款。

幼儿园安全，不仅关系到每个儿童的安全和健康，还关系到家庭幸福、社会稳定。《幼儿园建设标准》（建标175-2016）是关于加强幼儿园建设的科学化、规范化管理，提高幼儿园的规划设计质量和建设水平，营造适合儿童身心健康发展的物质条件和育人环境的重要标准。2018年，我省重新修订了《山东省幼儿园办园条件标准》。幼儿园举办者应按照《幼儿园建设标准》（建标175-2016）和《山东省幼儿园办园条件标准》，确保幼儿园的规划设计质量和建设水平，确保幼儿园的选址、建设和装修符合园区布局，房屋建筑和设施配备应功能完善、配置合理、绿色环保、经济美观，具有抵御自然灾害、保障儿童安全的能力。

1. 确保幼儿园选址安全

《山东省幼儿园办园条件标准》规定，新建幼儿园选址应符合下列原则：（一）幼儿就近入园，家长方便接送。（二）应选在地质条件较好、环境适宜、交通方便、场地平整、地势较高、排水通畅、日照充足、空气流通、绿色植被丰富、公用配套设施较为完善、符合卫生和环保要求的地带。（三）必须避开地震危险地段、可能发生地质灾害和洪水灾害的区域等不安全地带，避开输油、输气管道和高压供电走廊等。（四）必须与铁路、高速公路、机场及飞机起降航线有足够的安全、卫生防护距离。应避开主要交通干道、建筑的阴影区等。（五）不应与集贸市场、娱乐场所、医院传染病房、太平间、殡仪馆、垃圾中转站或处理厂、污水处理站等喧闹脏乱、不利于幼儿身心健康的场所毗邻；不应与生产、经营、贮藏有毒有害、易燃易爆物品等危及幼儿安全的场所毗邻；不应与通信发射塔（台）等有较强电磁波辐射的场所毗邻。（六）幼儿园不得建在高层建筑内。3班及以下规模幼儿园可设在多层公共建筑内的一至三层，应有独立的院落和出入口，室外游戏场地应有防护设施。3班以上规模幼儿园不应设在多层公共建筑内。（七）农村幼儿园宜设在乡镇政府、社区驻地或靠近中小学，应避开养殖场、屠宰场、垃圾填埋场及水面等不良环境。（八）符合其它有关安全、卫生防护标准的要求。

2. 确保幼儿园建设安全

幼儿园建设项目由场地、房屋建筑和建筑设备等构成。场地由室外游戏场地、绿化用地两部分组成。应符合下列原则：（一）园区总体规划应因地制宜，适合幼儿特点，有利于幼儿园建设发展和对幼儿的保育教育与安全管理。（二）园区总平面布置应功能分区明确，布局合理，节约用地，方便管理，避免相互干扰，有利于人流疏散。（三）幼儿园有良好的建筑朝向、日照和通风。幼儿活动室应保证冬至日底层满窗日照有效时间不少于3小时。室外地面游戏场地应保证一半以上面积在冬至日日照有效时间不少于3小时。生活用房与幼儿活动室应保持适当的距离。园内建筑间距及与相邻园外建筑的间距，应符合国家标准及规划、消防、卫生、环保等部门的有关规定。（四）幼儿园建筑组合应紧凑、集中、合理，建筑形式和建筑风格应力求体现儿童特点。主要建筑之间宜有廊联系。园区绿化、美化应结合使用功能、特点及建筑布置、空间组合、建筑景观等要求，与园舍建筑统一规划设计和建设，充分体现儿童化、教育化、立体化、生态化的特点。（五）园区主要道路应根据通行和消防要求建设。园区道路的布置应便捷通畅，宜人车分流，竖向设计应满足无障碍要求。道路的高差处宜设坡道。主要道路宽度及转弯半径应满足消防车辆通行要求。幼儿园主要出入口不应设在交通主干道或过境公路干道一侧，园门外侧必须留有缓冲地带，并有安全警示标志，应有利于交通疏散。机动车与供应区出入口宜合并独立设置。（六）室外给排水、供气、供热、供电、通信、网络等管线，应根据总平面设计合理布置，管线宜暗设。污水应纳入系统的污水排放管道，农村幼儿园污水排放不应影响园区和周边环境卫生与幼儿安全。应按照防火规范要求设置消防系统。用电负荷应适当留有余量。安全、防噪声、防火与疏散、给排水、采暖与通风等要符合国家现行的有关设计规范和强制性标准。（七）园区内应设置教职工自行车停车棚。有条件的幼儿园可设置独立的教职工机动车停放场地，与幼儿活动场地隔离，并设置专用的机动车道和出入口。（八）幼儿园应设置旗杆、旗台。

3. 确保幼儿园装修安全

幼儿园建筑装修应符合以下要求：（一）建筑内装修应符合现行国家标准《民用建筑工程室内环境污染控制规范》（GB50325）和《建筑内部装修设计防火规范》（GB50222）规定。室内装饰装修应符合国家对室内装饰装修材料有害物质限量的相关标准。室内空气质量应达到《室内空气质量标准》（GB/T18883）要求。（二）建筑外装修材料应符合环保和建筑节能要求，外装修宜选用适合幼儿审美情趣和心理特征的色彩，并与园区环境协调。建筑外墙面应严防雨水渗漏。（三）墙面应符合以下要求：1. 幼儿活动用房的内墙面、顶面粉刷应符合环保、适用、经济、耐久、美观的要求，宜选用适合幼儿审美情趣和心理特点的明亮柔和色彩。2. 所有内墙的阳角、方柱及窗台应做成小圆角。3. 外墙面1.3m以下不宜做质地粗糙墙面，外墙的阳角及方柱应做成小圆角。4. 幼儿活动用房、走廊内墙面，应具备展示教材、作品和布置环境的条件。5. 门厅、走廊、楼梯间宜做易清洗、不易污损的墙裙。6. 卫生间、厨房内墙面应做光滑易清洁磁砖护壁至天棚。

4. 保障已建成的幼儿园无安全隐患

要定期对幼儿园房舍等进行安全检查，对已建成的幼儿园存在安全隐患的，举办者应当采取有效防控措施消除隐患；对存在重大安全隐患采取措施仍不能消除的，应当立即组织幼儿园迁移或者关停幼儿园，切实保障在园儿童的人身安全。

第三章　幼儿园设立与管理

【本章提要】

明确幼儿园设立和审批的条件及程序是加强幼儿园准入监管的重要内容，强化幼儿园内部管理是提高保育教育质量的前提。本章共11条，主要是围绕幼儿园的设立与管理作出规定，明确了设立幼儿园的条件和审批登记事项，以及幼儿园在制度建设、安全管理、教职工管理、经费使用与财务管理等方面的责任。

第二十三条　设立幼儿园应当具备下列条件：

（一）符合幼儿园布局规划和学前教育发展需要；

（二）有章程、组织机构和规范的名称；

（三）有符合规定的场所、设施和设备；

（四）有符合规定的园长、教师和保育、卫生保健、财务、安全保卫等人员；

（五）有必备的办学资金和稳定的经费来源；

（六）法律、法规规定的其他条件。

释　义

本条是关于幼儿园设立条件的规定，共6项。

《中华人民共和国教育法》第二十七条明确规定，设立学校及其他教育机构，必须具备下列基本条件：有组织机构和章程，有合格的教师，有符合规定标准的教学场所及设施、设备等，有必备的办学资金和稳定的经费来源，这是对所有教育机构设立的共性要求。同时，民办幼儿园的设立还要遵循《中华人民共和国民办教育促进法》的相关规定。由于民办幼儿园规模相对较小，建设周期较短，因此，我省取消了民办幼儿园的筹设环节，举办者可以直接向县级人民政府提交申请设立幼儿园。

1. 设立幼儿园应当符合当地幼儿园布局规划和学前教育发展需要

一是设立幼儿园应当符合当地幼儿园布局规划。按照《山东省人民政府办公厅关于加快学前教育改革发展的意见》（鲁政办字〔2018〕71号）规定，各地要结合实际，统筹考虑城镇化进程、人口变化等趋势，以县（市、区）为单位做好学前教育发展规划和幼儿园总体布局规划，确保幼儿园在一定行政区域内合理分布，每所幼儿园服务区域内的适龄儿童从住所到幼儿园的距离在合理的范围内，满足适龄儿童就近接受学前教育的需求。

二是设立幼儿园应当符合学前教育发展需要。学前教育发展的需要包括两个方面，一是幼儿园规模大小要与适龄人口相适应；二是幼儿园的条件要满足儿童接受科学保育教育的需要。《山东省人民政府办公厅关于加快学前教育改革发展的意见》（鲁政办发〔2018〕71号）及山东省教育厅等6部门印发的《山东省幼儿园办园条件标准》（鲁教基发〔2018〕4号，以下简称省定办园条件标准）中均提出“每3000—5000人口设置一所6个班以上的幼儿园”；《山东省人民政府办公厅关于城镇居住区配套教育设施规划建设的意见》（鲁政办字〔2018〕189号）提出“配建幼儿园服务半径原则上不大于300米”。上述两个标准分别从服务人口数、服务半径两个不同的视角和维度对幼儿园配建提出要求。对于农村幼儿园的设立，省定办园条件标准明确提出按照“大村独办、小村联办”的原则建设，服务半径原则上不超过1.5公里。因此，各地设立幼儿园要充分考虑人口密度、生源发展趋势、服务半径、地理环境等因素，因地制宜，合理布点，保障适龄儿童方便就近地接受基本的、有质量的学前教育。

2. 设立幼儿园应当有章程、组织机构和规范的名称

组织章程是指为保证幼儿园正常运行，主要就办园宗旨、内部管理体制及财务活动等重大的基本的问题作出全面规范而形成的文件，是幼儿园改革发展、实现自主管理、依法办园的基本依据，也是政府及有关部门监督管理的基本依据。一般来说，幼儿园章程应包括以下内容：幼儿园名称、内部管理体制、财产管理与处置、成立和活动的目的、保教活动的范围、原则和章程变更的有关事项等。幼儿园章程自行拟定，由主管教育行政部门核准。依据教育部印发的《全面推进依法治校实施纲要》（教政法〔2012〕9号）精神，幼儿园起草制定章程要遵循法制统一、坚持社会主义办学方向的基本原则，以促进改革、增强幼儿园自主权为导向，着力规范内部治理结构和权力运行规则，充分反映广大教职员工的意愿，凝练共同的理念与价值认同，体现幼儿园的办园特色和发展目标，突出科学性和可操作性。通过加强章程建设，健全幼儿园依法办园自主管理的制度体系，在我省全面形成一园一章程的格局。

幼儿园是一个社会组织，其活动要通过自然人组成的具体机构进行，因而要具有相应的组织机构。组织机构是对内管理幼儿园事务，对外代表幼儿园进行保育教育活动的机构或机关，其中包括决策机构、执行机构和监督机构。

名称是一个组织区别于其他组织的标志，幼儿园应先到法人登记机关进行名称核准。1999年，民政部发布施行的《民办非企业单位名称管理暂行规定》（民发〔1999〕129号），对登记为民办非企业的幼儿园名称进行了明确规定。《国家工商总局 教育部关于营利性民办学校名称登记管理有关工作的通知》（工商企注字〔2017〕156号）提出要进一步规范名称。因此，幼儿园的名称应当规范，并符合相关名称登记管理规定，不得带有与实际不符、可能对公众造成误导的词语，不得冠以“中华”“中国”“国际”等字样。

3. 设立幼儿园应当有符合规定的场所、设施和设备

开办幼儿园必须有一定的场所和设施、设备等，除了要满足一定的数量和种类标准外，还要满足相应的安全和卫生标准。《幼儿园管理条例》第七条明确规定，“举办幼儿园必须将幼儿园设置在安全区域内。严禁在污染区和危险区内设置幼儿园”。第八条规定，“举办幼儿园必须具有与保育、教育的要求相适应的园舍和设施。幼儿园的园舍和设施必须符合国家的卫生标准和安全标准”。

我省现行的省定办园条件标准以国家《幼儿园建设标准》（建标175-2016）、《托儿所、幼儿园建筑设计规范》（JGJ39-2016）为主要依据，同时按照国家和省有关文件中关于幼儿园建设和安全工作的要求，对幼儿园的选址、建设用地、园舍建筑、设施设备等都提出了明确要求。幼儿园建设及设施设备配备，除应执行本标准外，还应符合国家和省现行相关标准与规范的规定。

4. 设立幼儿园应当有符合规定的园长、教师、保育、卫生保健、财务、安全保卫等人员

配备必要的教职工是幼儿园办园条件的重要内容。为满足儿童在园生活、游戏和学习的需要，确保儿童接受基本的、有质量的学前教育，幼儿园应当配足配齐教职工。《幼儿园管理条例》《幼儿园工作规程》对幼儿园各类工作人员的资质条件提出了明确要求。教育部印发的《幼儿园教职工配备标准（暂行）》（教师〔2013〕1号）规定了幼儿园教

职工与幼儿的比例及各类工作人员配备数量。山东省机构编制委员会办公室、山东省教育厅、山东省财政厅于2012年2月制定印发，2017年4月重新发布的《山东省公办幼儿园编制标准》（鲁编办发〔2012〕3号、鲁编办发〔2017〕4号），对公办幼儿园的编制标准作出了明确规定。《山东省幼儿园办园条件标准》对幼儿园师资配备也作出了明确规定：幼儿园举办者应当按照国家和省相关规定配备园长、教师、保育员、医务人员、财会人员、安保人员等各类工作人员，并及时补充。其中，纳入机构编制管理范围的公办幼儿园，应当按照《山东省公办幼儿园编制标准》来配备；对未纳入机构编制管理、利用国有资产举办的幼儿园，参照公办幼儿园编制标准配备；民办幼儿园则要按照教育部幼儿园教职工配备标准，配足配齐教职工。设置特殊教育资源教室的幼儿园应配备资源教师。上述规定均为幼儿园配备工作人员的重要依据。幼儿园应依据上述规定及其他相关规定，根据服务类型、儿童年龄和班级规模配备数量适宜的各类工作人员，使每位儿童在一日生活、游戏和学习中都能得到适当的照顾、帮助和指导。

5. 设立幼儿园应当有必备的办学资金和稳定的经费来源

必备的办学资金是指设立幼儿园所必须具备的最低启动资金。除此之外，幼儿园设立后还必须有稳定的经费来源，以保证幼儿园可持续发展。不同性质的幼儿园资金来源不同。《幼儿园管理条例》第十条规定，“举办幼儿园的单位或者个人必须具有进行保育、教育以及维修或扩建、改建幼儿园的园舍与设施的经费来源”。《中华人民共和国民办教育促进法》、省定办园条件标准等对幼儿园经费保障作出了明确规定，要求幼儿园经费由举办者依法筹措，确保幼儿园正常运转和园舍设施安全，确保幼儿教师工资福利待遇和社会保险费缴纳。《山东省幼儿园收费管理办法》（鲁发改成本〔2019〕1222号）规定，幼儿园要按照国家和省规定的收费政策实施收费，政府按照规定及时足额拨付公办幼儿园生均公用经费和普惠性民办幼儿园生均补助经费。

6. 设立幼儿园应当符合法律、法规规定的其他条件

本条前述5个方面是设立幼儿园的基本条件。基本办园条件是幼儿园开展保育教育活动并保证质量的前提和基础，设立幼儿园应当具备基本办园条件。不具备基本办园条件的，不能批准设立。特别需要强调的是，没有资产投入和稳定经济来源的社会组织或公民个人，不能单独成为民办幼儿园举办者。

其他有关法律、法规凡涉及幼儿园办园条件的内容，比如《中华人民共和国教育法》对设立教育机构的要求，《中华人民共和国民办教育促进法》对设立民办教育机构的要求，《中华人民共和国教师法》对教师资格的要求等等，都是设立幼儿园的重要依据。

第二十四条　设立公办幼儿园，应当经县级以上人民政府教育行政部门和机构编制主管部门批准，并办理法人登记手续。

未经县级以上人民政府教育行政部门和机构编制主管部门批准，不得停办公办幼儿园。

未经省人民政府教育行政部门批准，任何单位和个人不得将公办幼儿园转为民办幼儿园。

释义

本条是关于公办幼儿园审批登记、终止、转制方面的规定，共3款。

1. 设立公办幼儿园应当进行审批和法人登记

《幼儿园管理条例》第十一条规定，“国家实行幼儿园登记注册制度，未经登记注册，任何单位和个人不得举办幼儿园”。依据上述规

定，自1992年起，我省建立了幼儿园登记注册及年检制度，并且随着学前教育事业的改革发展几经修改完善。县（市、区）教育行政部门是幼儿园登记注册机关，负责审查辖区内幼儿园的办园资格，并颁发《登记注册合格证》。《教育部 国家发展改革委 财政部关于实施第二期学前教育三年行动计划的意见》（教基二〔2014〕9号）对公办幼儿园登记管理提出了明确要求，“政府和事业单位举办的幼儿园依照《事业单位登记管理暂行条例》进行事业单位登记管理”。《教育部等四部门关于实施第三期学前教育行动计划的意见》（教基〔2017〕3号）进一步指出，“对符合条件的幼儿园，按照《事业单位登记管理暂行条例》和《事业单位、社会团体及企业等组织利用国有资产举办事业单位设立登记办法（试行）》完成事业单位登记”。

依据上述规定，我省进一步调整完善了幼儿园登记注册制度。山东省人民政府办公厅印发的《山东省无证幼儿园专项整治工作方案》（鲁政办字〔2018〕174号）明确规定，“公办幼儿园依法取得事业单位法人资格，民办幼儿园取得民办学校办学许可证。幼儿园不再办理山东省学前教育机构登记注册合格证”。“申请设立公办幼儿园，应当按照国家和省规定的条件和程序，经过县级及以上教育部门和机构编制部门批准，依法办理事业单位法人登记”。随着机构改革推进和放管服改革，许多县（市、区）成立了行政审批服务局，统一管理各项审批事务。设立公办幼儿园，应当经当地教育行政部门和机构编制主管部门批准，并到机构编制部门办理法人登记手续。

2. 公办幼儿园不得随意停办

学前教育机构的变更或者停办，应当经教育行政部门和法人登记管理机关批准。本条例对公办幼儿园停办的审批权限进一步明确，“未经县级以上人民政府教育行政部门和机构编制主管部门批准，不得停办公办幼儿园”。因此，公办幼儿园停办，必须履行规定的审核、批准手续，并妥善安置在园儿童。

3. 公办幼儿园不得随意转制

《国务院办公厅转发教育部等部门（单位）关于幼儿教育改革与发展指导意见的通知》（国办发〔2003〕13号）中明确规定，举办幼儿园的地方政府，“不得借转制之名停止或减少对公办幼儿园的投入，不得出售或变相出售公办幼儿园和乡（镇）中心幼儿园，已出售的要限期收回”。即要求地方政府不得变更公办幼儿园资产的用途，不得将已投入公办幼儿园的资产抽回或挪作他用。2005年12月，针对湖南省教育厅《关于公办幼儿园能否承包的请示》，教育部办公厅《关于公办幼儿园能否承包的问题的复函》（教基厅函〔2005〕81号）中，对公办幼儿园的性质和不得转制的理由进行了权威阐释：“公办幼儿园属于国家举办的事业单位，是服务于社会公众的公益性组织，其资产属于国有资产。”“任何变更公办幼儿园财产属性和使用用途的转制行为都是与国办发〔2003〕13号文件相抵触的。”

《山东省人民政府办公厅关于转发教育厅等部门（单位）关于加快学前教育改革与发展的意见的通知》（鲁政办发〔2003〕100号）指出，“各级人民政府要继续办好公办幼儿园，不得借转制之名停止或减少对公办幼儿园的投入，不得出售或变相出售公办幼儿园和乡镇中心幼儿园，已出售的要限期收回。公办幼儿园转制必须经省级教育行政部门审核批准”。本条例对上述规定继续重申，并且对公办幼儿园转制行为作出了更为清晰的界定，即“未经省人民政府教育行政部门批准，任何单位和个人不得将公办幼儿园转为民办幼儿园”，旨在严控公办学前教育资源流失，充分发挥公办幼儿园在学前教育事业发展中保基本、兜底线、引领方向、平抑收费的主渠道作用。

第二十五条　设立民办幼儿园，应当向所在地县（市、区）人民政府审批机关提出申请。

审批机关应当自受理之日起二十个工作日内作出是否批准的决定。符合条件的，发给办学许可证，并向社会公告；不符合条件的，书面说明理由。

民办幼儿园取得办学许可证后，应当进行法人登记，登记机关应当依法予以办理。

释 义

本条是关于民办幼儿园设立审批登记的规定，共3款。

2016年修订的《中华人民共和国民办教育促进法》第二章专门就民办学校的设立作出了明确规定。本条对我省民办幼儿园审批权限、审批时限和法人登记等进行了界定。

1. 关于民办幼儿园审批权限的界定

审批权限的划分包含两个层面，一是不同级别行政部门审批权限的分工，二是不同职能部门的审批权限划分。

《中华人民共和国民办教育促进法》第十二条规定，“举办实施学历教育、学前教育、自学考试助学及其他文化教育的民办学校，由县级以上人民政府教育行政部门按照国家规定的权限审批”。其中明确了民办幼儿园的审批机关是县级以上人民政府教育行政部门。为适应行政管理放管服改革的需要，各级政府相继成立了行政审批部门，有的地方幼儿园审批归口审批部门办理，因此本条例未指定县（市、区）人民政府教育行政部门为民办幼儿园的审批机关。在具体工作实践中，县级人民政府要统筹安排，明确当地民办幼儿园的审批机关及相关职能部门的职责权限，严格审核民办幼儿园资质。

审批机关在审批过程中，应当贯彻执行审批制度改革的精神，遵循公正、公平的原则，平等对待申请人；审批程序应当便民、及时，减少环节，简化程序，提高效率；应当坚持公开的原则，将有关审批的条件、程序、期限、费用以及需提交的材料和申请书示范文本等在办公场所公示等。

设立民办学校，需要做好资金、场地、教师和管理人员等筹备工作，特别是设立高等学校，事先需要做大量的准备工作，周期比较长。基于此，为了降低设立民办学校的各种风险，法律规定了筹设程序。由于幼儿园规模相对较小，设立筹备周期较短，因此本条例在民办幼儿园筹设程序上未做硬性规定。这就要求民办幼儿园举办者必须在筹设前咨询审批部门，并按照幼儿园办园条件标准筹设。对有办园意向或筹建中的民办幼儿园，县（市、区）相关部门要提前介入，督促其按标准和程序筹建，对无法按照标准筹建的要及时制止，防止无证幼儿园现象发生。

2. 关于申请正式设立民办幼儿园审批时限的规定

规定正式设立民办幼儿园审批时限，旨在提高行政效率，同时也便于举办者安排工作。按照《中华人民共和国民办教育促进法》的规定，通常民办学校审批时间为3个月，鉴于幼儿园相比中小学尤其是大学等规模偏小，工作量相对较小，同时，适应放管服改革的要求，我省要求在民办幼儿园设立审批方面实施全链条管理，建立一站式审批服务窗口，简化审批手续和流程。为此，我省将设立民办幼儿园审批时限缩短为20个工作日，为举办者提供更加高效的服务。举办者在正式提出审批申请时，应当充分考虑这一时限的规定，同时还要把办理登记的时限考虑在内，以保证在正式开园招生时，各项手续合法，保育教育工作正常开展。

审批机关进行审批，应以举办者的资格条件、民办幼儿园应具备的条件、设置标准和当地学前教育发展的需求为依据进行审查，其核心是设置标准。同时，办园目的和宗旨是否正确，办园活动是否符合国家利益和社会公共利益也是审查的重要方面。民办幼儿园作为学前教育事业的重要组成部分，是重要的社会公益事业，必须牢牢把握公益普惠的基本方向。各地审批机关要严格把控，确保公办幼儿园在园幼儿占比不低于50%，普惠性民办幼儿园达到民办幼儿园总数的50%以上。

审批机关应当通过审批，引导、调控社会组织和公民个人兴政府办园之所缺，补政府办园之不足，服从服务于幼儿园布局规划和学前教育资源配置结构进行审批，避免滥设或者低水平重复设置，防止造成学前教育资源浪费或引起举办者间的不正当竞争，确保普惠性学前教育资源科学合理分布。同时，国家明确要求居住区配套幼儿园应办成公办或普惠性民办幼儿园，审批机关在进行审批时，必须严格审核把关，不能将居住区配套幼儿园审批为营利性民办幼儿园。

对设立民办幼儿园申请的审查，是一种实质性审查，除了根据书面材料和形式要件进行审查外，还要根据法定条件和程序对申请材料的实质内容进行审查、核实；实地考察幼儿园园舍建筑和设施设备，应当联合教育等有关部门并指派2名以上工作人员实地核查。审批决定作出之后，应当书面送达申请人，并由申请人签收。

3. 关于民办幼儿园办理法人登记手续的规定

审批机关对批准正式设立的民办幼儿园发给办学许可证。民办幼儿园取得办学许可证，只是完成了办学审批程序，要取得法人资格，取得相应的民事权利，承担民事责任，还应当办理法人登记手续。《中共中央 国务院关于学前教育深化改革规范发展的若干意见》（中发〔2018〕39号）明确规定，幼儿园审批严格实行“先证后照”制度，由县级教育行政部门依法进行前置审批，取得办学许可证后，到相关部门办理法人登记。山东省人民政府办公厅印发的《山东省无证幼儿园整治工作方案》（鲁政办字〔2018〕174号）对民办幼儿园办理登记手续进行了规定，“批准设立的非营利性民办幼儿园应当按照有关规定，向所在地民政部门办理民办非企业单位登记；批准设立的营利性民办幼儿园应当按照有关规定，向所在地工商行政管理部门办理企业法人登记。登记管理机关对符合登记条件的民办幼儿园，依法核发登记证或营业执照”。山东省教育厅等5部门印发的《山东省民办学校分类审批登记实施办法》（鲁教民发〔2019〕1号），规定了各级各类民办学校的设置标准、审批部门、登记机关、审批登记的办理程序。按照上述办法，正式批准设立，取得办学许可证的非营利性民办幼儿园，按照有关规定到与审批机关同级的机构编制或者民政部门办理法人登记；正式批准设立，取得办学许可证的营利性民办幼儿园，依据法律法规规定的管辖权限到市场监督管理部门或者行政审批部门办理法人登记。登记机关对符合登记条件的民办幼儿园，依法依规予以登记，并核发登记证或者营业执照；对不符合登记条件的，不予登记，并以书面形式向申请人说明理由。民办幼儿园取得办学许可证并办理法人登记手续后，方可依法开展办学活动。

第二十六条　幼儿园变更审批、登记事项或者终止的，应当向原审批、登记管理机关申请办理变更或者注销手续。原审批、登记管理机关应当按照有关规定办理。

释义

本条是关于幼儿园审批登记事项变更或终止程序的规定。

《中华人民共和国教育法》第二十八条规定，“学校及其他教育机构的设立、变更和终止，应当按照国家有关规定办理审核、批准、注册或者备案手续”。因此，幼儿园的设立、变更和终止，不能由幼儿园自行决定，必须办理法定审查、批准、注册和备案手续。按照本条例规定，幼儿园的变更或者终止，应当向县级人民政府审批机关和原登记管理机关申请办理。幼儿园变更名称、招生范围、年龄层次、场所、举办人或园长，合并、分立或设立分园，应当按设立程序办理变更手续。幼儿园终止办园，应当履行规定的审核、批准手续，并对在园儿童进行妥善安置。《山东省民办学校分类审批登记实施办法》（鲁教民发〔2019〕1号）第三章规定了民办学校审批登记事项变更与终止注销的程序和剩余财产处置办法，为民办幼儿园办理变更和终止手续提供了依据。

第二十七条　县（市、区）人民政府教育行政部门应当按照有关规定组织认定普惠性民办幼儿园，并向社会公布。

释义

本条是关于普惠性民办幼儿园认定管理的规定。

2014年，《教育部 国家发展改革委 财政部关于实施第二期学前教育三年行动计划的意见》（教基二〔2014〕9号）提出，各地根据普惠性资源布局和幼儿入园需求，认定一批普惠性民办园，通过政府购买服务、减免租金、派驻公办教师、培训教师等方式，支持民办园提供普惠性服务，有条件的地区可参照公办园生均公用经费标准，对普惠性民办园给予适当补贴。各地2015年底前出台认定和扶持普惠性民办园实施办法，对扶持对象、认定程序、成本核算、收费管理、日常监管、财务审计、奖补政策和退出机制等作出具体规定。2017年，《教育部等四部门关于实施第三期学前教育行动计划的意见》（教基〔2017〕3号）进一步重申，各省（区、市）制定普惠性民办幼儿园认定标准，逐年确定一批普惠性民办幼儿园。通过购买服务、综合奖补、减免租金、派驻公办教师、培训教师、教研指导等方式，支持普惠性民办幼儿园发展。将提供普惠性学位数量和办园质量作为奖励和支持的依据，对达不到要求的要限期整改。《中共中央 国务院关于学前教育深化改革规范发展的若干意见》（中发〔2018〕39号）又进行了重申。

2012年，山东省教育厅、山东省财政厅、山东省物价局联合下发了《关于开展普惠性民办幼儿园认定工作的通知》（鲁教基字〔2012〕30号），明确规定了普惠性民办幼儿园认定的基本条件、认定程序和监督管理。各市、县（市、区）结合本地实际，出台了具体实施办法或细则，逐年认定一批普惠性民办幼儿园，并向社会公布，接受社会监督。

第二十八条　幼儿园应当依照法律、法规和章程，建立相应的组织机构与管理体制，健全教职工管理、儿童权益保护、资产与财务管理、安全、卫生等制度。

幼儿园实行园长负责制。

释 义

本条是对幼儿园内部管理的规定，共2款。

《幼儿园工作规程》第十章“幼儿园的管理”部分，对幼儿园实行园长负责制，及其组织机构、管理机制和制度建设提出了明确要求。教育部《幼儿园办园行为督导评估办法》（教督〔2017〕7号）中，“实行园长负责制，组织机构、管理机制健全”是幼儿园办园行为督导评估指标与要点之一。

1. 幼儿园应当建立组织机构和管理机制并健全各项管理制度

幼儿园的组织机构和管理机制依据有关法律、法规以及幼儿园的章程来设置。《幼儿园工作规程》规定，幼儿园应当加强党组织建设，充分发挥党组织政治核心作用、战斗堡垒作用。幼儿园应当为工会、共青团等其他组织开展工作创造有利条件，充分发挥其在幼儿园工作中的作用。幼儿园应当建立教职工大会制度或者教职工代表大会制度，依法加强民主管理和监督。幼儿园要依据《幼儿园工作规程》等有关法律法规和政策性文件，结合本地本园实际，建立健全规章制度并不断完善，规范幼儿园管理。

2. 幼儿园实行园长负责制

《幼儿园工作规程》第五十六条规定，幼儿园实行园长负责制。幼儿园应当建立园务委员会。园务委员会由园长、副园长、党组织负责人和保教、卫生保健、财会等方面工作人员的代表以及儿童家长代表组成。园长任园务委员会主任。园长定期召开园务委员会会议，遇重大问题可临时召集，对规章制度的建立、修改、废除，全园工作计划，工作总结，人员奖惩，财务预算和决算方案，以及其他涉及全园工作的重要问题进行审议。

幼儿园由于规模相对较小，管理的层级和事务都相对简单，因此，在内部管理上，实行以园长为行政负责人统筹管理的体制，比较符合幼儿园管理的实际。这也是在幼儿园管理活动中得到普遍认可，具有广泛实践基础的一种管理体制。

园长负责制表明园长有全面负责幼儿园工作的职权。需要指出的是，园长负责制并不意味着园长的权力不受监督。对园长的监督首先来自于法律的监督，其次来自于行政主管部门和举办者的监督，再次来自于幼儿园内部党组织的监督和民主管理机制的监督，同时来自于儿童家长及社会的监督。

第二十九条　幼儿园应当按照国家和省有关规定，配备安全保卫人员，建设、配备和管理安全防护设施，在幼儿园门口设置硬质隔离和防冲撞设施，安装一键式紧急报警装置，在重点部位安装符合相关标准的入侵报警和视频图像采集装置，建立并实施网上巡查制度。

幼儿园应当加强对视频图像资料的存储保管，确保视频图像资料的有效性。

释义

本条是关于幼儿园安全保障与风险防控方面的规定，共2款。

幼儿园安全保障与风险防控是幼儿园安全的重要内容，主要是指通过人防、物防和技防等防范措施，及时消除隐患，预防事故发生。《中共中央 国务院关于学前教育深化改革规范发展的若干意见》（中发〔2018〕39号）专门就强化幼儿园安全监管提出了明确要求，“落实相关部门对幼儿园安全保卫和监管责任，提升人防、物防、技防能力，建立全覆盖的幼儿园安全风险防控体系”。《山东省学校安全条例》第二十五条规定，“学校应当明确负责安全管理工作的机构和人员，开展经常性的校园安全检查和隐患排查；配备必要的安全防护器材，安装符合相关标准的视频监控系统、紧急报警装置，建立并实施网上巡查制度”。2019年9月6日起实施的《中小学幼儿园安全风险防控工作规范》，对中小学、幼儿园安全“三防建设”提出了具体要求。

1. 关于人防建设

人防主要是指政府部门和学校通过设置安全管理机构和配备专职安保人员，保障安全工作顺利开展。

幼儿园主要负责人对幼儿园安全工作全面负责。幼儿园应当建立安全工作机构，配备专职安全管理人员。关于安保人员配备，教育部印发的《幼儿园教职工配备标准（暂行）》规定，根据国家和地方有关安全工作规定配备安保人员。《山东省学校安全条例》第十三条分两款分别对公办、民办幼儿园配备保安员作出规定，县（市、区）人民政府应当按照学校安全防范有关规定，为公办幼儿园配备专职保安员，民办幼儿园的举办者应当按照学校安全防范有关规定配备专职保安员。

依据《国务院办公厅关于加强中小学幼儿园安全风险防控体系建设的意见》（国办发〔2017〕35号）规定，学校应当按照相关规定，根据实际和需要，配备必要的安全保卫力量。除学生人数较少的学校外，每所学校应当至少有1名专职安全保卫人员或者受过专门培训的安全管理人员。《山东省学校安全条例》进一步明确了公办、民办幼儿园配备保安员的实施主体，分别是县（市、区）人民政府、民办幼儿园举办者。保安员应不低于以下标准配备：师生员工总人数少于100人的学校至少配1名专职保安员；100人以上1000人以下的学校，至少配2名专职保安员；超过1000人的学校，每增加500名学生增配1名专职保安员。我省要求所有幼儿园均应按规定配备专职保安员，以期彻底解决安保力量不足与配备不到位的问题。

2. 关于物防建设

物防主要是指学校通过配置安全防护物质实体，提高学校安全保护时效性。例如，根据我省现行有关幼儿园安全管理的有关政策要求，幼儿园应设置高度不低于2米的防攀爬、防冲撞围墙或其他实体屏障，幼儿在园期间实行封闭式管理；幼儿园门卫值班室应按执勤人数配备必要的防卫器械；水、电、气、热等设备间应设置消防设施和防护设施，指定专人负责管理；应在园内高地、水池、楼梯、电梯、落地玻璃门、在建工地等易发生危险的地方设置警示标识或者防护设施；园内应根据需要设置规范的安全警示牌、交通标识标牌标线、交通信号灯、人行设施、分隔设施、停车设施和减速带等；应根据治安实际情况，设置家长等候区域，设置隔离栏、隔离墩、减速带或升降柱等硬质防冲撞设施；应根据交通环境实际情况，配合职能部门在交通流量大的幼儿园门前道路施划减速带、人行横道和交通信号灯，在乡村以上道路幼儿园门前两侧50—200米道路上设置限速和警示标志，等等。

3. 关于技防设施建设

技防主要是指通过现代化科技手段提升学校安全防范能力，切实保护学校安全。例如：学校要加大校园重点部位安防系统建设投入，进一步完善入侵报警装置、视频监控装置、人证核验系统建设，并接通属地教育、公安部门监控平台。学校围墙周边监控应实现全覆盖，监控室有专人值守或者定点定时开展巡视。学校各部位的视频监控应不间断进行图像采集，保存时间不少于30天，列入反恐怖防范重点目标单位的保存时间不少于90天。安防系统出现故障时，应在24小时内恢复功能，期间应采取有效应急防范措施。学校门卫室应安装一键报警装置并与属地公安机关接警中心连通等，这些要求对于幼儿园同样适用。

第三十条　幼儿园应当建立健全安全管理制度，制定各类突发事件应急预案，定期组织开展安全教育和应急演练。

发生自然灾害、传染性疾病、食物中毒、公共安全等事件时，幼儿园应当立即采取应急措施，并按照规定报所在地教育、卫生健康、市场监督管理和其他有关部门，不得迟报、谎报、瞒报和漏报。

幼儿园应当按照国家规定办理校方责任保险。鼓励家长为儿童办理人身意外伤害保险。

释义

本条是关于幼儿园安全管理与教育、应急处置与事故处理方面的规定，共3款。

《山东省学校安全条例》第三章、第四章分别就学校安全教育与管理、应急处置与事故处理作出了明确规定。《中小学幼儿园安全风险防控工作规范》提出了可操作性的工作标准。

1. 幼儿园应当建立健全安全管理制度

制度建设是做好幼儿园安全管理工作的重要保障。《幼儿园工作规程》第十二条规定，幼儿园应当严格执行国家和地方幼儿园安全管理的相关规定，建立健全门卫、房屋、设备、消防、交通、食品、药物、儿童接送交接、活动组织和儿童就寝值守等安全防护和检查制度，建立安全责任制和应急预案。《山东省教育厅关于进一步加强幼儿园管理工作的通知》（鲁教基字〔2017〕14号）要求，建立健全安全管理制度。全面落实安全工作责任制和事故责任追究制，建立健全房屋、设备、消防、交通、食品、药物、卫生消毒、晨午检、儿童接送、活动组织、儿童就寝、值班等各种安全防护和检查制度，并认真落实。

2. 幼儿园应当加强安全教育

《幼儿园工作规程》第十五条规定，“幼儿园教职工必须具有安全意识，掌握基本急救常识和防范、避险、逃生、自救的基本方法，在紧急情况下应当优先保护幼儿的人身安全。幼儿园应当把安全教育融入一日生活，并定期组织开展多种形式的安全教育和事故预防演练”。《山东省学校安全条例》第二十四条规定：“学校应当开设安全课程；针对学生群体和年龄特点，联合有关部门和社会组织开展禁毒和防范网络沉迷、诈骗、溺水、欺凌、暴力以及交通安全、消防安全、食品安全、自救与互救等专题教育；通过互联网安全教育平台、专题讲座、志愿服务等方式，对学生、学生家长进行安全教育。”“学校应当经常性地对教师、安全保卫人员以及其他职工进行安全风险防控、应急处置和相关法律知识的教育培训。”按照《中小学幼儿园安全风险防控工作规范》及以上政策的要求，幼儿园每学期应至少对教师、专职保安员以及在园内工作的其他人员开展一次安全风险防控、应急处置和相关法律知识的教育培训，并且将安全教育培训作为教师岗位培训和继续教育的必要内容。幼儿园应开展体育教师、卫生保健人员、班主任初级急救知识和技能培训，将安全知识、救护技能等纳入见习教师规范化培训内容，鼓励支持新任教师取得初级急救知识技能证书。培训可结合教职工普法、学法活动进行，应作工作总结并整理存档，纳入个人工作绩效考核。

幼儿园应加强儿童安全教育，保障安全教育师资和课程，采取多种形式予以落实。幼儿园每学期应至少针对儿童家长组织一次以安全教育为主题的会议或活动，引导家长关注儿童身心健康，履行监护职责，并为家长提供家庭教育指导。同时，引导儿童家长积极参与幼儿园的安全管理。

3. 幼儿园应当开展应急演练

2012年，山东省人民政府办公厅转发省教育厅等部门《关于加强全省幼儿园应急疏散演练工作的意见的通知》（鲁政办发〔2012〕27号），并下发幼儿园应急疏散预案编制指南，要求幼儿园制定年度安全演练计划，明确演练主题，制定演练预案。演练预案应上报政府相关部门，演练前应向教育主管部门报告；幼儿园每季度至少开展一次针对地震、洪水、火灾、校车事故、暴恐等突发事件的应急演练，全员参与；演练结束，应对演练效果进行评估和总结，对演练文字及视频资料进行整理存档，及时整改存在的问题；有条件的幼儿园应委托第三方专业机构对整个演练过程进行测评，还可以建设公共安全教育体验教室等。

4. 幼儿园应当做好突发事件应急处置工作

《山东省学校安全条例》第四章规定了学校安全事故发生后的应急处置预案启动、报告程序，应对可能影响学校安全的突发事件的措施，应对学校欺凌、暴力或性侵事件的措施，规定了政府及有关部门澄清不实信息的责任，对学生家长及其他人员、学生的行为作了禁止性规定，规定设立人民调解委员会及调节机制。第四十五条明确规定，发生安全事故，学校应当立即启动处置预案，依法采取防范、控制、救助、抢险等措施，并按照规定报告县级以上人民政府教育、人力资源社会保障和其他有关部门；属于安全生产事故的，同时报告应急管理部门。符合启动安全事故应急预案条件的，有关部门接到报告后应当立即启动应急预案；属于重大或者特大安全事故的，由县级以上人民政府立即启动学校安全应急预案。

依据上述规定，幼儿园应建立健全应急管理机制，做好应急物资储备和经费保障；定期对应急管理和处置突发事件人员进行业务培训。制定并完善自然灾害、消防、交通事故（校车或接送师生车辆事故）、食物中毒、校园欺凌、公共卫生、意外伤害、反恐等各类应急预案，落实各项防范要求并适时加以修订；定期组织应急人员进行应急预案演练，并对预案进行完善。加强重大会议活动、节假日等重要节点的应急值班工作，值班期间保持通讯畅通，发现险情，领导应到现场处理，并按要求及时上报。应急事件发生后，应第一时间启动应急预案，立即组织本园应急人员进行先期处置，同时按照有关规定上报有关部门，并协助应急救援人员开展工作。

5. 幼儿园应当建立风险分担机制

幼儿园应当建立和完善风险分担机制，应对在园幼儿意外风险。《幼儿园工作规程》第十六条规定，“幼儿园应当投放校方责任险”。《山东省学校安全条例》第二十三条规定，“普通中小学校、幼儿园、中等职业学校和特殊教育学校按照国家规定办理校方责任保险”，“鼓励学生家长为学生办理人身意外伤害保险，分担学生在学校期间因意外发生的风险”。幼儿园举办者应按规定购买校方责任保险，并引导家长根据自愿原则参加保险（校方责任保险以外的险种），鼓励在园儿童家长为儿童办理人身意外伤害保险。

第三十一条　幼儿园应当加强财务管理，公布收费依据、收费项目和标准，接受家长和社会监督。

幼儿园收取的保教费应当主要用于儿童的保育教育活动、改善办园条件和保障教职工的待遇。

释义

本条是关于幼儿园财务管理和收费管理的规定，共2款。

1. 幼儿园应当规范财务管理

《幼儿园管理条例》规定，幼儿园应当加强财务管理，合理使用各项经费，任何单位和个人不得克扣、挪用幼儿园经费。幼儿园的经费应当按照规定的使用范围合理开支，坚持专款专用，不得挪作他用。幼儿园举办者筹措的经费，应当保证保育和教育的需要，有一定比例用于改善办园条件和开展教职工培训。幼儿园应当建立经费预算和决算审核制度，经费预算和决算应当提交园务委员会审议，并接受财务和审计部门的监督检查。幼儿园应当依法建立资产配置、使用、处置、产权登记、信息管理等管理制度，严格执行有关财务制度。《幼儿园工作规程》第八章专门对幼儿园经费及管理进行了明确规定。《中共中央 国务院关于学前教育深化改革规范发展的若干意见》（中发〔2018〕39号）对强化幼儿园经费使用及财务管理等方面的动态监管也提出了明确要求。各级各类幼儿园要建立健全各项财务管理规章制度，本着厉行节约、勤俭办园的原则安排支出，反对铺张浪费。各级教育行政部门、财政部门应对教育经费使用和管理进行经常性的监督检查，提高经费使用效益。

2. 幼儿园应当规范收费管理

2011年，国家发展改革委、教育部、财政部印发的《幼儿园收费管理暂行办法》（发改价格〔2011〕3207号），对规范幼儿园收费行为，保障受教育者和幼儿园的合法权益作出了明确规定。山东省物价局、山东省教育厅、山东省财政厅《关于贯彻实施国家发展改革委 教育部 财政部〈幼儿园收费管理暂行办法〉有关问题的通知》（鲁价费发〔2012〕93号）及《山东省物价局 山东省教育厅 山东省财政厅关于进一步明确幼儿园收费管理有关问题的通知》（鲁价费发〔2015〕81号）就统一幼儿园收费项目、明确收费管理方式和权限、规范收费标准管理和加强收费监督管理等提出了具体要求。2020年1月，山东省发展和改革委员会、山东省财政厅、山东省教育厅《关于印发山东省幼儿园收费管理办法的通知》（鲁发改成本〔2019〕1222号）进一步明确了收费项目和定价权限、收费标准制定、收费行为规范等内容。

《幼儿园工作规程》第四十七条规定，幼儿园收费按照国家和地方的有关规定执行。幼儿园实行收费公示制度，收费项目和标准向家长公示，接受社会监督，不得以任何名义收取与新生入园相挂钩的赞助费。幼儿园不得以培养幼儿某种专项技能、组织或参与竞赛等为由，另外收取费用；不得以营利为目的组织幼儿表演、竞赛等活动。第五十条规定，幼儿膳食费应当实行民主管理制度，保证全部用于幼儿膳食，每月向家长公布账目。《中华人民共和国民办教育促进法》则对包括民办幼儿园在内的各类民办教育机构收费作出了明确规定，民办学校收取费用的项目和标准根据办学成本、市场需求等因素确定，向社会公示，并接受有关主管部门的监督。非营利性民办学校收费的具体办法，由省、自治区、直辖市人民政府制定；营利性民办学校的收费标准，实行市场调节，由学校自主决定。民办学校收取的费用应当主要用于教育教学活动、改善办学条件和保障教职工待遇。《中共中央 国务院关于学前教育深化改革规范发展的若干意见》（中发〔2018〕39号）对强化幼儿园收费行为的动态监管提出了明确要求，对存在违规收费等行为的幼儿园，要及时进行整改、追究责任；造成恶劣影响的，依法吊销办园许可证，有关责任人终身不得办学和执教；构成犯罪的，依法追究其刑事责任。

第三十二条　幼儿园应当建立完善教职工绩效考核制度，考核结果作为对教职工岗位聘用、职务晋升、工资分配、奖惩的重要依据。

释义

本条是关于幼儿园教职工管理的规定。

对教职工进行绩效考核是幼儿园落实聘任制度、进行岗位管理的重要环节，是正确评价教职工德能勤绩廉的有效手段。学前教育机构应当建立教职工绩效考核制度，对教职工职业道德、履行岗位职责、工作量以及完成情况等进行全面考核，考核结果作为岗位聘用、职务晋升、工资分配、实施奖惩等方面工作的重要依据。《中华人民共和国教师法》第二十四条规定，“教师考核结果是受聘任教、晋升工资、实施奖惩的依据”。《幼儿园管理条例》则明确规定了园长、教师、保育员、卫生保健人员等幼儿园教职工的主要职责。

本条例要求幼儿园应当建立完善教职工绩效考核制度，将考核结果作为对教职工岗位聘用、职务晋升、工资分配、奖惩的重要依据，有利于幼儿园建立完善激励机制和自我约束机制，真正形成奖优罚劣、奖勤罚懒、能者上、庸者下的用人机制，建设一支师德高尚、热爱儿童、业务精良、结构合理的幼儿园教职工队伍。

第三十三条　幼儿园应当建立儿童交接、登记等制度。儿童接送由父母、其他监护人或者其委托的成年人负责。

幼儿园一般不使用车辆集中接送儿童；因特殊情况需要使用车辆集中接送的，应当落实儿童交接登记制度，使用符合国家规定标准的儿童专用车辆，其安全管理应当遵守国家和省有关校车管理的规定。

释 义

本条是关于幼儿园在园儿童交接和接送管理的规定，共2款。

依据《中华人民共和国未成年人保护法》《中华人民共和国民法总则》相关规定，在园儿童是无民事行为能力的未成年人，判断和防范安全风险的意识及能力弱，保护他们的安全与健康是其监护人和其他成年公民的共同责任。幼儿园建立健全并严格执行交接、登记和接送制度，是确保在园儿童安全和健康的第一道屏障。对此，国家和我省相关教育法律法规和政策文件均有明确规定。

《幼儿园工作规程》规定，“幼儿园应当严格执行国家和地方幼儿园安全管理的相关规定，建立健全门卫、房屋、设备、消防、交通、食品、药物、幼儿接送交接、活动组织和幼儿就寝值守等安全防护和检查制度，建立安全责任制和应急预案”，“入园幼儿应当由监护人或者其委托的成年人接送”。《山东省校车安全管理办法》（山东省人民政府令第295号）规定，“县级以上人民政府应当合理规划幼儿园布局，方便幼儿就近入园。入园幼儿应当由监护人或者其委托的成年人接送。幼儿园一般不使用车辆集中接送幼儿，对确因特殊情况不能由监护人或者其委托的成年人接送，需要使用车辆集中接送的，举办者应当使用按照专用校车国家标准设计和制造的幼儿专用车辆，其安全管理参照本办法的规定”。

本条例明确了“儿童接送由父母、其他监护人或者其委托的成年人负责”，体现了父母作为儿童的监护人，是接送入园儿童的第一责任人，如父母不能履行接送职责，则应由其他监护人或者儿童父母委托的成年人负责。同时，本条例重申“幼儿园一般不使用车辆集中接送儿童”的规定，对于因特殊情况确需使用车辆集中接送的，在强化安全管理等方面对举办者提出了严格要求。

第四章　保育与教育

【本章提要】

学前教育作用和功能的发挥，要靠学前教育机构的保育教育活动来实现。依法实施保育教育活动，不断提高保育教育质量，保障儿童身心健康快乐成长，对学前教育机构而言，是首要的根本任务。本章共12条，主要围绕规范幼儿园保育与教育作出规定。明确了幼儿园在招生、残疾儿童入园权利保障、卫生保健、教育内容与方式、保教设施设备、家园共育等方面的工作要求与职责。

第三十四条　三周岁以上学龄前儿童可以申请入园。幼儿园接收有困难的，所在地县（市、区）人民政府教育行政部门应当按照就近原则统筹协调安排入园。

幼儿园应当按照国家和省有关规定设置班额，并向社会公布招生计划和招生简章。

释　义

本条是关于幼儿园招生的规定，共2款。

1. 幼儿园应当招收3周岁以上的学龄前儿童

幼儿园入园年龄按照国家相关政策规定执行。《幼儿园工作规程》

规定，“幼儿园是对3周岁以上学龄前幼儿实施保育和教育的机构”，“幼儿园适龄幼儿一般为3周岁至6周岁”。据此规定，一般各地均要求在每年新学年开始前即8月31日前，年满三周岁的儿童均可申请入园。

2. 儿童可以按规定就近申请入园

适龄儿童按照自愿原则就近申请入园，入园申请程序和需要提报的材料由各地自行制定。一般情况下，儿童申请入园，其父母或者其他法定监护人应当向幼儿园出具户口簿、体检健康证明、有效预防接种证明等材料。为促进公平，我省还对进城务工人员随迁子女在居住地接受学前教育作出明确规定，按照“以流入地政府为主，以普惠性幼儿园为主”的原则，其父母或者其他法定监护人可以就近向幼儿园提出申请，出具本人身份证明和居住证明等材料。流入地政府和普惠性幼儿园应当创造条件，满足进城务工人员随迁子女的入园需求。幼儿园接收有困难的，所在地县（市、区）人民政府教育行政部门应当按照就近原则统筹协调安排入园。

3. 幼儿园应当按国家规定的班额招生编班

适宜的班额是确保幼儿园科学实施保育教育、提高办园质量、促进儿童健康发展的必要条件。《幼儿园工作规程》规定，幼儿园每班幼儿人数一般为：小班（3周岁至4周岁）25人，中班（4周岁至5周岁）30人，大班（5周岁至6周岁）35人，混合班30人。寄宿制幼儿园每班幼儿人数酌减。幼儿园一般按年龄分别编班，也可以混合编班。教育部《关于规范幼儿园保育教育工作防止和纠正“小学化”现象的通知》（教基二〔2011〕8号）明确规定，幼儿园要控制班额，不得违反国家相关规定超额编班，坚决纠正大班额现象。幼儿园每年秋季招生，平时如有缺额，可根据实际情况随时补招，具体政策由当地教育行政部门制定。

4. 幼儿园的招生计划和招生简章应当提前向社会公布

县（市、区）人民政府教育行政部门应根据幼儿园布局规划和服务人口、适龄儿童人数情况和学位数，指导辖区内的幼儿园拟定招生计划。幼儿园应提前将招生计划和招生简章向社会公布，为家长申请儿童入园做好服务工作。幼儿园招生简章的制定要符合招生规定，不得有夸大或虚假信息，并在县（市、区）人民政府教育行政部门备案，接受家长和社会的监督。

第三十五条　在普惠性学前教育资源充足的区域，公办幼儿园和普惠性民办幼儿园应当按照划定的服务范围，就近接收学龄前儿童入园。服务范围由所在地县（市、区）人民政府教育行政部门划定。

释义

本条是对幼儿园招生服务范围的规定。

幼儿园招生要坚持就近入园的原则。《城市居住区规划设计标准》（GB5180-2018）、《幼儿园标准设计图样》（GJBT-1511）、《山东省人民政府办公厅关于城镇居住区配套教育设施规划建设的意见》（鲁政办字〔2018〕189号）都提出了“五分钟生活圈居住区”需要具备托幼等社区服务设施，以及“城镇幼儿园服务半径宜为300—500m”的相关要求，保障儿童就近就便接受学前教育。

真正实现就近入园，一是各级政府要做好幼儿园布局规划，合理配置学前教育资源，通过大力发展公办幼儿园，认定一批普惠性民办幼儿园，保障区域内普惠性学前教育资源充足。二是要逐步缩小普惠性幼儿园之间的差距，为每一个适龄儿童提供公平的接受学前教育的机会。

同时，本条例还强调，在普惠性学前教育资源充足的区域，县

（市、区）人民政府教育行政部门要划定公办幼儿园和普惠性民办幼儿园的服务范围，就近接收学龄前儿童入园。因此，县（市、区）教育行政部门应该在普惠性学前教育资源充足的前提下，根据适龄儿童人数、幼儿园分布、幼儿园规模、交通状况等因素，按照就近入园原则，划定公办幼儿园和普惠性民办幼儿园的服务范围，积极创造条件妥善接收适龄儿童入园。对招生热点区域，幼儿园可探索电脑派位、随机录取等方式，做到公平、公正、公开。

第三十六条　幼儿园不得歧视或者拒绝接收具有接受普通教育能力的残疾儿童入园。在同等条件下，残疾儿童优先进入公办幼儿园或者普惠性民办幼儿园。

鼓励、支持残疾儿童达到规定规模的幼儿园建立特殊教育资源教室。

释　义

本条是关于保障残疾儿童接受学前教育的规定，共2款。

1. 优先保障残疾儿童入园

关心残疾人是社会文明进步的重要标志。党的十九大报告提出“弱有所扶”，充分体现了国家对包含残疾人在内的弱势群体的关心和扶持。切实保障残疾人受教育权利，使广大残疾人共享改革发展成果，促进残疾人全面发展，帮助其更好地融入社会，在全面建成小康社会、实现中国梦的进程中实现幸福人生，是各级政府的职责。国家保障残疾人享有平等接受教育的权利，禁止任何基于残疾的教育歧视。各级政府应当将残疾人教育作为国家教育事业的组成部分，加强领导，统一规划，为残疾人接受教育创造条件。学前教育机构不得拒绝接收具有接受普通教育能力的残疾儿童入园。《残疾人教育条例》对拒绝招收符合法律、法规规定条件的残疾学生入学的行为给予了明确的处罚，学前教育机构、学校、其他教育机构及其工作人员违反本条例规定的，由其主管行政部门责令改正，对直接负责的主管人员和其他直接责任人员依法给予处分；构成违反治安管理行为的，由公安机关依法予以治安管理处罚；构成犯罪的，依法追究刑事责任。

我省早在2016年就启动了残疾儿童随园保教试点工作，省教育厅印发了《关于在普通幼儿园开展特殊幼儿随园保教试点工作的通知》（鲁教基函〔2016〕17号），鼓励支持各县（市、区）构建随园保教工作支持保障体系，促进残疾幼儿融入主流、融入社会，提高其生活品质，实现“让残疾孩子和其他所有人一样，同在蓝天下，共同接受良好的教育”的目标。幼儿园应当优先保障残疾儿童接受学前教育的权利，在同等条件下，残疾儿童优先进入公办幼儿园或者普惠性民办幼儿园。

2. 开展科学评估鉴定

残疾儿童是否具有接受普通教育能力，要由专门机构、专业人员进行科学的评估鉴定。对于入园有争议的残疾儿童，由残疾人教育专家委员会进行评估鉴定，并出具安置建议。县级人民政府教育行政部门要会同卫生健康部门、民政部门、残疾人联合会，建立由教育、心理、康复、社会工作等方面专家组成的残疾人教育专家委员会。残疾人教育专家委员会接受教育行政部门的委托，对适龄残疾儿童、少年的身体状况、接受教育的能力和适应学校学习生活的能力进行评估，提出安置建议。

残疾人教育专家委员会作出的评估结果属于残疾儿童的隐私，仅可被用于对残疾儿童实施教育、康复。教育行政部门、幼儿园及其工作人员对在工作中掌握的残疾儿童评估结果及其他个人信息应尽保密义务。

3. 合理安置残疾儿童

招收残疾儿童的普通幼儿园要充分发挥融合保教模式对残疾儿童身

心发展的积极促进作用，将残疾儿童合理编入班级，安排残疾儿童与正常儿童一起生活、学习。每个班级一般不超过2名残疾儿童，并适当缩减班额。有条件的幼儿园应当安排专门从事特殊教育的教师或者经验丰富的教师承担随班就读儿童的保育和康复工作，为残疾儿童的在园学习和生活提供便利，保障残疾儿童平等参与幼儿园组织的各项活动。

4. 发挥特殊教育资源教室的支持服务功能

特殊教育资源教室是指在普通学校、幼儿园设置的装备有特殊教育和康复训练设施设备的专用教室。建设特殊教育资源教室，是推进随园保教工作的关键支撑，对全面提高特殊教育普及水平和保教质量具有不可替代的重要作用。国家和省均明确提出，残疾儿童达到5人以上（含5人）的，要建立特殊教育资源教室，配备资源教师，为残疾儿童提供有针对性的教育和康复服务。教育部办公厅专门印发《普通学校特殊教育资源教室建设指南》（教基二厅〔2016〕1号），对特殊教育资源教室建设的总体要求、功能作用、基本布局、场地及环境、区域设置、配备目录、资源教师、管理规范进行了全面规定。《山东省幼儿园办园条件标准》专门增加了特殊教育资源教室设施设备配备目录，并对资源教室配备作出了具体规定，要求综合考虑随园保教残疾儿童的数量、残疾类型、残疾程度等因素，配备基本的、必要的教育教学和康复所需的仪器设备、图书资料等，满足残疾儿童保育教育和康复训练需求。有条件的可增配适合残疾儿童个体学习、生活及康复的辅助用品、用具。

第三十七条　儿童入园前应当按照国家卫生保健规定进行健康检查，合格者方可入园。除健康检查外，幼儿园不得对儿童进行任何形式的考试或者测查。

儿童有特异体质、特定疾病或者其他生理、心理异常状况的，其父母或者其他监护人应当在入园前书面告知幼儿园。

释 义

本条是关于儿童入园时健康状况的规定，共2款。

1. 儿童入园健康检查必须合格

儿童入园健康检查是执行国家政策规定做好儿童健康保健工作的第一道关口。卫生部和教育部颁布的《托儿所幼儿园卫生保健管理办法》和《托儿所幼儿园卫生保健工作规范》对幼儿园入园儿童的健康检查作出明确规定。《托儿所幼儿园卫生保健管理办法》第十八条规定，“儿童入托幼机构前应当经医疗卫生机构进行健康检查，合格后方可进入托幼机构。托幼机构发现在园（所）的儿童患疑似传染病时应当及时通知其监护人离园（所）诊治。患传染病的患儿治愈后，凭医疗卫生机构出具的健康证明方可入园（所）。儿童离开托幼机构3个月以上应当进行健康检查后方可再次入托幼机构。医疗卫生机构应当按照规定的体检项目开展健康检查，不得违反规定擅自改变”。此外，《托儿所幼儿园卫生保健管理办法》第十五条还对儿童入园时的预防接种检查作出规定，托幼机构要协助落实国家免疫规划，在儿童入托时应当查验其预防接种证。未按规定接种的儿童，幼儿园要告知其监护人，督促监护人带领儿童到当地规定的接种单位补种。

依据《托儿所幼儿园卫生保健管理办法》（中华人民共和国卫生部、中华人民共和国教育部令第76号）规定，招收未经健康检查或健康检查不合格的儿童入托幼机构的，由卫生行政部门责令限期整改，通报批评；逾期不改的，给予警告；情节严重的，由教育行政部门依次给予行政处罚。

2. 儿童入园禁止任何形式的考试或测查

儿童入园除进行健康检查外，开展任何形式的考试或测查都是典型的“小学化”倾向行为，要严格禁止。对违反规定的，要给予严肃处理。《幼儿园工作规程》第十条规定，“幼儿入园除进行健康检查外，禁止任何形式的考试或测查”。本条例第七十四条明确了违反此项规定的处理办法，“由县级以上人民政府教育行政部门给予警告，责令限期改正，通报批评，处五千元以上三万元以下罚款；有违法所得的，没收违法所得”。

3. 对身体有异常状况的儿童，监护人应当书面告知

特异体质、特定疾病，如过敏体质、先天性心脏病、癫痫、哮喘、伤残、多动症等，在有诱因的情况下，极易发病，且具有不可预测性和突发性的特点。由于儿童年龄小，不能像成人一样进行自我预防，一旦发病也不能准确表达自己的感受和诉求，这都将给儿童生命安全和健康带来潜在危险，给幼儿园卫生保健管理工作带来困难。家长或其他监护人提前书面告知，有利于幼儿园早知道、早预防，做到科学管理，积极应对，呵护儿童健康成长。根据本条例的规定，儿童家长有义务提高安全保障和风险防控意识，配合幼儿园和有关部门做好幼儿园安全工作。儿童有特异体质、特定疾病或者其他生理、心理异常状况的，家长或者其他监护人应当及时书面告知幼儿园。幼儿园应当对其给予关注和照顾，在保育和教育中采取必要防护措施，并依法保护其隐私。

第三十八条　幼儿园应当制定膳食营养、体育锻炼、健康检查、卫生消毒、疾病预防等措施，关注儿童用眼卫生，增强儿童体质，预防和减少疾病发生。

提供用餐的幼儿园应当依法取得食品经营许可，为儿童提供安全卫生健康的食品，并按照规定进行食品留样。幼儿园应当每周向家长公示儿童食谱，并建立集中用餐陪餐制度。

幼儿园应当为儿童提供安全卫生的饮用水。

释义

本条是关于通过多种措施增强儿童体质，预防和减少疾病发生的规定，共3款。

1. 切实把保护儿童的生命和健康放在首位

3—6岁是儿童生长发育的关键期，关系到儿童的健康成长。幼儿园必须把保护儿童的生命和促进儿童的健康放在工作的首位，通过营养膳食、体育锻炼、健康检查、卫生消毒、疾病预防等措施，增强儿童体质，促进儿童身体正常发育和机能的协调发展，同时关注儿童心理健康，培养良好的生活习惯、卫生习惯和参加体育活动的兴趣，预防和减少疾病发生。《托儿所幼儿园卫生保健管理办法》第十五条规定了托幼机构卫生保健工作的主要内容："（一）根据儿童不同年龄特点，建立科学、合理的一日生活制度，培养儿童良好的卫生习惯；（二）为儿童提供合理的营养膳食，科学制订食谱，保证膳食平衡；（三）制订与儿童生理特点相适应的体格锻炼计划，根据儿童年龄特点开展游戏及体育活动，并保证儿童户外活动时间，增进儿童身心健康；（四）建立健康检查制度，开展儿童定期健康检查工作，建立健康档案。坚持晨检及全日健康观察，做好常见病的预防，发现问题及时处理；（五）严格执行卫生消毒制度，做好室内外环境及个人卫生。加强饮食卫生管理，保证食品安全。"

本条例还特别指出要关注儿童用眼卫生。近年来，由于中小学生课内外负担加重，手机、电脑等带电子屏幕产品（以下简称电子产品）的普及，用眼过度、用眼不卫生、缺乏体育锻炼和户外活动等因素，我国儿童青少年近视率居高不下、不断攀升，近视低龄化、重度化日益严重，已成为一个关系国家和民族未来的大问题，习近平总书记专门就学生近视问题作出重要指示批示。防控儿童青少年近视需要政府、学校、医疗卫生机构、家庭、学生等各方面共同努力，需要全社会行动起来，共同呵护好儿童的眼睛。0—6岁是儿童视觉发育的关键时期，如果不关注用眼卫生，势必会导致近视低龄化现象更加严重。为此，教育部等八部门联合印发了《综合防控儿童青少年近视实施方案》（教体艺〔2018〕3号），从家庭、学校、医疗卫生机构、学生、政府有关部门等方面，对儿童青少年用眼卫生作出明确规定，要求采取切实有效的防控措施，加强考核，及时预防和控制近视的发生与发展。

2. 保证儿童就餐安全

饮食卫生和用餐安全直接关系到儿童的身体健康和生长发育。首先，幼儿园食堂应当取得食品经营许可证。《学校食品安全与营养健康管理规定》（中华人民共和国教育部、中华人民共和国国家市场监督管理总局、中华人民共和国国家卫生健康委员会令第45号）第二十四条规定，“学校食堂应当依法取得食品经营许可证，严格按照食品经营许可证载明的经营项目进行经营，并在食堂显著位置悬挂或者摆放许可证”。其次，幼儿园要通过食品留样、公示食谱、建立陪餐制度等方式确保食品卫生、安全、健康、营养均衡。供给膳食的幼儿园应当为儿童提供安全卫生的食品，编制营养平衡的儿童食谱，定期计算和分析儿童的进食量和营养素摄取量，保证儿童合理膳食。幼儿园应当每周向家长公示儿童食谱，幼儿园食堂应当对每餐次加工制作的每种食品成品进行留样，每个品种留样量应当满足检验需要，不得少于125克，并记录留样食品名称、留样量、留样时间、留样人员等。留样食品应当由专柜冷藏保存48小时以上。幼儿园还要建立集中用餐陪餐制度，每餐均应当有幼儿园相关负责人与儿童共同用餐，做好陪餐记录，及时发现和解决集中用餐过程中存在的问题。为更好地发挥家长的监督作用，我省很多幼儿园还建立了家长陪餐制度。

3. 保障饮用水卫生安全

幼儿园应当保障饮用水卫生安全。幼儿园饮用水应当符合卫生部和国家标准化管理委员会联合发布的《生活饮用水卫生标准》（GB 5749-2006），并能够提供相关检测报告。幼儿园根据儿童的生理特点、需要量，供给足够的水量，是关系到儿童生长发育和降低发病率的重要一环。除集体喝水时间外，一日活动中儿童根据需要可以随时喝水，不得限制儿童喝水时间和次数。

第三十九条　幼儿园应当建立健全卫生保健制度，按时进行卫生消毒、儿童健康例行检查，落实预防和控制传染病措施，并配合卫生健康部门做好计划免疫工作。

幼儿园应当建立患病儿童用药交接制度，未经儿童父母或者其他监护人同意或者书面委托，幼儿园不得给儿童服用药品。

释 义

本条主要是对幼儿园卫生保健制度建立及实施的规定，共2款。

1. 建立健全健康检查和卫生消毒制度

健康检查和卫生消毒工作是确保幼儿园日常保育教育工作高质量进行的重要前提。幼儿园应当依据《幼儿园工作规程》《托儿所幼儿园卫生保健管理办法》中的相关规定建立健全相应的健康检查和卫生消毒制度。定期开展儿童健康检查工作，为每个儿童建立健康卡或档案，保证每年体检一次，每半年测身高、视力一次，每季度量体重一次，注意儿童口腔卫生，保护儿童视力。幼儿园应当建立卫生消毒、晨检、午检制度和患病儿童隔离制度，配合卫生健康部门做好计划免疫工作。坚持全日健康观察，做好常见病的预防，发现问题及时处理。

2. 落实传染病的预防和控制措施

幼儿园的集体教养性质和儿童免疫力弱的特点决定了幼儿园容易造成传染病的流行，严重威胁儿童的身体健康。幼儿园应当建立传染病预防和管理制度，制定突发传染病应急预案，认真做好疾病防控工作。《托儿所幼儿园卫生保健管理办法》第十六条规定，“托幼机构应当在疾病预防控制机构指导下，做好传染病预防和控制管理工作。托幼机构发现传染病患儿应当及时按照法律、法规和卫生部的规定进行报告，在疾病预防控制机构的指导下，对环境进行严格消毒处理。在传染病流行期间，托幼机构应当加强预防控制措施”。同时，按照《托儿所幼儿园卫生保健管理办法》第十五条规定，幼儿园要“协助落实国家免疫规划，在儿童入托时应当查验其预防接种证，未按规定接种的儿童要告知其监护人，督促监护人带儿童到当地规定的接种单位补种”。

3. 幼儿园应当妥善管理药品，保障儿童用药安全

幼儿园要建立完善患病儿童用药委托交接制度。患病儿童首先应选择在家休息，如必须带药上幼儿园，必须做好委托交接工作，幼儿园要妥善管理药品，保障儿童用药安全。《幼儿园工作规程》规定，“幼儿园应当建立患病幼儿用药的委托交接制度，未经监护人委托或者同意，幼儿园不得给幼儿用药”。本条例进一步对委托方式进行了明确，要求家长书面委托，进一步明晰了幼儿园、家长的责任，确保用药安全，防止发生纠纷。

第四十条　幼儿园应当遵循儿童身心发展规律，按照国家和省有关规定科学组织儿童在园一日生活，以游戏为基本活动。正常情况下，儿童在园期间每天户外活动时间不得少于两小时。

幼儿园应当创造满足儿童感知、体验、探索需求的成长环境，启发保护儿童的兴趣和想象力，关注儿童心理健康，培养儿童良好的道德品质和学习、生活习惯，保障儿童健康快乐成长。

释 义

本条主要是对幼儿园一日活动安排和环境创设的规定，共2款。

1. 科学组织一日活动

保育与教育相结合是幼儿园区别于其他学校教育的主要特征。根据《山东省教育厅关于规范幼儿园一日活动的指导意见》（鲁教基发〔2015〕10号）规定，幼儿园一日活动主要包括生活活动、教学活动、区域活动、户外活动等。科学安排一日活动，要优化一日活动效益，关注计划性、整体性，各环节衔接自然、有序、有趣、高效。将游戏贯穿于一日活动之中，尊重儿童的主体地位，减少高控制、整齐划一的集体活动，给儿童更多自由选择的机会和自主活动的空间。幼儿园还应遵循儿童身心发展规律，综合组织健康、语言、社会、科学、艺术各领域的教育内容，渗透于儿童一日生活的各项活动中，充分发挥各种教育手段的交互作用。

2. 坚持以游戏为基本活动

游戏既是儿童的权利，也是儿童学习的方式，更是儿童发展的需要。《儿童权利宣言》明确指出，“儿童应有游戏和娱乐的充分机会，应使游戏和娱乐达到与教育相同的目的；社会和公众事务当局应尽力设法使儿童得享此种权利”。《幼儿园工作规程》《幼儿园教育指导纲要（试行）》《3—6岁儿童学习与发展指南》等均对以游戏为基本活动作出规定。儿童的学习是以直接经验为基础，在游戏和日常生活中进行，因此，要珍视游戏和生活的独特价值。幼儿园要尊重儿童的人格和权利，尊重儿童身心发展规律，理解儿童的学习方式和学习特点，坚持以游戏为基本活动，因地制宜创设游戏场地，提供丰富、适宜的游戏材料，保证充足的游戏时间，开展多种游戏。鼓励和支持儿童根据自身兴趣、需要和经验水平，自主选择游戏内容、游戏材料和伙伴，使儿童在游戏过程中获得积极的情绪情感，促进儿童能力和个性的全面发展。

3. 确保足够的儿童户外活动时间

户外活动是儿童强身健体、减少和预防疾病发生的重要措施，是促进儿童心理发展的有效途径。参加户外体育活动，不仅让儿童精神焕发，心情愉快，而且能够增强儿童的自信心，培养儿童勇敢坚强、反应灵敏等多种意志品质。户外活动还是加强安全教育、增强儿童自我保护意识的最佳途径。《幼儿园工作规程》第十八条规定，“在正常情况下，幼儿户外活动时间（包括户外体育活动时间）每天不得少于2小时，寄宿制幼儿园不得少于3小时”。幼儿园组织实施户外活动应从以下五个方面开展：一是幼儿园应为幼儿提供安全、自然、充足的户外活动场地，并合理划分各种功能区域。场地应体现多样性、生态性和立体化，尽量用沙土和草坪软化地面，如草坪、沙池、水池、土坡、小树林、土质地面、塑胶跑道等。二是应确保幼儿每天户外活动时间不少于2小时，其中体育活动时间不少于1小时。教师应根据季节特点、天气情况等适当调整活动时间、地点和内容。三是应关注活动内容的丰富性、多样性、层次性和挑战性。注意适度原则，既不过分保护，也不过度锻炼。要关注体弱幼儿，注重个体差异。四是注意体育活动的科学性，全面提升幼儿的平衡、协调、灵敏、力量、耐力等身体素质，避免单项技能的重复和单调训练。五是高度重视安全工作。活动前要对幼儿进行安全教育，对场地及大型活动器械进行安全检查，活动时要将幼儿全部纳入视野范围，活动前后都要及时做好“三清”（清查人数、清查场地、清查器械）工作，确保幼儿安全。

4. 创设适宜儿童成长的环境

环境在幼儿园保育教育中占据非常重要的地位，是重要的教育资源，是幼儿园课程的根基。与教育相适应的良好环境可以为儿童提供满足个体需求和兴趣的不同材料与活动，能够促进儿童的全面发展。《幼儿园工作规程》第二十五条规定，幼儿园应“创设与教育相适应的良好环境，为幼儿提供活动和表现能力的机会与条件”。幼儿园应当将环境作为重要的教育资源，合理利用室内外环境，创设开放的、多样的区域活动空间，提供适合儿童年龄特点的丰富的玩具、操作材料和幼儿图书，支持儿童自主选择和主动学习，激发儿童学习的兴趣与探究的愿望。幼儿园应当营造尊重、接纳和关爱的氛围，建立良好的同伴和师生关系。幼儿园还应充分利用家庭和社区的有利条件，丰富和拓展幼儿园的教育资源。

5. 关注儿童良好道德和学习品质的培养

学前教育作为我国现代国民教育体系的重要组成部分，担负着培养儿童和未来建设者、接班人的重要任务。学前教育阶段，要更加关注儿童良好道德和学习品质的培养。品德教育应当以情感教育和培养良好行为习惯为主，注重潜移默化的影响，并贯穿于儿童生活以及各项活动之中。幼儿园应当充分尊重儿童的个体差异，根据儿童不同的心理发展水平，研究有效的活动形式和方法，注重培养儿童良好的个性心理品质。

同时，幼儿园要重视儿童学习品质的培养。儿童在活动过程中表现出的积极态度和良好行为倾向是终身学习与发展所必需的宝贵品质。要充分尊重和保护儿童的好奇心和学习兴趣，帮助儿童逐步养成积极主动、认真专注、不怕困难、敢于探究和尝试、乐于想象和创造等良好学习品质。忽视儿童学习品质培养，单纯追求知识技能学习的做法是短视且有害的。

第四十一条　幼儿园不得使用小学化教育方式、教授小学教育内容、布置小学教育内容的作业或者组织与小学教育内容有关的考试、测验。

幼儿园不得使用或者要求家长购买幼儿教材和教辅资料，不得向家长推销或者变相推销玩具、教具、图书等。

释　义

本条主要是对纠正幼儿园“小学化”倾向的规定，共2款。

1. 幼儿园应杜绝“小学化”倾向

目前，一些幼儿园违背儿童身心发展规律和认知特点，提前教授小学内容、强化知识技能训练，“小学化”倾向比较严重，这不仅剥夺了儿童童年的快乐，更挫伤了儿童的学习兴趣，影响了儿童身心健康发展。2018年，教育部启动了幼儿园“小学化”专项治理工作。2019年4月，山东省教育厅印发《关于深入开展幼儿园“小学化”大排查大整改的通知》（鲁教基函〔2019〕11号），公布了幼儿园49项“小学化”负面清单。

总体来说，幼儿园“小学化”倾向具体表现在以下四个方面：一是教育内容“小学化”。幼儿园将学业知识的准备当成入学准备，以提前学习小学阶段学业知识为目标，强化知识技能训练，片面追求知识量、记忆量和学习难度，将拼音、识字、英语、速算、书法以及超出儿童理解能力的国学等列入课程学习计划，布置儿童完成小学内容家庭作业、组织小学内容有关考试测验等。二是教育方式“小学化”。幼儿园不遵守一日活动规范，不能坚持以游戏为基本活动，脱离儿童生活情景，以课堂集中授课方式为主组织安排一日活动；或以机械背诵、记忆、抄写、计算等方式进行知识技能性强化训练的行为，进行填鸭式知识灌输，使用人手一册的儿童用书或操作材料等。三是教育环境“小学化”。幼儿园缺乏激发儿童探究兴趣、强健体魄、自主游戏的教育环境，未按规定创设多种活动区域（区角），未提供充足的玩教具、游戏材料和图书，户外设施和器械不足。环境设置仅能满足集体教学、进餐和午休等活动类型的需要，不能支持儿童自主自发地探索与学习。四是教师资质能力不合格。幼儿园对于不具备幼儿教师资格的，未能督促其参加专业技能补偿培训并通过考试取得幼儿园教师资格证；对于不能取得教师资格证的，没有限期予以调整；对于不适应科学保教需要，习惯于“小学化”教学，不善于按照儿童身心发展规律和特点组织开展游戏活动的，未通过开展岗位适应性规范培训，提高科学保教能力。

要制止“小学化”倾向，就要多管齐下，建立完善科学保教的长效机制，指导幼儿园、小学和家长遵循儿童年龄特点和身心发展规律，共同为儿童创设健康成长的环境。一是规范幼儿园管理。严禁幼儿园教授小学课程内容，严禁布置小学内容家庭作业，纠正“小学化”教育方式，整治“小学化”教育环境；指导幼儿园科学安排一日活动，坚持以游戏为基本活动，注重就地取材、废物利用，开发自创游戏、传统游戏、乡土游戏，丰富游戏内容；建立完善区域教研和园本教研制度，加强园长、教师培训，解决教师资质能力不合格问题。二是坚持实施小学零起点教学。指导小学严格执行国家和省义务教育课程设置方案要求，按规定开齐课程、上足课时，严禁随意增减课程和课时。科学制定、严格执行学期教学计划，严禁超前教学。严格按照国家和省定课程教学大纲进行教学，严禁超纲教学。小学要采取多种方式，与幼儿园加强合作交流，进行幼小衔接培训、教研，提高小学教师开展零起点教育教学能力水平。做好一年级新生入学后的过渡和适应教育，有针对性地减少两个阶段在课程内容、教学方式、教学环境、作息时间、班集体生活及人际关系等方面的差异，保障儿童顺利过渡。三是重点查处校外培训机构中的幼小衔接班（学前班）。校外培训机构中的幼小衔接班（学前班）往往是“小学化”倾向的重灾区，要结合校外培训机构专项治理，对各类培训机构举办的学前班、幼小衔接班等进行重点排查整治。培训机构不得举办学前班、幼小衔接班。严禁培训机构提前教授汉语拼音、识字、计算、英语等小学课程内容。对于违反规定的培训机构，要争取有关部门支持配合，进行联合执法，采取限期整改、列入黑名单、取消办学许可等多种方式，加大违规处罚力度。四是加强对家长和社会的宣传引导。要指导幼儿园、小学办好家长学校，密切家校（园）联系，通过各类媒体、家长会、校园开放日等多形式、多渠道宣传科学育儿知识，转变更新家长教育观念，引导家长自觉抵御违反儿童身心发展规律的活动。要积极开展对社区的公益宣传，取得社会理解和支持，实现家庭教育、幼儿园教育、学校教育、社会教育的协调性与一致性。

2. 规范幼儿教材和教辅资料的管理

幼儿园课程应来源于儿童的游戏与生活，满足儿童的好奇心与求知欲，促进儿童个性发展。儿童以游戏为基本活动的学习方式和幼儿园课程整合性、实践性的特点，决定了幼儿园不应有固定的教材和一成不变的教育内容。有些幼儿园由于教育观念的落后，甚至是为了盈利的目的，向家长推销或者变相推销玩教具、图书等，要求家长统一购买各种幼儿教材、读物和教辅资料，这样既损害了儿童的利益，又增加了家庭的负担。对于这种行为要坚决制止，并加大处罚力度。本条例第七十四条第五款明确了违反此项规定的处理办法，“由县级以上人民政府教育行政部门给予警告，责令限期改正，通报批评，处五千元以上三万元以下罚款；有违法所得的，没收违法所得”。

第四十二条　幼儿园的设施设备、用品用具、玩具、教具、图书等，应当适合儿童年龄特点和身心发展需求，符合国家和省有关质量、安全标准和卫生、环保要求。

鼓励幼儿园利用当地自然资源自制玩具、教具。

释义

本条是关于对幼儿园设施设备配备等的规定，共2款。

1. 幼儿园设施设备应当符合相关标准要求

儿童的年龄特点和身心发展需求决定了幼儿园的设施设备不同于其他学段的教育机构。《中共中央 国务院关于学前教育深化改革规范发展的若干意见》（中发〔2018〕39号）第二十六条规定，“幼儿园园舍条件、玩教具和幼儿图书配备应达到规定要求。国家制定幼儿园玩教具和图书配备指南，广泛征集遴选符合幼儿身心特点的优质游戏活动资源和体现中国优秀传统文化、现代生活特色的绘本”。幼儿园的设备设施、装修装饰材料、用品用具和玩教具材料等，首先要安全、卫生，符合国家相关的安全质量标准和环保要求，以保障儿童的健康与安全。其次，幼儿园要按照国家和省相关规定，配备充足的、符合标准的、适合儿童特点的桌椅、玩具架、盥洗卫生用具，以及必要的玩教具、图书和乐器等，以满足儿童活动和发展的需求。再次，幼儿园玩教具应该有教育意义，让儿童在与玩教具和图书的互动中得到成长和发展。幼儿园还应有与其规模相适应的户外活动场地，配备必要的游戏和体育活动设施，创造条件开辟沙地、水池、种植园地等，并根据儿童活动的需要绿化、美化园地，为儿童户外活动创造条件。

2. 幼儿园应当充分利用当地自然资源自制玩教具

充分利用当地自然资源自制玩教具，除了可以有效地节约经费外，更重要的是自制玩教具具有灵活性和功能复合性的特点，有助于更有针对性地完成教育目标，促进儿童的发展。《山东省教育厅关于规范幼儿园一日活动的指导意见》（鲁教基发〔2015〕10号）提出，“幼儿园应配备足够的玩具和区域活动材料，注重低结构材料的提供，并充分利用本地自然资源。材料应安全、卫生、操作性强”。

第四十三条　幼儿园不得组织儿童参加商业活动和无安全保障的活动，不得使用包含色情、暴力、网络游戏以及违背保育教育规律等内容的应用软件以及其他相关物品，不得泄露儿童和家长的信息。

禁止商业广告、商业活动进入幼儿园。

禁止在幼儿园内吸烟、饮酒。

释 义

本条是关于规范幼儿园办园行为的规定，共3款。

1. 禁止儿童参与商业活动和无安全保障的活动

维护儿童合法权益和保护儿童安全是幼儿园的首要任务。首先，幼儿园不得组织儿童参加无安全保障的活动。幼儿园组织儿童开展活动应当与儿童的生理、心理特点以及认知能力相适应，不得组织儿童参加危及人身安全的活动。其次，不得组织儿童参加商业活动。2011年7月，国务院颁布了《中国儿童发展纲要（2011—2020年）》，明确指出应规范与儿童相关的广告和商业性活动。

各地教育行政部门要建立各类“进校园”活动备案审核制度，对活动内容、具体方案、举办单位和参加人员等进行严格把关。对于各类进入幼儿园或组织在园儿童参加的活动，由县级及以上教育行政部门进行审批，实行备案管理。凡未经批准的活动，一律禁止进入幼儿园或组织在园儿童参加。对于经审批进入幼儿园或组织在园儿童参加的活动，县级及以上教育行政部门要明确责任人负责全程监管，一经发现与审批备案情况不符，或存在发布或变相发布商业广告的行为，要立即采取措施予以制止，并第一时间报告县级及以上教育行政部门。对于符合规定的活动，幼儿园要提前做好安全预案，周密组织，严加防范，确保儿童的安全。

2. 幼儿园应确保儿童信息安全

近年来，一些含有色情暴力、网络游戏、商业广告及违背教育教学规律等内容的APP进入部分中小学校园，影响了学生身心健康和正常学习，引发了社会各界高度关注。在园儿童没有识别能力，更容易被有害的信息毒害。因此，幼儿园不得使用包含色情、暴力、网络游戏以及违背保育教育规律等内容的应用软件以及其他相关物品。本条例第七十四条第六款明确了违反此项规定的处理办法，“由县级以上人民政府教育行政部门给予警告，责令限期改正，通报批评，处五千元以上三万元以下罚款；有违法所得的，没收违法所得”。

互联网时代方便了人们获取信息和资源，但同时也出现了因信息泄露导致的人身安全等事故。保障儿童和家长信息和数据安全，防止泄露隐私，是幼儿园的工作职责。幼儿园应严格管理相关信息，确保儿童和家长信息安全。

3. 禁止商业广告、商业活动进入幼儿园

商业广告和商业活动有着明确的盈利目的，商业广告和商业活动进入幼儿园，必然会干扰幼儿园正常的秩序，甚至造成恶劣影响。《教育部办公厅关于严禁商业广告、商业活动进入中小学校和幼儿园的紧急通知》（教基厅函〔2018〕77号）明确规定，“坚决禁止任何形式的商业广告、商业活动进入中小学和幼儿园”。各地教育行政部门要健全日

常监管制度，切实减少与幼儿园保育教育无关的各类活动，杜绝企业以任何形式发布不利于儿童身心健康的商业广告，对违规在幼儿园进行商业宣传活动，给幼儿园、教师、儿童摊派任何购买、销售任务，给幼儿园、教师、儿童分发带有商业广告的物品等行为进行严肃查处。

4. 禁止在幼儿园内吸烟、饮酒

成年人的吸烟、饮酒行为会对儿童的身心发展产生不良影响。《中华人民共和国未成年人保护法》第三十七条规定，“任何人不得在中小学校、幼儿园、托儿所的教室、寝室、活动室和其他未成年人集中活动的场所吸烟、饮酒”。《幼儿园工作规程》也对此作出了明确规定，“幼儿园内禁止吸烟、饮酒”。

第四十四条　幼儿园应当与儿童家庭建立交流协作机制，通过家长开放日、家长会等形式开展科学保育教育宣传和指导，促进儿童身心健康成长。

家长可以通过志愿服务等形式参与幼儿园保育教育活动。

释义

本条是关于家园合作共育的规定，共2款。

1. 幼儿园应发挥教育机构的专业引领作用，与儿童家庭实现合作共育

《幼儿园工作规程》第五十二条规定，“幼儿园应当主动与幼儿家庭沟通合作，为家长提供科学育儿宣传指导，帮助家长创设良好的家庭教育环境，共同担负教育幼儿的任务”。第五十三条规定，“幼儿园应当建立幼儿园与家长联系的制度。幼儿园可采取多种形式，指导家长

正确了解幼儿园保育和教育的内容、方法，定期召开家长会议，并接待家长的来访和咨询。幼儿园应当认真分析、吸收家长对幼儿园教育与管理工作的意见与建议。幼儿园应当建立家长开放日制度”。幼儿园要密切与家长的联系，与家长共同承担儿童成长的责任，相互配合、相互支持，共同促进儿童的身心健康发展。

家长学校是指以婴幼儿、中小学生家长为主要对象，以传授家庭教育的科学知识和方法为主要内容的一种业余教育形式。任务是促进家庭教育观念的更新；配合学校教育的实施；帮助家长掌握家庭教育的现代科学知识和方法；为子女的成长营造一个适宜的家庭教育环境。一般多由妇联、中小学校（幼儿园）、妇幼保健院（所）、家庭教育研究会等单位或组织兼办。幼儿园要配合妇联、关工委等相关组织，共同办好家长学校。要把家长学校纳入学校工作的总体部署，帮助和支持家长学校组织专家团队，聘请专业人士和志愿者，设计科学的家庭教育纲目和课程，开发家庭教育教材和活动指导手册。幼儿园家长学校每学期至少组织1次家庭教育指导和2次亲子实践活动。

2. 家长应积极主动参与幼儿园活动

家长或其他监护人是幼儿园重要的合作伙伴，幼儿园应本着尊重、平等、合作的原则，争取家长的理解、支持和主动参与，为家长参与幼儿园活动提供条件，搭建平台。幼儿园要有效挖掘家长资源，积极鼓励家长通过志愿服务参与幼儿园保育教育活动，弥补幼儿园教育资源的不足，完善家园合作，形成教育合力，促进儿童健康成长。家长志愿服务活动应当遵循自愿、无偿、平等、诚信、合法的原则。

幼儿园还应建立完善家长委员会制度。家长委员会的主要任务，是对幼儿园重要决策和事关儿童切身利益的事项提出意见和建议；发挥家长的专业和资源优势，支持幼儿园保育教育工作；帮助家长了解幼儿园工作计划和要求，协助幼儿园开展家庭教育指导和交流等。家长委员会是家长和学校、幼儿园交流的桥梁和平台，对于促进家校沟通合作，向家长宣传教育方针政策，推动家长正确理解和认识教育工作，促进家庭教育和学校教育同向同步合力，创设良好的教育发展环境；对于家长充分参与学校民主管理，体现家长对学校工作的知情权、评议权、参与权和监督权，维护中小学生和家长的合法权益；对于丰富家长家庭教育知识，掌握教育方法技能，进一步提高家庭教育水平，促进家校和谐与社会和谐，完善学校、家庭和社会三位一体的教育体系，全面推进素质教育健康有效实施，具有重要意义。各地要从建立现代学校制度，构建完善的教育体系，促进教育与家庭、社会和谐与良性互动的高度，提高认识，统一思想，采取有效措施，扎实有效地推进此项工作的开展。

第四十五条　儿童父母、其他监护人应当树立正确教育观念，学习科学教育方法，创造有利于儿童身心健康成长的家庭教育环境，合理控制儿童使用电子产品时间，配合、支持幼儿园开展家园共育活动。

释 义

本条是关于父母或其他监护人教育职责及义务的规定。

1. 明确家长在家庭教育中的主体责任

家庭是社会的基本细胞。注重家庭、注重家教、注重家风，对于国家发展、民族进步、社会和谐具有十分重要的意义。2018年9月10日，习近平总书记在全国教育大会上的讲话指出：“家庭是人生的第一所学校，家长是孩子的第一任老师，要给孩子讲好‘人生第一课’，帮助扣好人生第一粒扣子。”

家长在家庭教育中负有主体责任，要依法依规履行对子女的监护职责和抚养教育义务，了解监护人法定权利和义务，学习家庭教育知识，掌握家庭教育理念和方法，提升科学实施家庭教育的能力。家长在家庭教育中的责任主要表现在以下几个方面：一是依法履行家庭教育职责。教育孩子是父母或者其他监护人的法定职责。广大家长要及时了解掌握儿童不同年龄段的表现和成长特点，真正做到因材施教，不断提高家庭教育的针对性；要始终坚持儿童为本，尊重儿童的合理需要和个性，创设适合儿童成长的必要条件和生活情境，努力把握家庭教育的规律性；要提升自身素质和能力，积极发挥榜样作用，与幼儿园、社会共同形成教育合力，切实增强家庭教育的有效性。二是严格遵循儿童成长规律。学龄前儿童家长要为儿童提供健康、丰富的生活和活动环境，培养儿童健康体魄、良好生活习惯和品德行为，让他们在快乐的童年生活中获得有益于身心发展的经验。三是不断提升家庭教育水平。广大家长要全面学习家庭教育知识，系统掌握家庭教育科学理念和方法，增强家庭教育本领，用正确思想、正确方法、正确行动教育引导孩子；不断更新家庭教育观念，坚持立德树人导向，以端正的育儿观、成才观、成人观引导儿童逐渐形成正确的世界观、人生观、价值观；不断提高自身素质，重视以身作则和言传身教，要时时处处给儿童做榜样，以自身健康的思想、良好的品行影响和帮助儿童养成好思想、好品格、好习惯；努力拓展家庭教育空间，不断创造家庭教育机会，积极主动与幼儿园沟通儿童情况，支持儿童参加适合的社会实践，推动家庭教育和幼儿园教育、社会教育有机融合。

2. 合理控制儿童使用电子产品时间

随着科技的普及，电子产品的种类越来越丰富，能够满足人们不同的生活需求。在这种情况下，如何让儿童合理地使用电子产品成为当下亟需解决的难题。为此，教育部等八部门颁发的《综合防控儿童青少年近视实施方案》指出，应当有意识地控制孩子特别是学龄前儿童使用电子产品，非学习目的的电子产品使用单次不宜超过15分钟，每天累计不宜超过1小时，年龄越小，连续使用电子产品的时间应越短。幼儿园教师开展保教工作也要主动控制使用电视、投影等设备的时间。《山东省儿童青少年近视综合防控推进计划》就幼儿园科学使用电子产品作出明确规定，幼儿园使用电视、投影等保教工作的时间，单次不超过30分钟，每天累计不超过2小时。家长应以身作则，在家主动减少使用电子产品时间，控制儿童使用电子产品，以便有更多的时间陪伴儿童运动、阅读和游戏，促进儿童健康快乐成长。

第五章　教师与其他工作人员

【本章提要】

学前教育阶段是人生的启蒙阶段，教师在学前教育实施中起着重要的作用。教师作为履行教育教学职责的专业人员，《中华人民共和国教师法》及有关法律法规已对其任职的基本条件、职责、权益作了原则规定，幼儿园教师应当认真执行，并受到相应的法律保护。同时，幼儿园是对3周岁以上学龄前儿童实施保育和教育的机构，保育人员的设置也至关重要。本章共9条，是对幼儿园教师与其他工作人员的规定，主要围绕幼儿园教师与其他工作人员的配置、任职资格与要求、培养培训以及权利保障等方面作出规定。

第四十六条　幼儿园应当按照国家规定配备园长、教师、保育员、卫生保健人员、财务人员、安全保卫人员、后勤服务人员和其他工作人员。

幼儿园应当根据需要增加男性教师的数量。

释　义

本条是对幼儿园教职工配备情况的规定，共2款。

2013年教育部颁布的《幼儿园教职工配备标准（暂行）》，是幼儿园教职工配备的主要政策依据。我省公办幼儿园执行的是2012年2月颁布、2017年重新印发的，由山东省机构编制委员会办公室、山东省教育厅、山东省财政厅联合印发的《山东省公办幼儿园编制标准》（鲁编办发〔2012〕3号、鲁编办发〔2017〕4号）。

1. 公办幼儿园应按照《山东省公办幼儿园编制标准》配备在编教职工

《山东省公办幼儿园编制标准》规定，幼儿园教职工主要包括管理人员、专任教师、医务和财务人员。保育、后勤服务人员逐步采用劳务派遣等方式解决，不列入编制管理。该标准适用于县级以上党政群机关、事业单位以及乡镇人民政府（街道办事处）举办的幼儿园。国有企业利用国家财政性教育经费和国有资产举办的幼儿园、村（社区）集体举办的幼儿园等，可参照本标准执行。

班级规模。小班（3至4岁）：20—25人；中班（4至5岁）：26—30人；大班（5至6岁）：31—35人。

教职工与幼儿比例。全日制普通幼儿园：1∶6—1∶8；寄宿制幼儿园：1∶5—1∶6。

教职工结构比例。管理人员，6个班以下的幼儿园配园长1名，6—9个班的幼儿园配正副园长各1名，10个班以上的幼儿园配园长1名、副园长2名。乡镇（街道）中心幼儿园可在上述配备标准基础上增配副园长1名。园长应由具有专业技术职务的人员担任。其他管理工作一般由教师兼任。专任教师，不低于教职工总数的91%。医务人员，一般每园配1名，寄宿制的每园配2名，幼儿超过200名的酌情增加。财务人员，一般每园配专职会计1名，出纳视幼儿园规模大小设专职或兼职1名。

同时，该标准规定，乡镇（街道）中心幼儿园、示范和实验幼儿园可本着从严从紧的原则，按不超过教职工编制总数的5%核增附加编制；山区湖区幼儿园、多民族教育或特殊教育幼儿园可本着从严从紧的原则，按不超过教职工编制总数的8%核增附加编制。

2. 民办幼儿园应按照教育部《幼儿园教职工配备标准（暂行）》配备教职工

幼儿园教职工。幼儿园教职工包括专任教师、保育员、卫生保健人员、行政人员、教辅人员、工勤人员。幼儿园保教人员包括专任教师和保育员。幼儿园应当根据服务类型、办园规模配备数量适宜的保教人员及其他工作人员，使每位幼儿在一日生活、游戏和学习中都能得到成人适当的照顾、帮助和指导。《幼儿园工作规程》（中华人民共和国教育部令第39号）第三十八条规定，“幼儿园按照国家相关规定设园长、副园长、教师、保育员、卫生保健人员、炊事员和其他工作人员等岗位，配足配齐教职工”。

配备比例。幼儿园按服务类型可以分为全日制幼儿园和半日制幼儿园，不同服务类型幼儿园的教职工与幼儿的配备比例不同。我省幼儿园基本为全日制幼儿园。按全园教职工与幼儿比，全日制幼儿园为1：5—1：7，半日制幼儿园为1：8—1：10；按全园保教人员与幼儿比，全日制幼儿园为1：7—1：9，半日制幼儿园为1：11—1：13。

专任教师和保育员配备。全日制幼儿园每班配备2名专任教师和1名保育员，或配备3名专任教师；半日制幼儿园每班配备2名专任教师，有条件可配备1名保育员。寄宿制幼儿园至少应在全日制幼儿园基础上每班增配1名专任教师和1名保育员。单班学前教育机构，如村学前教育教学点、幼儿班等，一般应配备2名专任教师，有条件的可配备1名保育员。对所辖社区或村级幼儿园（班）负有管理和指导职责的乡镇（街道）中心幼儿园，应根据实际工作任务和需要增配巡回指导教师。招收特殊需要儿童的幼儿园应根据特殊需要儿童的数量、类型及残疾程度，配备相应的特殊教育教师，并增加保教人员的配备数量。

幼儿园其他人员配备。园长，6个班以下的幼儿园设园长1名，6—9个班的幼儿园不超过2名，10个班及以上的幼儿园可设3名。幼儿园卫生保健人员，根据《托儿所幼儿园卫生保健工作规范》规定，按照收托150名儿童至少设1名专职卫生保健人员的比例配备；收托150名以下儿童的可配备兼职卫生保健人员。财会人员，根据国家和地方有关财会工作规定配备。炊事人员，幼儿园应根据餐点提供的实际需要和就餐幼儿人数配备，每日三餐一点的幼儿园每40—45名幼儿配1名；少于三餐一点的幼儿园酌减；在园幼儿人数少于40名的供餐幼儿园（班）应配备1名专职炊事员。安保人员，根据国家和地方有关安保工作规定配备，师生人数少于100人的至少配备1名专职保安员，100人以上500人以下的至少配2名专职保安员，规模在500人以上1000人以下的至少配备3名专职保安员。

同时，幼儿园应根据实际需要配备数量适宜的教职工，积极实行一岗多责，提高用人效益。

3. 关于幼儿园男性教师配备

长期以来，全国幼儿园教职工中女性占绝大多数。根据教育部公布的《2018年教育事业统计数据》显示，全国幼儿园教职工共453.1万余人、专任教师约258.1万人，其中女性分别约为417.7万人、252.6万人，约占总数的92.2%、97.8%。由此推算，男性专任教师占比不足3%。

应当承认，女性在教育工作中有着独特的优势，但男性教师的缺乏在一定程度上影响儿童社会性的发展。目前，我国江苏、广西、福建、湖南和四川等省份正在或曾经实施幼儿园男性教师免费培养项目，为幼儿园提供更多数量的男性教师。《山东省人民政府办公厅关于加快学前教育改革发展的意见》（鲁政办字〔2018〕71号）也提出“鼓励支持优秀男生报考学前教育专业”，从顶层设计上为幼儿园招收男性教师提供政策支持和人才保障。

第四十七条　幼儿园教师与其他工作人员应当遵守法律、法规和职业道德规范，尊重、爱护和平等对待儿童，不得有虐待、歧视、恐吓、体罚或者变相体罚儿童以及侮辱儿童人格等损害儿童身心健康的行为。严禁猥亵、性侵害儿童。

幼儿园发现猥亵、性侵害儿童行为，应当采取措施保护、帮助受害儿童，立即向公安机关报案，同时向教育行政部门报告，并依法保护受害儿童的隐私。

释义

本条是关于幼儿园教职工师德师风建设及依法保护儿童的规定，共2款。

1. 教师应符合专业标准

幼儿园教师是履行幼儿园教育工作职责的专业人员，需要经过严格的培养与培训，具有良好的职业道德，掌握系统的专业知识和专业技能。2012年，教育部印发的《幼儿园教师专业标准（试行）》（教师〔2012〕1号）是国家对合格幼儿园教师专业素质的基本要求，是幼儿园教师开展保教活动的基本规范，是引领幼儿园教师专业发展的基本准则，是幼儿园教师培养、准入、培训、考核等工作的重要依据。专业标准的基本内容包含了专业理念与师德、专业知识和专业能力3个维度，14个领域，框架结构与中、小学教师专业标准基本一致，但在具体内容上有所不同。尤其在专业能力方面，充分体现了幼儿园教育的突出特点和保教工作的基本任务，特别强调了幼儿园教师所必须具备的良好环境的创设与利用、儿童一日生活的合理组织与保育、游戏活动的支持与引导、教育活动的恰当计划与实施能力等。在基本要求层面，更是充分反映了幼儿园教师必须具备的专业态度、知识与能力。如，特别强调了幼儿园教师要将儿童的生命安全和身心健康放在首位并具有相应的专业知识和能力；要掌握和尊重儿童身心发展的年龄特点和个体特点，重视生活对儿童健康成长的重要价值，重视环境和游戏对儿童发展的独特作用，掌握幼儿园环境创设、一日生活安排、游戏与教育活动、班级管理的知识与方法等。

2. 切实加强师德师风建设

师德师风是评价教师队伍素质的第一标准。长期以来，广大教师牢记使命、不忘初心，爱岗敬业、教书育人，改革创新、服务社会，作出了重大贡献，党和国家高度肯定，学生、家长和社会普遍尊重。但是，也有个别教师放松自我要求，不能认真履职尽责，甚至出现严重违反师德行为，损害教师队伍整体形象。为进一步加强师德师风建设，2018年，教育部印发《新时代幼儿园教师职业行为十项准则》。制定教师职业行为准则，明确新时代教师职业规范，针对主要问题、突出问题划定基本底线，是对广大教师的警示提醒和严管厚爱，是深化师德师风建设，造就政治素质过硬、业务能力精湛、育人水平高超的高素质教师队伍的关键之举。

各级教育行政部门应依法加强各级各类幼儿园师德师风建设，弘扬高尚师德，健全师德建设长效机制，推动师德建设常态化长效化，创新师德教育，完善师德规范，引导广大教师以德立身、以德立学、以德施教、以德育德，争做“四有”好教师。幼儿园教师要依法执教、关爱儿童、尊重儿童的人格尊严，重视儿童身心健康，将保护儿童生命安全放在首位；要富有爱心、责任心、耐心和细心，为人师表、教书育人，自尊自律，做儿童健康成长的启蒙者和引路人；要维护儿童合法权益，平等对待每一个儿童；要信任儿童，尊重儿童个体差异，主动了解和满足有益于儿童身心发展的不同需求；要遵循儿童身心发展特点和保教活动规律，提供适合的教育，保障儿童快乐健康成长。

3. 依法严惩虐童行为

儿童作为未成年人，是无民事行为能力人，对于外界的侵犯没有明确的辨别能力，也没有能力保护自己，儿童的安全必须依靠法律来维护，教师虐童将受到法律的严惩。2017年11月4日，第十二届全国人民代表大会常务委员会第三十次会议通过的《中华人民共和国刑法修正案（十）》规定，“对未成年人、老年人、患病的人、残疾人等负有监护、看护职责的人虐待被监护、看护的人，情节恶劣的，处三年以下有期徒刑或者拘役。”修正案还强化了幼儿园、学校等教育机构的职责，针对单位犯罪的，不仅要判处罚金，而且要处罚直接负责的主管人员和其他直接责任人。《未成年人保护法》规定，“禁止对未成年人实施家庭暴力，禁止虐待、遗弃未成年人，禁止溺婴和其他残害婴儿的行为，不得歧视女性未成年人或者有残疾的未成年人。”

针对体罚和变相体罚行为，《中华人民共和国未成年人保护法》规定，“学校、幼儿园、托儿所的教职员工应当尊重未成年人的人格尊严，不得对未成年人实施体罚、变相体罚或者其他侮辱人格尊严的行为。”《幼儿园管理条例》规定，严禁体罚和变相体罚幼儿，对违反规定，体罚或变相体罚幼儿的单位或者个人，由教育行政部门对直接责任人员给予警告、罚款的行政处罚，或者由教育行政部门建议有关部门对责任人员给予行政处分；情节严重，构成犯罪的，由司法机关依法追究刑事责任。《国务院办公厅关于加强中小学幼儿园安全风险防控体系建设的意见》（国办发〔2017〕35号）提出，教育部门要健全学校对未成年学生权利的保护制度，对体罚、性骚扰、性侵害等侵害学生人身健康的违法犯罪行为，要建立零容忍制度，及早发现、及时处理、从严问责，应当追究法律责任的，要协同配合公安、司法机关严格依法惩处。教育部《幼儿园教师违反职业道德行为处理办法》（教师〔2018〕19号）明确指出，体罚和变相体罚幼儿，歧视、侮辱幼儿，猥亵、虐待、伤害幼儿，是应予处理的教师违反职业道德行为。

我省针对体罚或虐待儿童行为也作出明确规定。《山东省未成年人保护条例》第十九条规定，“学校、幼儿园、托儿所应该恪守职业道德，以良好的品行影响和教育未成年人，尊重未成年人的人格尊严，不得对未成年人实施体罚、或者其他侮辱人格尊严的行为。”各级教育行政主管部门要加大对违背师德行为的查处力度，对上述行为实行零容忍，情节严重的坚决予以辞退，涉嫌违法的依法追究法律责任。本条对教师违法和违反师德的行为进行了重申，并在法律责任一章设定了相关罚则。

4. 及时妥当处理儿童受伤害事件

幼儿园应是儿童健康成长的乐园，对任何伤害儿童的行为必须“零容忍”，依法追责到底。根据《中华人民共和国侵权责任法》，无民事行为能力人在学校学习、生活期间受到人身损害的，学校未尽到教育、管理职责的，应当承担责任。如果猥亵、性侵害属实，受到侵害的孩子监护人，可以依法起诉当事人或校方，获得人身赔偿。在承担民事责任的同时，学校及有关责任人还应承担行政责任。《中华人民共和国未成年人保护法》第二十四条规定，“学校对未成年学生在校内或者本校组织的校外活动中发生人身伤害事故的，应当及时救护，妥善处理，并及时向有关主管部门报告”。同时，幼儿园教职工如果发现儿童在幼儿园之外受到猥亵、性侵害等，应当安排专人妥善保护好儿童，立即向公安机关报案，同时向主管部门及教育行政部门报告，主动配合有关机关依法依规对相关侵害行为进行调查取证，并依法保护受害儿童的隐私。

在严格执法，规范教师行为的同时，幼儿园还应教育儿童怎样预防性侵害。教育儿童重视保护自己身体的隐私，明白身体的哪些部位是隐私部位，拒绝非正常的身体触摸，更为重要的，要教给儿童预防性侵害的方法。

第四十八条　县级以上机构编制主管部门应当为纳入机构编制管理的公办幼儿园核定编制，并按照工作需要定期进行动态调整。现有编制总量仍然不能满足工作需要的，可以对实验幼儿园、乡镇中心幼儿园和公办学校附属幼儿园等公益二类幼儿园探索实行人员控制总量备案管理。

县级以上人民政府人力资源社会保障部门、教育行政部门应当根据编制和人员控制总量及时补充招聘幼儿园教师。

释 义

本条是关于公办幼儿园机构设置、编制核定和人员补充的相关规定，共2款。

加快公办学前教育发展，必须通过立法破解各地公办幼儿园无机构编制和无公办教师编制的局面。2018年5月，《山东省人民政府办公厅关于加快学前教育改革发展的意见》（鲁政办发〔2018〕71号）以及《山东省机构编制委员会办公室 山东省教育厅关于公办幼儿园核编工作有关问题的答复意见》，对公办幼儿园机构编制和人员编制核定作出了突破和创新。

1. 加快公办幼儿园机构编制核定

幼儿园的机构编制由县级以上机构编制主管部门负责。一是机构编制部门要按照规定审批设立公办幼儿园，把公办幼儿园纳入编制机构管理，并履行相关程序，按照学前教育事业发展的需要，定期进行动态调整。二是重点保障教育部门举办的实验幼儿园、乡镇（街道）中心幼儿园、公办学校附属幼儿园纳入机构编制管理。符合条件的公办学校附属幼儿园纳入机构编制管理前应从举办学校剥离，其中，办园规模在9个班以上且管理规范的，可作为独立事业单位纳入机构编制管理；办园规模不足9个班但确需保留的，可通过整合资源，改设为实验幼儿园或乡镇（街道）中心幼儿园分园，随实验园或中心园一并核编，由实验园或中心园一体化运行和管理，提倡公办园实行集团化办园。鼓励各地探索创新公办幼儿园管理运行机制，参照乡镇中小学学区法人机构设置的方式，整合设立中心幼儿园及其分园。

2. 探索实行人员控制总量备案管理

针对我省公办幼儿园没有机构编制和公办教师编制的现状，省委、省政府高度重视，借鉴医药卫生体制改革、高等教育综合改革经验，明确现有编制总量内确实无法满足的市、县（市、区），可对实验幼儿园、乡镇（街道）中心幼儿园、公办学校附属幼儿园等公益二类幼儿园探索实行人员控制总量备案管理，参照公办幼儿园编制标准确定人员控制总量，按照《山东省实行人员控制总量备案管理的事业单位人事管理办法（试行）》（鲁人社发〔2017〕53号）进行管理。建立公办幼儿园编制（人员控制总量）动态管理制度，及时为公办幼儿园补充教师，并对核编及编制使用情况进行监督检查。2018年，我省完成机构及人员编制核定工作，共核增公办幼儿园机构770个，核增人员编制6578名，核定总量控制备案人员14.9万名。

同时，对未纳入机构编制管理、利用国有资产举办的幼儿园，符合《事业单位登记管理暂行条例》及其实施细则和《山东省事业单位、社会团体及企业等组织利用国有资产举办事业单位登记管理办法（试行）》规定的，可申请登记为事业单位法人；参照公办幼儿园编制标准，通过政府购买服务的方式配齐教师。

3. 及时补充招聘幼儿园教职工

《中共中央 国务院关于学前教育深化改革规范发展的若干意见》（中发〔2018〕39号）提出，大力加强幼儿园教师队伍建设，严格依标配备教职工。“各地要及时补充公办园教职工，严禁‘有编不补’、长期使用代课教师。民办园按照配备标准配足配齐教职工。各类幼儿园按照国家相关规定配备卫生保健人员”。县级以上人民政府人力资源社会保障部门作为主管部门，要会同教育行政部门，按照编制和人员控制总量及时补充招聘幼儿园教师，保障幼儿园正常运转，提高保育教育质量。

第四十九条　幼儿园园长应当具备国家和省规定的任职条件，由举办者任命或者聘任，报主管的教育行政部门备案。

幼儿园教师应当取得相应的教师资格，卫生保健人员、保育员、安全保卫人员应当受过相应的专业知识培训。

释义

本条是对幼儿园园长及其他工作人员的任职资格的规定，共2款。

幼儿园教职工应当贯彻国家教育方针，具有良好品德，热爱教育事业，尊重和爱护儿童，具有专业知识和技能以及相应的文化和专业素养，为人师表，忠于职责，身心健康。

1. 关于幼儿园园长任职资格规定

幼儿园园长在幼儿园管理、保育教育中担任着重要的角色，对幼儿园的发展起决定性作用。《幼儿园工作规程》第四十条规定，“幼儿园园长应当符合本规程第三十九条规定，并应当具有《教师资格条例》规定的教师资格、具备大专以上学历、有三年以上幼儿园工作经历和一定的组织管理能力，并取得幼儿园园长岗位培训合格证书。幼儿园园长由举办者任命或者聘任，并报当地主管的教育行政部门备案”。由此可见，园长必须具备上述5个条件。教育部《关于开展幼儿园园长岗位培训工作的意见》（教人〔1996〕11号）提出，幼儿园园长岗位培训合格证书应由（地）市级教育行政部门审校、颁发。未取得园长岗位培训合格证书的不能担任园长职务。教育部《幼儿园园长专业标准》对园长的办学理念、专业要求等作出明确规定，为选拔和培养园长提供了指引。

2. 关于幼儿园教师及其工作人员资格的相关规定

幼儿园教师是幼儿园保育教育工作的具体实施者。《中华人民共和国教师法》第十条和《中华人民共和国教育法》第三十四条均规定，国家实行教师资格制度。《教师资格条例》（国务院令第188号）第二条明确规定，“中国公民在各级各类学校和其他教育机构中专门从事教育教学工作，应当依法取得教师资格”。幼儿教师应当取得幼儿园教师资格，取得幼儿园教师资格应当具备幼儿师范学校毕业及其以上学历。2012年教育部颁布的《幼儿园教师专业标准》（教师〔2012〕1号）是幼儿园教师培养、准入、培训、考核的重要依据。《山东省人民政府办公厅关于加快学前教育改革发展意见》（鲁政办发〔2018〕71号）规定，新进教师一般要具备专科及以上学历，到2020年，专科及以上幼儿教师比例要达到80%以上。同时我省2013年下发的《山东省中小学教师资格考试及认定制度改革工作实施办法》（鲁教师发〔2013〕1号）规定，“申请幼儿园教师资格，应具备幼儿师范学校或中等师范学校毕业及以上学历。自2015年起，幼儿园教师资格学历要求提高至大学专科以上”。

卫生保健人员、保育员、安全保卫人员是幼儿园的重要岗位，相关人员必须接受相应的专业知识培训，取得相应资质。《幼儿园工作规程》第四十二条规定，“幼儿园保育员应当符合本规程第三十九条规定，并应当具备高中毕业以上学历，受过幼儿保育职业培训”。第四十三条规定，“幼儿园卫生保健人员除符合本规程第三十九条规定外，医师应当取得卫生行政部门颁发的《医师执业证书》；护士应当取得《护士执业证书》；保健员应当具有高中毕业以上学历，并经过当地妇幼保健机构组织的卫生保健专业知识培训”。《保安服务管理条例》第十六条规定，“年满18周岁，身体健康，品行良好，具有初中以上学历的中国公民可以申领保安员证，从事保安服务工作”。幼儿园要严格按照以上规定聘任有相应资质的工作人员。

第五十条　幼儿园教师与其他工作人员上岗前应当取得健康合格证明。幼儿园教师与其他工作人员在岗期间患有传染性疾病、精神障碍等不适宜继续工作的，应当立即离岗治疗。幼儿园应当组织教师与其他工作人员每年进行至少一次健康检查。

幼儿园不得招用有以下情形的人员：

（一）有吸毒、犯罪记录的；

（二）有精神病史和其他不适合从事幼儿园工作疾病的；

（三）有虐待儿童等不良记录的；

（四）有严重违反师德行为的；

（五）其他不宜从事幼儿园工作的情形。

释 义

本条是对幼儿园教师及其他工作人员健康查体及有关从业禁止的规定，共2款。

1. 幼儿园教师及其他工作人员上岗前应当取得健康合格证明

《托儿所幼儿园卫生保健工作规范》要求，严格执行工作人员定期健康检查制度。幼儿园工作人员上岗前必须经县级以上人民政府卫生行政部门指定的医疗卫生机构进行健康检查，取得《托幼机构工作人员健康合格证》后方可上岗。《幼儿园管理条例》第九条第四款规定，“慢性传染病、精神病患者，不得在幼儿园工作”。山东省教育厅、山东省发展改革委员会、山东省财政厅联合印发的《山东省幼儿园分类认定标准》和《山东省幼儿园分类认定评估细则》（鲁教基发〔2018〕5号）提出，“教职工每年进行1次健康检查，炊事人员每半年查体1次，查体率100%”。

同时，本条特别强调，幼儿园教师与其他工作人员在岗期间患有传染性疾病、精神障碍等不适宜继续工作的，应当立即离岗治疗。

2. 关于幼儿园教师及其他工作人员从业禁止的规定

《中共中央 国务院关于学前教育深化改革规范发展的若干意见》（中发〔2018〕39号）指出，“强化师德师风建设、通过加强师德教育、完善考评制度、加大监察监督、建立信用记录、完善诚信承诺和失信惩戒机制等措施，提高教师职业素养、培养热爱幼教、热爱幼儿的职业情怀。对违反职业行为规范，影响恶劣的实行‘一票否决’，终身不得从教”。2018年，教育部下发《新时代幼儿园教师职业行为十项准则》（教师〔2018〕16号）和《幼儿园教师违反职业道德行为的处理办法》（教师〔2018〕19号），对加强师德师风建设，规范教师职业行为，保障儿童合法权益作出明确规定。幼儿园教师应当按照国家规定取得教师资格，受到剥夺政治权利或者故意犯罪受到有期徒刑以上刑事处罚的，不能取得教师资格；已经取得教师资格的，撤销教师资格。对已在岗不具备相应资格的人员，应当限期取得资格；限期内不能取得相应资格的人员，应当辞退或者调整岗位。本条第二款对幼儿园招用工作人员作出了禁止性规定。幼儿园在招用工作人员时，必须严格审查把关，确保录用人员符合国家和省有关规定。

第五十一条　幼儿园应当与教师和其他工作人员依法订立聘用合同或者劳动合同，保障其工资福利、社会保险、休息休假和参加培训等合法权益。

实行人员控制总量备案管理的公办幼儿园聘任教师，其工资、福利待遇、社会保险等与纳入机构编制管理的教师相同。

专职从事特殊教育的幼儿园教师按照国家和省规定享受特殊教育津贴。

释 义

本条是保障幼儿园教师及其工作人员工资待遇的规定，共3款。

幼儿园教师和其他工作人员是实施保育教育工作的主要力量，保障幼儿园教师和其他工作人员的工资和福利待遇是保障其正常从事保育教育工作的基础和前提，也是幼儿园教师和其他工作人员最基本的合法权益。《中华人民共和国劳动法》规定，“劳动者享有平等就业和选择职业的权利、取得劳动报酬的权利、休息休假的权利、获得劳动安全卫生保护的权利、接受职业技能培训的权利、享受社会保险和福利的权利、提请劳动争议处理的权利以及法律规定的其他劳动权利”。幼儿园应当依法建立和完善规章制度，保障幼儿园教师和其他工作人员享有劳动权利和履行劳动义务。

1. 切实保障幼儿园教师及其他工作人员工资和福利待遇

长期以来，幼儿园教师工资和福利待遇偏低，与其承担的工作和应有的社会地位脱节，影响了教师的工作积极性，以致影响了学前教育质量的提高。我省高度重视幼儿教师队伍建设，《山东省人民政府办公厅关于加快学前教育改革发展的意见》（鲁政办字〔2018〕71号）规定，“幼儿园须严格按照有关法律法规规定，与聘用教职工签订聘用合同或劳动合同。按规定为乡镇的农村公办幼儿园正式工作人员落实乡镇工作补贴政策。用人单位依法保障公办幼儿园未纳入正式职工管理人员和农村集体办、企业办、民办幼儿园教师工资发放，其平均工资不得低于本地区城镇职工平均工资水平，并按规定参加职工社会保险，足额缴纳‘五险一金’”。

幼儿园要建立健全幼儿园教师和其他工作人员待遇保障机制。一是要与幼儿园教师和其他工作人员依法订立聘用合同或者劳动合同。《中华人民共和国劳动法》规定，“劳动合同是劳动者与用人单位确立劳动关系、明确双方权利和义务的协议。建立劳动关系应当订立劳动合同”；“订立和变更劳动合同，应当遵循平等自愿、协商一致的原则，不得违反法律、行政法规的规定。劳动合同依法订立即具有法律约束力，当事人必须履行劳动合同规定的义务”。幼儿园要严格按照有关法律法规规定，与聘用教职工签订聘用合同或劳动合同。二是要保障其工资福利、社会保险、休息休假和参加培训等合法权益。《中华人民共和国教师法》第七条明确规定了教师享有的六项权利，包括教师依法享有工资福利、社会保险、休息休假、参加培训等合法权益。《国务院关于加强教师队伍建设的意见》（国发〔2012〕41号）提出，“强化教师工资保障机制。依法保证教师平均工资水平不低于或者高于国家公务员的平均工资水平，并逐步提高，保障教师工资按时足额发放”；“对长期在农村基层和艰苦边远地区工作的教师。实行工资倾斜政策”。幼儿园应当依法保障上述合法权益。

2. 人员控制总量教师与在编教师同等待遇

《山东省实行人员控制总量备案管理的事业单位人事管理办法（试行）》（鲁人社发〔2017〕53号）第五条提出，“事业单位在人员控制总量内依法依规聘用的工作人员实行统一的事业单位人事管理制度。人员控制总量内的工作人员在公开招聘、职称考评、岗位聘用、考核奖惩、薪酬分配、社会保险、管理使用等方面，适用事业单位人事管理政策，同工同酬，同等待遇”。按照此规定，我省实行人员控制总量备案管理的公办幼儿园聘任教师，与纳入机构编制管理的教师实行同工同酬、同等待遇。

3. 专职从事特殊教育的幼儿园教师享受特殊教育津贴

特殊教育津贴是对特殊教育学校工作人员和手语翻译工资外的一种鼓励性补助。《山东省教育厅等八部门关于印发〈第二期特殊教育提升计划（2018—2020年）〉的通知》（鲁教基发〔2018〕1号）规定，“对普通学校、幼儿园承担随班就读、随园保教教学管理任务的教师，在职称评审、岗位聘用和绩效工资核定中给予倾斜”。

我省积极推进残疾儿童随园保教工作，要求各地完善相关制度，根据实际需要建设资源教室，配备专兼职资源教师，为残疾儿童提供有针对性的教育与康复，提升随园保教质量。按照以上规定，专职从事特殊教育的幼儿园教师应该享受特殊教育津贴，并和其他共同承担随园保教教学管理任务的教师在职称评审、岗位聘用、绩效工资核定中享受政策倾斜。

第五十二条　幼儿园岗位结构比例应当按照有关规定设置。

民办幼儿园教师在专业技术职称评聘、培养培训、评优表彰等方面与公办幼儿园教师享有同等权利。

县级以上人民政府应当对长期在偏远地区、条件艰苦地区工作的幼儿园教师，按照规定在专业技术职称评聘、福利待遇等方面予以倾斜。

释义

本条是关于幼儿园岗位结构比例及幼儿园教师职称评聘、福利待遇的有关规定，共3款。

提高幼儿园岗位结构比例，保障民办幼儿园以及长期在偏远地区、条件艰苦地区的幼儿园教师的合法权益，是各级人民政府以及幼儿园举办者的职责。

1. 关于幼儿园岗位结构比例设置的规定

实施岗位设置管理，是事业单位人事管理科学化、规范化、制度化的前提和基础。按规定设置幼儿园岗位结构比例，可以极大缓解当前幼儿园教师岗位评聘矛盾，拓展幼儿园教师的职业发展空间。《中共中央 国务院关于学前教育深化改革规范发展的若干意见》（中发〔2018〕39号）指出，“各地要根据学前教育特点和幼儿园教师专业标准，完善幼儿园教师职称评聘标准，畅通职称评聘通道，提高高级职称比例”。教育部等4部门印发的《关于加强幼儿园教师队伍建设的意见》（教师〔2012〕11号）提出，“完善符合幼儿教师工作特点的评价标准，重点突出幼儿园教师的师德、工作业绩和保教能力。结合事业发展和人才发展规划，合理确定幼儿园高级、中级、初级岗位之间的比例”。各地要根据学前教育特点和幼儿园教师专业标准，完善幼儿园教师职称评聘标准，畅通职称评聘通道，提高高级职称比例。

我省高度重视幼儿园教师岗位职称设置。2019年，《山东省人力资源和社会保障厅 山东省教育厅关于印发山东省中小学幼儿园岗位设置机构比例指导标准的通知》（鲁人社规〔2019〕7号）规定，“中小学、幼儿园岗位分为管理岗位、专业技术岗位、工勤技能岗位三种类别”，“专业技术岗位分为主系列技术岗位和辅助系列专业技术岗位。主系列专业技术岗位为教师岗位”，“小学、幼儿园：教师岗位数量占学校岗位数量比例一般不低于90%，管理岗位、辅助系列和工勤技能岗位数量一般不超过10%”。幼儿园教师岗位等级机构比例，高级教师占11%，中级占50%，初级为39%。该文件将幼儿园高级教师岗位比例从1%提高到11%，中级、初级岗位比例完全与小学相同，这一政策将会纠正幼儿园岗位设置不合理现象，极大地调动广大幼儿教师的工作积极性。

2. 关于民办幼儿园教师待遇方面的规定

国家和省均强调，民办幼儿园教师在专业技术职称评聘、培养培训、评优表彰等方面与公办幼儿园教师享有同等权利。《国务院关于当前发展学前教育的若干意见》（国发〔2010〕41号）指出，“民办幼儿园在审批登记、分类定级、评估指导、教师培训、职称评定、资格认定、表彰奖励等方面与公办幼儿园具有同等地位”。《教育部 中央编办 财政部 人力资源社会保障部关于加强幼儿园教师队伍建设的意见》（教师〔2012〕11号）提出，“确保民办和公办幼儿园教师公平参与职务（职称）评聘”。民办幼儿园举办者要依法开展幼儿教师职称评聘工作，并参照公办幼儿园教师岗位职称兑现工资和福利待遇。地方政府和有关部门在评优表彰时，要给予民办幼儿园一定比例或名额，鼓励为学前教育发展作出突出贡献的单位和个人。各级教育行政部门要把民办幼儿园特别是普惠性民办幼儿园教师培训纳入省、市、县三级培训网络，不断提高民办幼儿园教师专业素质。

3. 关于农村基层和艰苦偏远地区幼儿教师的倾斜政策

从教育的各个阶段而言，学前教育仍是各级各类教育事业的薄弱环节，特别是贫困地区、边远地区、革命老区和农村地区学前教育发展依然滞后，办学条件和城镇相比仍有一定差距，广大农村幼儿教师扎根基层，为农村学前教育发展付出了不懈的努力，应当不断完善对农村基层和艰苦偏远地区幼儿教师的倾斜政策。《教育部 中央编办 财政部 人力资源社会保障部关于加强幼儿园教师队伍建设的意见》（教师〔2012〕11号）提出，“对长期在农村基层和艰苦边远地区工作的幼儿园教师，在职务（职称）方面实行倾斜政策”；“对长期在农村基层和艰苦边远地区工作的幼儿园教师，实行工资倾斜政策”。《国务院关于加强教师队伍建设的意见》（国发〔2012〕41号）提出，“健全教师社会保障制度。中央在基建投资中安排资金，支持加快建设农村艰苦边远地区学校教师周转宿舍。鼓励地方政府将符合条件的农村教师住房纳入当地住房保障范围统筹予以解决”。《中共山东省委 山东省人民政府关于全面深化新时代全省教师队伍建设改革的实施意见》（鲁发〔2018〕44号）规定，“着力提高乡村教师待遇。全面落实乡镇工作补贴政策，并向艰苦偏远乡镇教师倾斜。加大农村教师周转宿舍建设力度，各地要结合省财政下达的县级基本财力保障转移支付资金给予补助。依托社会公益组织，设立山东省乡村教师关爱基金，资助乡村特困教师；实施乡村优秀青年教师培养奖励计划，按照有关规定设立乡村教育突出贡献奖，奖励长期在乡村学校从教的优秀教师”。各级政府和教育行政部门要用足用活各项政策，确保长期在偏远地区、条件艰苦地区工作的幼儿园教师在职称评聘、福利待遇等方面享受倾斜政策。

第五十三条　县级以上人民政府教育行政部门应当完善学前教育师资培养和培训体系，合理安排师范院校学前教育专业招生规模，实施公费师范生乡村幼儿教师培养计划，并适当增加男生招收、培养比例。

幼儿园园长和教师应当定期参加专业培训。

释 义

本条是对学前教育师资培养培训的规定，共2款。

当前，人民群众对公平而有质量的教育的向往更加迫切。各级党委和政府要从战略和全局高度充分认识教师工作的重要性，把全面加强教师队伍建设作为一项重大政治任务和根本性民生工程切实抓紧抓好。各级教育行政部门要建立完善的教师培养和培训体系，为国家输送和培养合格教师。

1. 完善教师培养体系

要根据基本普及学前教育的目标，制定学前教育专业培养规划，扩大本专科层次培养规模及学前教育专业公费师范生招生规模。《中共中央 国务院关于全面深化新时代教师队伍建设改革的意见》（中发〔2018〕4号）提出，“全面提高幼儿园教师质量，建设一支高素质善保教的教师队伍。办好一批幼儿师范专科学校和若干所幼儿师范学院，支持师范院校设立学前教育专业，培养热爱学前教育事业，幼儿为本、才艺兼备、擅长保教的高水平幼儿园教师。创新幼儿园教师培养模式，前移培养起点，大力培养初中毕业起点的五年制专科层次幼儿园教师。优化幼儿园教师培养课程体系，突出保教融合，科学开设儿童发展、保育活动、教育活动类课程，强化实践性课程，培养学前教育师范生综合能力”。《中共中央 国务院关于学前教育深化改革规范发展的若干意见》（中发〔2018〕39号）要求，“办好一批幼儿师范专科学校和若干所幼儿师范学院，支持师范院校设立并办好学前教育专业。中等职业学校相关专业重点培养保育员。根据基本普及学前教育目标，制定学前教育专业培养规划，扩大本专科层次培养规模及学前教育专业公费师范生招生规模。前移培养起点，大力培养初中毕业起点的五年制专科学历的幼儿园教师。引导学前教育专业毕业生从事幼教工作，鼓励师范院校在校生辅修或转入学前教育专业，扩大有质量教师供给。创新培养模式，优化培养课程体系，突出保教融合，健全学前教育法规及规章制度，加强儿童发展、幼儿园保育教育实践类课程建设，提高培养专业化水平。2018年启动师范院校学前教育专业国家认证工作，建立培养质量保障制度”。2018年，我省首次实施公费师范生乡村幼儿教师培养计划，按照公费师范生培养政策，2018—2020年每年招收1500名公费师范生，为乡镇中心幼儿园培养高层次幼儿园教师。

2. 健全教师培训制度

《中共中央 国务院关于全面深化新时代教师队伍建设改革的意见》（中发〔2018〕4号）要求，“建立幼儿园教师全员培训制度，切实提升幼儿园教师科学保教能力。加大幼儿园园长、乡村幼儿园教师、普惠性民办幼儿园教师的培训力度。创新幼儿园教师培训模式，依托高等学校和优质幼儿园，重点采取集中培训与跟岗实践相结合的方式培训幼儿园教师。鼓励师范院校与幼儿园协同建立幼儿园教师培养培训基地”。《中共中央 国务院关于学前教育深化改革规范发展的若干意见》（中发〔2018〕39号）提出，“健全教师培训制度。出台幼儿园教师培训课程指导标准，实行幼儿园园长、教师定期培训和全员轮训制度。用两年半左右时间，通过国家、省、县三级培训网络，大规模培训幼儿园园长、教师，重点加强师德师风全员培训、非学前教育专业教师全员补偿培训和未成年人保护方面的法律培训等”。《教育部 中央编办 财政部 人力资源社会保障部关于加强幼儿园教师队伍建设的意见》（教师〔2012〕11号）提出，“实行幼儿园教师5年一周期不少于360学时的全员培训制度，培训经费纳入同级财政预算。幼儿园按照年度公用经费总额的5%安排教师培训经费。扩大实施幼儿园教师国家级培训计划。加大面向农村的幼儿园教师培养培训力度”。《山东省人民政府办公厅关于加快学前教育改革发展的意见》（鲁政办字〔2018〕71号）提出，“实施幼儿教师素质提升计划，建立省、市、县三级培训网络，到2020年完成一轮幼儿教师全员培训。制定幼儿园园长任职资格实施办法，实施幼儿园园长任职岗前培训。设立名师名园长工作室，充分发挥示范带动作用”。

各级教育行政部门要建立幼儿园园长和教师培训体系，按照《幼儿园园长专业标准》《幼儿园教师专业标准》要求进行培训，满足幼儿园教师多样化的学习和发展需求。幼儿园举办者也要积极为幼儿园教师培训创造条件。

教师终身教育和终身学习是当代教师自身发展和适应职业的必由之路，幼儿园园长和教师要定期参加培训，这既是权利也是义务。本条第二款作了特别强调。

第五十四条　幼儿园教师依法享受寒暑假期的带薪休假。幼儿园应当创造条件，在寒暑假期间安排工作人员轮流休假。

释义

本条是关于对幼儿园教师寒暑假休假的规定。

幼儿园教师依法享受寒暑假期的带薪休假。《中华人民共和国教师法》第七条规定，教师享有按时获取工资报酬，享受国家规定的福利待遇以及寒暑假期的带薪休假的权利。《幼儿园工作规程》第六十三条规定，“幼儿园教师依法享受寒暑假期的带薪休假。幼儿园应当创造条件，在寒暑假期间，安排工作人员轮流休假。具体办法由举办者制定”。

鉴于幼儿园工作的特殊性，结合我省具体实际，本条在重申上述法律法规有关规定的同时，鼓励幼儿园按照实际情况，本着服务家长、家长自愿的原则，在寒暑假期间合理安排工作人员轮流休假。具体办法由举办者制定。

第六章　保障与监督

【本章提要】

建立完善以政府投入为主的学前教育经费保障机制是发展学前教育的关键，各级政府和有关部门加强对学前教育的监督管理，是保障学前教育健康可持续发展的基础。本章共14条，主要是明确了政府和有关部门保障学前教育发展，对幼儿园收费、保育教育质量进行监管，维护幼儿园正常工作秩序等方面的职责，并对社区、公共文化场馆、新闻媒体等在发展学前教育中的责任和义务作出了原则规定。

第五十五条　县级以上人民政府应当建立健全政府投入为主、家庭合理分担、其他多种渠道筹措经费的学前教育经费保障机制。

鼓励社会组织和个人捐助学前教育。

释 义

本条是关于建立学前教育经费保障机制的规定，共2款。

2019年5月，《国务院办公厅关于印发教育领域中央与地方财政事权和支出责任划分改革方案的通知》（国办发〔2019〕27号）明确提出，“学前教育、普通高中教育、职业教育、高等教育等其他教育，实行以政府投入为主、受教育者合理分担、其他多种渠道筹措经费的投入机制，总体为中央与地方共同财政事权，所需财政补助经费主要按照隶属关系等由中央与地方财政分别承担，中央财政通过转移支付对地方统筹给予支持”。这是国家第一次明确提出建立学前教育以政府投入为主的经费保障机制，同时明确受教育者也要合理分担，并通过其他多种渠道筹措经费。

1. 坚持以政府投入为主

建立政府投入为主的经费保障机制，是促进学前教育可持续、有质量发展的重要举措。为加大学前教育投入保障力度，《国务院关于当前发展学前教育的若干意见》（国发〔2010〕41号）提出，“多种渠道加大学前教育投入。各级政府要将学前教育经费列入财政预算。新增教育经费要向学前教育倾斜。财政性学前教育经费在同级财政性教育经费中要占合理比例，未来三年要有明显提高。各地根据实际研究制定公办幼儿园生均经费标准和生均财政拨款标准”；“地方政府要加大投入，重点支持边远贫困地区和少数民族地区发展学前教育”。《中共中央 国务院关于学前教育深化改革规范发展的若干意见》（中发〔2018〕39号）进一步明确要求，“优化经费投入结构。国家进一步加大学前教育投入力度，逐步提高学前教育财政投入和支持水平，主要用于扩大普惠性资源、补充配备教师、提高教师待遇、改善办园条件。中央财政继续安排支持学前教育发展资金，支持地方多种形式扩大普惠性资源，深化体制机制改革，健全幼儿资助制度，重点向中西部农村地区和贫困地区倾斜。研究中央专项彩票公益金等支持学前教育发展的政策。地方各级政府要健全学前教育经费投入机制，规范使用管理，强化绩效评价，提高使用效益”。

在《教育部 国家发展改革委 财政部关于实施第二期学前教育三年行动计划的意见》（教基二〔2014〕9号）中，中央既明晰了自身的责任，“中央财政继续安排专项资金，鼓励和引导地方积极发展学前教育”，也对地方政府提出了要求，“各地要按照构建学前教育公共服务体系的总体要求，健全学前教育管理体制，省级和地市级政府加强统筹，县级政府落实主体责任”。

2. 家庭要合理分担

《中共中央 国务院关于学前教育深化改革规范发展的若干意见》（中发〔2018〕39号）提出，“健全学前教育成本分担机制。各地要从实际出发，科学核定办园成本，以提供普惠性服务为衡量标准，统筹制定财政补助和收费政策，合理确定分担比例”。就“家庭”这一主体而言，成本分担机制主要来源于幼儿园对家长收取的保教费，并应控制在合理范围。

国家发展改革委、教育部、财政部联合印发的《幼儿园收费管理暂行办法》（发改价格〔2011〕3207号 ）要求，省级有关部门根据城乡经济社会发展水平、办园成本和群众承受能力，按照非义务教育阶段家庭合理分担教育成本的原则，制定公办幼儿园收费标准。并特别指出，要加强民办幼儿园收费管理，完善备案程序，加强收费监管，坚决查处乱收费。学前教育机构应当依法实施收费公示，自觉接受有关部门和社会监督。2019年，山东省发展改革委员会、山东省财政厅、山东省教育厅联合印发的《山东省幼儿园收费管理办法》（鲁发改成本〔2019〕1222号）提出，“各级人民政府应当以提供普惠性服务为衡量标准，科学核定办园成本，健全学前教育成本分担机制，保障学前教育的公益性和普惠性”；“对公办幼儿园、普惠性民办幼儿园以及其他非营利性民办幼儿园，实行保教费动态调整机制，原则上每3—5年核定一次保教费收费标准。公办幼儿园和普惠性民办幼儿园的保教费标准根据当地城乡经济发展水平、办园成本和群众承受能力等实际情况制定或调整”。

3. 多渠道筹措经费

拓宽财政性学前教育经费来源渠道，可以缓解学前教育经费的不足。渠道来源可以在每年土地出让收益中计提的教育资金、地方分成的彩票公益金和地方教育附加中，按照一定比例安排学前教育经费。同时，鼓励公民、法人或者其他组织对学前教育进行捐资助学。

《中华人民共和国公益事业捐赠法》对于公民、法人或者其他组织的捐赠作出了较为具体的规定：自然人、法人或者其他组织可以选择符合其捐赠意愿的学前教育机构进行捐赠。捐赠的财产应当是其有权处分的合法财产。公司和其他企业依照本条例的规定捐赠财产用于公益事业，依照法律、行政法规的规定享受企业所得税方面的优惠。自然人和个体工商户依照本条例的规定捐赠财产用于公益事业，依照法律、行政法规的规定享受个人所得税方面的优惠。境外向公益性社会团体和公益性非营利的事业单位捐赠的用于公益事业的物资，依照法律、行政法规的规定减征或者免征进口关税和进口环节的增值税。

学前教育机构接受捐赠，要依照国家有关的法律和法规的规定向捐赠人出具合法、有效的收据，将受赠财产登记造册，妥善保管。应当将受赠财产用于发展本单位的公益事业，不得挪作他用。

第五十六条　县级以上人民政府应当保障学前教育公益普惠属性。

公办幼儿园和普惠性民办幼儿园在园儿童比例不低于本行政区域在园儿童总数的百分之八十，其中公办幼儿园在园儿童比例不低于本行政区域在园儿童总数的百分之五十。

释 义

本条是关于保障学前教育公益普惠属性的规定，共2款。

坚持公益普惠的基本方向，是制定学前教育政策的逻辑起点。《中共中央 国务院关于学前教育深化改革规范发展的若干意见》（中发〔2018〕39号）强调，要牢牢把握学前教育公益普惠基本方向，加大公共财政投入，着力扩大普惠性学前教育资源供给的主旨，积极构建广覆盖、保基本、有质量的学前教育公共服务体系。这充分体现了国家为广大人民群众提供公益普惠学前教育服务的国家意志。

1. 保障学前教育公益普惠属性

保障学前教育公益普惠属性，一方面，要加大学前教育财政投入，完善成本分担机制，降低家庭的分担成本以达到普惠。2010年，中共中央政治局委员、国务委员刘延东在全国学前教育工作电视电话会议上讲话指出，要切实加大学前教育投入力度，落实各项财政支持政策，做到预算有科目，增量有倾斜，投入有比例，拨款有标准，资助有制度，第一次提出学前教育经费要做到“五有”。《国务院关于当前发展学前教育的若干意见》（国发〔2010〕41号）进一步明确提出，“各级政府要将学前教育经费列入财政预算。新增教育经费要向学前教育倾斜。财政性学前教育经费在同级财政性教育经费中要占合理比例，未来三年要有明显提高。各地根据实际研究制定公办幼儿园生均经费标准和生均财政拨款标准。制定优惠政策，鼓励社会力量办园和捐资助园。家庭合理分担学前教育成本。建立学前教育资助制度，资助家庭经济困难儿童、孤儿和残疾儿童接受普惠性学前教育”。

2. 普惠性幼儿园覆盖率达到80%

《中共中央 国务院关于学前教育深化改革规范发展的若干意见》（中发〔2018〕39号）提出“到2020年，全国学前三年毛入园率达到85%，普惠性幼儿园覆盖率（公办园和普惠性民办园在园幼儿占比）达到80%”的目标，就是要着力构建以普惠性资源为主体的办园体系。各级政府要通过新建、改扩建公办幼儿园、完善城镇居住区配套幼儿园的建设与规范、提升农村幼儿园办园条件与水平、引导民办幼儿园提供普惠性学前教育服务等途径，扩大普惠性学前教育资源的供给。通过扩大公办幼儿园、普惠性民办幼儿园总量，让更多的儿童享受普惠服务，解决“入公办园难”“入民办园贵”的社会难题，让人民群众有更多的获得感和幸福感。

3. 公办幼儿园在园幼儿比例不低于在园幼儿总数的50%

《中共中央 国务院关于学前教育深化改革规范发展的若干意见》（中发〔2018〕39号）指出，按照实现普惠目标的要求，公办园在园幼儿占比偏低的省份，逐步提高公办园在园幼儿占比，到2020年全国原则上达到50%。这是国家第一次明确提出公办幼儿园在园幼儿占比。自2011年以来，我省通过实施三期学前教育行动计划，不断加大公办幼儿园建设，公办幼儿园数量不断增加，截至2019年底，全省公办幼儿园在园幼儿占比达到50.29%。但从局部来看，还有不少地方公办幼儿园数量较少，“入公办园难”的问题比较突出。本条对公办幼儿园在园幼儿占比作出明确规定，就是要推动各级政府加大公办幼儿园建设力度，增加总量，充分发挥公办幼儿园保基本、兜底线、引领方向、平抑收费的主渠道的作用。

第五十七条　县级以上人民政府应当加大对农村学前教育的投入，在教师配备、培养培训、表彰奖励等方面给予扶持，改善办园条件，提高农村幼儿园保育教育质量。

释 义

本条是关于加大农村学前教育扶持力度的规定。

长期以来，我国二元结构的经济发展模式，使城市在教育投入、教育发展环境等方面明显优于农村地区。农村地区的学前教育更是相对薄弱的一环，特别是农村贫困地区学前教育的发展相对迟缓，园舍陈旧和缺乏师资等问题比较突出，必须加大对农村学前教育的扶持和倾斜力度，保障农村适龄儿童公平接受学前教育的权利。

1. 加大对农村和贫困地区资金的支持力度

加快农村学前教育发展，根本在于要落实“省市统筹、以县为主”的学前教育管理体制，落实县（市、区）政府的主体责任，同时，充分发挥乡镇政府和农村村民自治组织的作用，积极支持学前教育发展。《财政部 教育部关于印发〈支持学前教育发展资金管理办法〉的通知》（财教〔2019〕156号）要求，省级财政、教育部门在分配支持学前教育发展资金时，重点向农村地区、革命老区、边疆地区、民族地区和贫困地区倾斜。《山东省人民政府办公厅关于加快学前教育改革发展的意见》（鲁政办字〔2018〕71号）规定，按照财政事权与支出责任相适应的原则，县（市、区）政府要切实承担学前教育投入主体责任，加大财政投入力度。设区的市政府设立学前教育专项经费，加大对县（市、区）特别是财政困难地区的支持。省级财政加大对学前教育的投入力度，结合中央转移支付资金，对幼儿园建设及提升、落实生均财政拨款标准、增加普惠性民办幼儿园、为公办幼儿园未纳入正式职工管理的教师缴纳“五险一金”、为学前教育体制机制改革创新等进行奖补，加大对贫困地区的支持力度。省、市财政要进一步完善县级基本财力保障机制，增强财政困难县财政保障能力。

2. 实施农村幼儿园建设与提升工程

第一，要建好幼儿园。县级政府要结合实际制定农村幼儿园建设与提升计划，要把农村幼儿园建设纳入乡村振兴战略和美丽乡村建设体系，统筹考虑当地人口分布和流动趋势，科学预测未来农村儿童学位需求总数，适时调整幼儿园布局规划。对有学位缺口的，要提前规划，优先利用中小学闲置校舍改建或在小学内附设幼儿园，或通过大村（社区）独办、小村联办等方式建设幼儿园，保障方圆1.5公里之内有普惠性幼儿园。确保每个乡镇至少办好1所乡镇公办中心幼儿园，大的乡镇要建设2所以上中心幼儿园。要加大贫困村幼儿园、黄河滩区幼儿园建设扶持力度，实现农村学前教育全覆盖。各地在幼儿园建设过程中，要按照《山东省幼儿园办园条件标准》要求，充分考虑儿童成长特点，优化美化幼儿园室内外环境，着重加强安全防范设施建设，配齐配足相应设施设备，确保最低达到《山东省幼儿园办园条件标准》中标准Ⅲ的基本条件。

第二，要做好改造提升。首先，要全面消除安全隐患。对现有的农村幼儿园开展全面排查，对存在安全隐患的场地、设施设备等，建立工作台账，研究整改措施，明确责任单位、完成时限，实行销号管理，确保整改到位。着重加强旱厕蹲坑、围栏、消防等防护防范措施改造或建设，确保幼儿园环境安全。其次，重点做好“五改”。“改厕”，要创造条件将室外旱厕改为室内水冲式厕所，确实无法改为室内厕所的幼儿园，要认真排查整改，蹲坑宽度要适合儿童使用，确保消除安全隐患，并改善卫生条件。“改水”，要创造条件为儿童提供流水洗手设施，配备饮水、消毒等设备。“改厨”，有条件的幼儿园要建设合格厨房，为儿童提供安全卫生、营养均衡的饮食。“改暖”，综合考虑建设成本、取暖效果、维护费用、儿童安全等因素确定取暖模式，取消火炉取暖。“改院”，将室外场地改造为草坪、沙土地、塑胶场地等软质地坪，尽量扩大绿化面积，减少硬质地面，加大沙池、戏水池面积，充分体现儿童化、生态化等特点。

第三，要强化教育设施设备配备。要按照《山东省幼儿园办园条件标准》配备符合标准的儿童桌椅、教育教学设施设备，根据需要设置活动区，配备种类丰富、数量充足的玩教具和儿童图书等。

3. 加强农村幼儿园教师队伍建设

目前，农村幼儿园师资水平较低，教师数量短缺、结构性失衡和整体素质偏低等因素直接影响和严重制约农村学前教育的发展。

一是要及时为农村幼儿园补充配备合格的教师。我省全面推行镇村一体化管理模式，可以参照乡镇中小学学区法人机构设置的方式，整合设立中心幼儿园及其分园，建立公办幼儿园编制（人员控制总量）动态管理制度，及时为农村公办幼儿园补充合格教师。

二是要加强幼儿园教师培养培训。《山东省人民政府办公厅关于加快学前教育改革发展的意见》（鲁政办字〔2018〕71号），对加强农村幼儿教师的培养培训提出具体要求。我省实施公费师范生乡村幼儿教师培养计划，为乡镇中心幼儿园培养高层次幼儿教师。落实到财政困难县乡镇公办农村幼儿园任教的高校毕业生学费代偿制度，鼓励优秀毕业生到薄弱地区任教。县级以上人民政府教育行政部门要建立完善幼儿教师继续教育制度，制定培训规划，落实培训基地以及经费，做好培训工作。建立完善省、市、县三级培训网络，做好5年一轮的幼儿教师全员培训，省培项目向农村地区倾斜。支持师范院校与优质幼儿园协同建立农村幼儿园帮扶培训基地，强化专业学习与跟岗实践相结合，切实提高农村教师专业水平和科学保教能力。幼儿园也应当建立激励机制，鼓励教职工提高学历层次和专业水平。

三是依法保障农村幼儿园教师地位和待遇。按规定为乡镇的农村公办幼儿园正式工作人员落实乡镇工作补贴政策。对长期在农村基层和艰苦边远地区工作的公办幼儿教师，按国家规定实施工资倾斜政策。农村民办幼儿园要参照当地公办幼儿园教师工资收入水平，合理确定教师的工资收入。

4. 提高农村幼儿园保教质量

通过实行“优质园+”办园模式，建立省级示范幼儿园对薄弱园、农村园、民办园的结对帮扶机制，鼓励企事业单位委托优质学前教育机构举办幼儿园，引导优质学前教育资源向农村地区和民办幼儿园辐射拓展，不断扩增优质学前教育资源总量。全面推行镇村一体化管理体制，社区、农村幼儿园由乡镇（街道）中心幼儿园统一管理，带动区域内学前教育发展和提高。

第五十八条　县级以上人民政府财政、教育行政部门应当根据经济和社会发展状况，制定、落实公办幼儿园生均公用经费财政拨款标准和普惠性民办幼儿园生均补助标准，并逐步提高。

残疾儿童生均公用经费应当按照特殊教育学校生均公用经费标准列入财政预算，并足额拨付。

释　义

本条是关于落实幼儿园生均公用经费标准和残疾儿童生均公用经费标准的规定，共2款。

学前教育是教育事业发展的短板，也是财政投入的薄弱环节。制定全省公办幼儿园生均公用经费拨款标准和普惠性民办幼儿园生均补助标准，对于进一步提高公办幼儿园运转保障水平，引导和扶持民办幼儿园为社会提供普惠性服务，促进学前教育持续健康发展具有十分重要的意义。

《国务院关于当前发展学前教育的若干意见》（国发〔2010〕41号）提出，“各地根据实际研究制定公办幼儿园生均经费标准和生均财政拨款标准”，这是国家层面第一次提出要出台公办幼儿园生均拨款标准或生均公用经费标准。2014年，《教育部 国家发展改革委 财政部关于实施第二期学前教育三年行动计划的意见》（教基二〔2014〕9号）提出，“有条件的地区可参照公办园生均公用经费标准，对普惠性民办幼儿园给予适当补贴”。2017年，《教育部等四部门关于实施第三期学前教育行动计划的意见》（教基〔2017〕3号）提出，“逐步制定公办园生均拨款标准和普惠性民办园的补贴标准”。《中共中央 国务院关于学前教育深化改革规范发展的若干意见》（中发〔2018〕39号）要求，“到2020年，各省（自治区、直辖市）制定并落实公办园生均财政拨款标准或生均公用经费标准，合理确定并动态调整拨款水平；因地制宜制定企事业单位、部队、街道、村集体办幼儿园财政补助政策；根据办园成本、经济发展水平和群众承受能力等因素，合理确定公办园收费标准并建立定期动态调整机制”。由此可见，国家自2010年开始就要求各省制定公办幼儿园财政拨款标准，2017年开始，明确要求制定普惠性民办幼儿园的补贴标准。

按照国家要求，2018年6月，山东省财政厅、山东省教育厅联合印发了《关于幼儿园生均公用经费财政拨款标准有关问题的通知》（鲁财教〔2018〕29号），对公办幼儿园和普惠性民办幼儿园生均公用经费作出了具体规定。

1. 拨款标准

对在综合考虑外省情况和我省实际水平情况下，从加大学前教育经费支持力度，同时兼顾各地财政负担能力，将我省幼儿园生均公用经费财政拨款最低标准确定为每生每年710元，自2018年起正式执行。并指出，确有困难的市、县（市、区），必须在2020年以前落实到位。已建立生均公用经费制度且标准高于省定最低标准的，不得降低现行标准。通知还规定，省级建立公用经费正常增长机制，以后年度，将适时提高拨款标准。

2. 适用范围

公用经费财政拨款标准适用范围为全省所有公办幼儿园（包括教育和其他部门办园，企事业单位、部队、集体办园），对市、县（市、区）认定公布的办园行为规范、达到相关办园标准，且收费不高于同级公办园收费标准2倍的普惠性民办幼儿园，按公办园标准给予生均经费补助。

在足额落实省定生均公用经费最低标准的基础上，各地要结合本地区经济社会发展水平、学前教育发展状况、办园成本差异、办学质量和规模、财力状况等因素，因地制宜、科学合理确定本地区不同规模、不同性质幼儿园的生均公用经费具体标准，鼓励引导企事业单位、部队、集体幼儿园面向社会提供普惠性学前教育服务，对办学质量高、社会效益好、招收残疾儿童多的普惠性民办幼儿园可适当提高补助标准。

3. 经费开支范围

公办幼儿园生均公用经费是指保障幼儿园正常运转、完成保育教育活动和其他日常工作任务等方面支出费用。普惠性民办幼儿园生均补助经费由幼儿园统筹用于保育教育活动等方面支出。

4. 经费保障

按照财政事权和支出责任相适应的原则和“省市统筹、以县为主”的学前教育管理体制，落实省定生均公用经费最低标准所需资金，按照幼儿园隶属关系，由同级财政负责落实，具体办法由各市财政、教育部门结合实际确定。省级将生均公用经费纳入学前教育奖补资金奖补范围，在资金分配时统筹考虑各地落实省定标准资金需求、政策落实等情况，激励引导市县足额落实好生均公用经费投入。在此基础上，结合县级基本财力保障机制、均衡性转移支付等资金，加大对财政困难县的补助力度。

同时，本条第二款对残疾儿童生均公用经费单独作出规定。残疾儿童生均公用经费的标准同特殊教育学校生均公用经费标准保持一致，由政府财政足额拨付。2019年，我省义务教育阶段特殊教育生均公用经费已达到8000元，并要求，已高于该标准的不得降低。

第五十九条　县级以上人民政府应当建立学前教育资助制度，并逐步提高资助标准。

对孤儿、残疾儿童和符合规定条件的贫困家庭儿童免收保教费，所需经费纳入财政预算。

释 义

本条是关于建立学前教育资助制度和免收保教费的规定，共2款。

实施教育资助政策，有利于减轻农村和城市弱势群体的经济负担，有利于促进教育公平和社会公平，是健全公共财政服务体系的一项重要措施。2011年，山东省财政厅、山东省教育厅印发《关于实施学前教育资助政策的通知》（鲁财教〔2011〕96号），建立学前教育资助制度，按照“加大财政投入、经费合理分担、政策导向明确、多元混合资助、各方责任清晰”的原则，实施以财政投入为主，幼儿园、企事业单位、社会团体及个人积极参与的学前教育家庭经济困难儿童资助政策。从2011年秋季学期起，设立学前教育政府助学金，用于资助家庭经济困难的在园儿童。

1. 资助范围

对全省经县级及以上教育行政部门审批设立的普惠性幼儿园3—5岁在园家庭经济困难儿童、孤儿和残疾儿童予以资助。普惠性幼儿园包括公办幼儿园和普惠性民办幼儿园。

2. 资助标准

平均资助标准为每生每年1200元。具体分为3档，1档1000元，2档1200元，3档1400元。助学金主要用于幼儿在园期间的保教费及伙食费补助。

3. 资助比例

平均资助面为普惠性幼儿园3—5岁在园幼儿的10%，以后年度视情况逐步加大资助比例。对孤儿、残疾儿童、烈士子女、少数民族儿童、因病因灾造成家庭特别困难的儿童要优先予以资助，并向农村贫困地区给予倾斜。各地可结合当地学前教育发展实际，扩大资助比例，提高资助标准，加大资助力度。

4. 经费来源

学前教育资助实行属地管理，所需资金由省市财政按比例分担。各市、县（市、区）要严格按照省财政补助资金数额同比例落实地方应承担的资金，不能因在园幼儿人数减少，用上级补助资金抵顶本级应承担的资金。幼儿园要从事业收入中按3%—5%的比例提取资金，用于减免收费、提供特殊困难补助等。同时，进一步落实、完善鼓励捐资助学的优惠政策，积极引导和鼓励企业、社会团体及个人等捐资，帮助家庭经济困难儿童、孤儿和残疾儿童接受普惠性学前教育。

本条第二款强调了对孤儿、残疾儿童和符合规定条件的贫困家庭儿童免收保教费政策。我省实施残疾儿童少年从学前到高中阶段的15年免费教育。落实中等及以下学校残疾学生“三免一补”（免杂费、住宿费、书本费，补助生活费）和随园保教残疾儿童免除保教费、伙食费政策，所需经费纳入各级财政预算。孤儿和符合规定条件的贫困家庭儿童按照残疾儿童免收保教费政策执行。

第六十条　公办幼儿园收费标准实行政府定价或者政府指导价，非营利性民办幼儿园收费标准实行政府指导价，营利性民办幼儿园收费标准实行市场调节。

设区的市、县（市、区）人民政府应当根据当地经济发展状况、办园成本、幼儿园类别和群众承受能力等，制定公办幼儿园和非营利性民办幼儿园收费标准，并实行动态调整。

设区的市、县（市、区）人民政府市场监督管理等部门应当加强对幼儿园收费行为的监督检查，依法查处价格违法行为，抑制过高收费。

释 义

本条是关于各类幼儿园收费标准和对幼儿园收费行为实施监督的规定，共3款。

各级人民政府应当以提供普惠性服务为衡量标准，科学核定办园成本，健全学前教育成本分担机制，保障学前教育的公益性和普惠性。为指导各市科学制定幼儿园收费标准，加强收费管理，2019年12月，山东省发展和改革委员会、山东省财政厅、山东省教育厅联合颁布《关于印发山东省幼儿园收费管理办法的通知》（鲁发改成本〔2019〕1222号），对我省幼儿园收费提出具体要求。

1. 收费项目

幼儿园收费项目包括保育教育费（以下简称保教费）、住宿费、服务性收费和代收费。保教费是指幼儿园为在园儿童提供保育教育服务收取的费用。住宿费是指寄宿制幼儿园为在园住宿儿童提供住宿服务收取的费用。服务性收费是指幼儿园在完成正常的保育教育外，为在园儿童提供的由家长自愿选择的服务而收取的费用。服务性收费项目包括伙食费、校车服务费等。代收费是指幼儿园为方便儿童在园学习和生活，在家长自愿的前提下，为提供服务的单位代收代付的费用。代收费项目包括床上用品费、居民基本医疗保障费、儿童人身意外伤害保险等。

2. 收费标准

公办幼儿园、普惠性民办幼儿园和其它非营利性民办幼儿园的保教费、住宿费实行政府定价或政府指导价，服务性收费和代收费实行市场调节价。营利性民办幼儿园保教费、住宿费按经营服务性收费管理，实行市场调节价。其收费标准由幼儿园根据办园成本、办园质量和教育部门批准的幼儿园等级等情况合理确定。享受财政补助的普惠性民办幼儿园，应当在市、县（市、区）政府有关部门合同约定的最高标准内收取费用。实行政府定价或政府指导价管理的幼儿园收费项目，其收费标准由各市、县（市、区）人民政府制定。

3. 收费标准制定

我省对公办幼儿园、普惠性民办幼儿园以及其他非营利性民办幼儿园，实行保教费动态调整机制，原则上每3—5年核定一次保教费收费标准。公办幼儿园和普惠性民办幼儿园的保教费标准根据当地城乡经济发展水平、办园成本和群众承受能力等实际情况制定或调整。未纳入机构编制管理及其他自收自支的公办幼儿园，各地制定收费标准时可以适当上浮，但不得超过同类型普惠性民办幼儿园收费标准。其他非营利性民办幼儿园的保教费标准根据办园成本、办园水平、市场需求等因素制定或调整。幼儿园住宿费标准按实际成本确定。服务性收费应为方便儿童保育教育为目的，按照成本补偿和非营利原则收取。代收费项目按照实际支出情况收取。

4. 加强成本监审

各级发展改革部门应当加强对幼儿园保教费定价成本的调查或监审。公办幼儿园每3年进行一次定期调查或监审，非营利性民办幼儿园实行定调价成本调查或监审。对公办幼儿园的成本调查或监审报告应抄送同级财政、教育等部门。幼儿园应当建立健全会计核算制度，完整准确记录保教费、住宿费等成本和收入情况，如实提供相关资料，配合做好成本调查或监审工作。

5. 加强收费行为监管

加强对幼儿园收费的监管，是坚决制止乱收费行为的有效途径。2011年，《国家发展改革委 教育部 财政部关于印发〈幼儿园收费管理暂行办法〉的通知》（发改价格〔2011〕3207号）要求，规范幼儿园各种名目的收费。严禁幼儿园以任何名义向入园幼儿家长收取赞助费、捐资助学费、建校费、教育成本补偿费等与入园挂钩的费用，严禁以开办实验班、特色班、兴趣班、课后培训班和亲子班等特色教育为名向家长另行收取费用。市、县（市、区）人民政府市场监督管理等部门应当加强对幼儿园收费行为的监督检查，抑制过高收费，对存在价格违法行为的幼儿园应依法查处。价格监督检查机构依法对幼儿园违规收费行为予以查处。

幼儿园应当按照规定做好收费公示工作，通过门户网站、公示栏、明白纸等多种形式，向社会和儿童家长公开收费项目、收费标准等相关内容。收费项目、收费标准发生变化的，应及时更新公示内容。幼儿园招生简章应写明幼儿园性质、收费项目和收费标准等。在招生前没有按规定公示收费标准，或者没有明确收费标准调整变化的，对新招生儿童的收费不得超过上年度的收费标准。保教费、住宿费、伙食费按月、季度或学期收取。具体收取方式和退费办法由各市根据当地情况制定。服务性收费和代收费应即时发生，即时收取，分项列明，据实结算。营利性民办幼儿园实施收费，应与家长签订协议，明确保教费、住宿费等收费标准、收费方式、退费办法，以及双方的权利、责任、义务。调整保教费、住宿费标准的，应于秋季开学3个月前向社会公示。公办幼儿园收取的保教费、住宿费按照行政事业性收费管理。收费使用山东省财政厅统一监制的山东省财政票据，收费收入通过山东省非税收入征收和财政票据管理系统全额缴入财政，实行“收支两条线”管理。

第六十一条　县级以上人民政府应当采取购买服务、综合奖补、减免租金、派驻公办教师、教师培训、教研指导等方式，支持普惠性民办幼儿园发展。

释 义

本条是关于多种形式支持普惠性民办幼儿园发展的规定。

扩大普惠性学前教育资源，普惠性民办幼儿园是有益的补充。普惠性民办幼儿园是指接受县级以上人民政府财政支持，按照规定标准收费并向一定区域的居民提供普惠学前教育服务的非营利性幼儿园。面向大众、办园规范、收费合理、财政扶持、财务公开是其鲜明的特点。国家和省均提出，到2020年，普惠性幼儿园覆盖率（公办园和普惠性民办园在园幼儿占比）达到80%。我省在认真贯彻落实，加强对民办幼儿园扶持力度，引导民办幼儿园向社会提供普惠性服务上，推出了一系列政策措施，旨在提高民办幼儿园提供普惠性学前教育服务的积极性，加快推动民办幼儿园向普惠性幼儿园转型的步伐。在利好政策的引导下，越来越多的民办幼儿园转型为普惠性民办幼儿园，在很大程度上缓解了百姓“入民办园贵”的问题。

《中共中央 国务院关于学前教育深化改革规范发展的若干意见》（中发〔2018〕39号）明确要求，要进一步完善普惠性民办园认定标准、补助标准及扶持政策。通过购买服务、综合奖补、减免租金、派驻公办教师、培训教师、教研指导等方式，引导和支持民办幼儿园提供普惠性服务。地方各级人民政府可以对普惠性民办幼儿园的运行开支给予补贴，重点用于支付房屋租金、补充设施设备和玩教具、房屋维修改造等。支持普惠性民办园发展，并将提供普惠性学位数量和办园质量作为奖补和支持的重要依据。2012年，山东省教育厅、山东省财政厅、山东省物价局颁布《关于开展普惠性民办幼儿园认定工作的通知》（鲁教基字〔2012〕30号），规定了普惠性民办幼儿园认定条件、程序等，在全省范围内开展了普惠性民办幼儿园的认定工作。普惠性民办幼儿园的认定坚持自愿申请、政府评估的原则。所有愿意为社会大众提供普惠性服务的非营利性民办幼儿园，均可申请普惠性民办园认定。经县级教育行政部门评估认定后，执行国家和省有关收费政策，享受政府扶持政策。教育行政部门应当优先认定公办学位不足区域、保育教育质量较高且收费较低民办幼儿园，以利于形成区域间合理的普惠性学位结构。

我省还规定，对市、县（市、区）认定公布的办园行为规范、达到相关办园标准，且收费不高于同级公办园收费标准2倍的普惠性民办幼儿园，按公办园标准给予生均经费补助。到2020年，普惠性民办幼儿园生均公用经费补助标准要达到每生每年710元，并逐步提高，高于该标准的不能降低。对办学质量高、社会效益好、招收残疾儿童的普惠性民办幼儿园可适当提高补助标准。同时，在经费支持的基础上，建立协同发展机制，加大对普惠性民办幼儿园教师培训、教育教学指导等方面的支持，鼓励公办教师资源充足的地区派出公办教师到民办幼儿园任教、支教，加大教师培训力度、开展教研指导等，不断提高普惠性民办幼儿园办园水平。

第六十二条　民办幼儿园用水、用电、用气、用热等价格，应当与公办幼儿园执行统一标准。

幼儿园按照国家规定享受相关税收优惠政策。

城镇居住区配套幼儿园免缴物业管理费。

释义

本条是关于幼儿园相关优惠政策的规定，共3款。

学前教育实行政府主导、社会参与、公办民办并举的办学体制。积极扶持民办幼儿园，特别是鼓励民办幼儿园提供普惠性服务，既可以规范民办幼儿园发展，又可以满足家长不同选择性需求。

1. 民办幼儿园用水、用电、用气、用热等价格，与公办幼儿园执行统一标准

《国家发展改革委 教育部关于学校水电气价格有关问题的通知》（发改价格〔2007〕2463号）提出，对学校教学和学生生活用电、用水、用气价格分别按居民用电、用水、用气价格执行。用电、用水、用气价格执行居民类价格的学校，是指经国家有关部门批准，由政府及其有关部门、社会组织和公民个人举办的公办、民办学校，包括幼儿园（托儿所）；学校教学和学生生活用电、用水、用气，是指教室、图书馆、实验室、体育用房、校系行政用房等教学设施，以及学生食堂、澡堂、宿舍等学生生活设施使用的电、水和管道燃气（包括管道天然气、煤气以及空混气等）。

《山东省人民政府办公厅关于加快学前教育改革发展的意见》（鲁政办字〔2018〕71号）要求，民办幼儿园用电、用水、用气、用热，执行与公办幼儿园相同的价格政策。由此可见。无论公办幼儿园还是民办幼儿园，用电、用水、用气、用热都是执行居民类价格。

2. 幼儿园按照国家规定享受相关税收优惠政策

一是增值税。《财政部 国家税务总局关于全面推开营业税改征增值税试点的通知》（财税〔2016〕36号）提出，幼儿园提供的保育和教育服务免征增值税。公办幼儿园免征增值税的收入，是指在省级财政部门和价格主管部门审核报省级人民政府批准的收费标准以内收取的保教费。民办幼儿园免征增值税的收入，是指在报经当地有关部门备案并公示的收费标准范围内收取的保教费。

二是房产税。根据《财政部 国家税务总局关于教育税收政策的通知》（财税〔2004〕39号）的要求，对国家拨付事业经费和企业办的各类学校、托儿所、幼儿园自用的房产，免征房产税。不属于企业办的各类医院、托儿所、幼儿园，其自用的房产不在上述文件规定的免征房产税范围。但房产税属于地方税，地方有权决定减免。如《湖南省房产税施行细则》（湘政发〔2003〕14号）提出，企业、其他组织或个人举办学校、医院、敬老院、幼儿园、托儿所自用的房屋免征房产税。又如《河北省人民政府关于鼓励社会力量兴办教育促进民办教育健康发展的实施意见》（冀政发〔2017〕17号）提出，对营利性民办学校，其用于教育的房产免征房产税。

三是城镇土地使用税。《财政部 国家税务总局关于教育税收政策的通知》（财税〔2004〕39号）规定，对国家拨付事业经费和企业办的各类学校、托儿所、幼儿园自用的土地，免征城镇土地使用税。民办非企业类幼儿园不属于企业办的各类医院、托儿所、幼儿园，其自用的土地不在上述文件规定的免征城镇土地使用税范围。

四是耕地占用税。《中华人民共和国耕地占用税暂行条例》第八条规定，对学校、幼儿园经批准征用的耕地，免征耕地占用税。《中华人民共和国耕地占用税暂行条例实施细则》第十条规定，条例第八条规定免税的幼儿园，具体范围限于县级以上人民政府教育行政部门登记注册或者备案的幼儿园内专门用于幼儿保育、教育的场所。所以，不论营利性幼儿园还是非营利性幼儿园，对依法批准注册的幼儿园用于幼儿保育、教育场所的专门用地，应当免征耕地占用税。

五是契税。《财政部 国家税务总局关于社会力量办学契税政策问题的通知》（财税〔2001〕156号）规定，县以上人民政府教育行政主管部门或劳动行政主管部门批准并核发《社会力量办学许可证》，由企业事业组织、社会团体及其他社会组织和公民个人利用非国家财政性教育经费面向社会举办的教育机构，其承受的土地、房屋权属用于教学的，比照《中华人民共和国契税暂行条例》第六条第（一）款的规定，免征契税。

六是企业所得税。《中华人民共和国企业所得税法》规定，“在中华人民共和国境内，企业和其他取得收入的组织（以下统称企业）为企业所得税的纳税人，依照本法的规定缴纳企业所得税”。《国务院关于鼓励社会力量兴办教育促进民办教育健康发展的若干意见》（国发〔2016〕81号）规定，“非营利性民办学校与公办学校享有同等待遇，按照税法规定进行免税资格认定后，免征非营利性收入的企业所得税”。根据《中华人民共和国企业所得税法》第七条规定，收入总额中的下列收入为不征税收入：财政拨款、依法收取并纳入财政管理的行政事业性收费、政府性基金、国务院规定的其他不征税收入。由此可见，公办幼儿园收取的保教费属于行政事业性收费，属于不征税收入。《中华人民共和国民办教育促进法》第四十七条规定，“民办学校享受国家规定的税收优惠政策；其中，非营利性民办学校享受与公办学校同等的税收优惠政策。”因此，对非营利性民办幼儿园按照规定标准收取的保教费，也应当按照公办幼儿园作为企业的不征税收入。

3. 城镇居住区配套幼儿园免缴物业管理费

居住区配套幼儿园作为扩大普惠性学前教育资源的重要途径，是保障和改善民生的重要举措。城镇居住区配套幼儿园是保障适龄儿童就近接受学前教育的必要教育设施。规划好、建设好、管理好、使用好居住区配套幼儿园，不仅能满足儿童在家门口接受优质学前教育的愿望，更能有效缓解“入园难”“入园贵”等问题。《山东省城乡居住区配套幼儿园规划建设及管理使用的若干意见》（鲁教基发〔2016〕1号）第十六条提出，对配套幼儿园建设涉及的行政事业性收费、政府性基金和经营服务性收费，可以按照《关于减免中小学校舍建设有关收费的通知》精神，执行配套幼儿园免缴物业管理费。本条进一步强调了此规定，明确提出城镇居住区配套幼儿园免缴物业管理费。

第六十三条　县级以上人民政府教育行政部门应当加强对幼儿园保育教育质量的监督管理，会同有关部门对幼儿园办园水平进行分类认定，并实行动态监管。

释义

本条是关于加强幼儿园监督管理和实施分类认定的规定。

加强幼儿园保教质量监管，建立幼儿园保教质量评估体系，开展幼儿园办园水平认定，是我省引导学前教育规范有序发展的一项重要举措。通过办园水平的分类认定，能更有效指导幼儿园建立现代管理制度，深化幼儿园内部改革，充分调动教职工积极性，从实际出发、因地制宜实施科学保育教育。同时，通过打破评定等级终身制，实行动态管理，能够进一步增强幼儿园办园活力，促进幼儿园健康、协调发展。

1. 加强监督管理

《中共中央 国务院关于学前教育深化改革规范发展的若干意见》（中发〔2018〕39号）明确要求完善幼儿园过程监管。强化对幼儿园教职工资质和配备、收费行为、安全防护、卫生保健、保教质量、经费使用以及财务管理等方面的动态监管，完善年检制度。同时提出国家制定幼儿园保教质量评估指南，各省（自治区、直辖市）完善幼儿园质量评估标准，健全分级分类评估体系，将各类幼儿园全部纳入质量评估范畴，定期向社会公布评估结果。

2. 实行分类认定

为加强幼儿园规范管理，建立健全幼儿园分类评估体系，2018年，山东省教育厅、山东省发展和改革委员会、山东省财政厅联合颁布了《关于印发〈山东省幼儿园分类认定标准〉和〈山东省幼儿园分类认定评估细则〉的通知》（鲁教基发〔2018〕5号），指导各级教育行政部门开展幼儿园分类评估工作。凡本省行政区域内由各级政府、企事业单位、部队、社会团体、社区、村（居）委员会及公民个人举办的，招收3—6岁儿童并登记注册的幼儿园，都必须进行分类管理。

我省将幼儿园分为四类，即省级示范幼儿园、省级一类幼儿园、省级二类幼儿园、省级三类幼儿园。《山东省幼儿园分类认定标准》是各类幼儿园必须达到的底线标准，向社会和家长公布。《山东省幼儿园分类认定评估细则》是各级教育行政部门对幼儿园办园水平进行分类认定评估的依据。达不到三类标准的，限期整改，整改后仍然达不到标准的，坚决予以取缔。同时，我省规定，省级示范幼儿园由省级教育行政部门负责认定并公布，省级一类幼儿园由市级教育行政部门负责认定并公布，省级二类幼儿园、省级三类幼儿园由县级教育行政部门负责认定并公布。

第六十四条　县级以上人民政府教育行政部门应当加强对营利性民办幼儿园参与并购、加盟、连锁经营等行为的监督管理，规范办园行为。

释 义

本条是关于对营利性民办幼儿园监督管理的规定。

学前教育是重要的社会公益事业，唯有政府、社会、学校、个人共同努力，坚守教育责任、秉持教育情怀，办高质量、有温度的教育，才能满足人民群众对“幼有所育”的期盼，为国家和民族的未来夯实人才之基。近年来，人民群众对于学前教育资源的旺盛需求使得学前教育成为资本逐利的重要领域。资本运作追求更大规模、获取更高回报的行为，背离了学前教育的公益普惠属性，破坏了学前教育的健康生态。因此，学前教育必须在落实各级政府学前教育规划、投入、教师队伍建设、监管等方面的责任，鼓励引导规范社会力量以公益普惠为方向、以安全规范为底线，以保教质量为目标办好幼儿园，同时，还要划出红线，严格落实有关社会资本的规定，遏制部分民办幼儿园过度逐利的现象，促进学前教育健康发展。

《中共中央 国务院关于学前教育深化改革规范发展的若干意见》（中发〔2018〕39号）对规范发展民办幼儿园作出明确要求，“民办园要依法建立财务、会计和资产管理制度，按照国家有关规定设置会计账簿，收取的费用应主要用于幼儿保教活动、改善办园条件和保障教职工待遇，每年依规向当地教育、民政或市场监管部门提交经审计的财务报告。社会资本不得通过兼并收购、受托经营、加盟连锁、利用可变利益实体、协议控制等方式控制国有资产或集体资产举办的幼儿园、非营利性幼儿园；已违规的，由教育部门会同有关部门进行清理整治，清理整治完成前不得进行增资扩股。参与并购、加盟、连锁经营的营利性幼儿园，应将与相关利益企业签订的协议报县级以上教育部门备案并向社会公布；当地教育部门应对相关利益企业和幼儿园的资质、办园方向、课程资源、数量规模及管理能力等进行严格审核，实施加盟、连锁行为的营利性幼儿园原则上应取得省级示范园资质。幼儿园控制主体或品牌加盟主体变更，须经所在区县教育部门审批，举办者变更须按规定办理核准登记手续，按法定程序履行资产交割。所属幼儿园出现安全、经营、管理、质量、财务、资产等方面问题时，举办者、实际控制人、负责幼儿园经营的管理机构应承担相应责任。民办园一律不准单独或作为一部分资产打包上市。上市公司不得通过股票市场融资投资营利性幼儿园，不得通过发行股份或支付现金等方式购买营利性幼儿园资产”。

本条从维护社会公平、学前教育公益性的高度，对营利性民办幼儿园作出了规范性要求，对有效遏制当前一些资本吞噬普惠性资源、盲目扩张和过度逐利的乱象，对回归学前教育公益普惠属性，促进民办学前教育规范发展，鼓励和引导有情怀的人士脚踏实地办教育，用有温度的资金举办有良知的教育具有十分重要的现实意义。

第六十五条　任何单位和个人不得截留、挤占或者挪用学前教育经费，不得违法向幼儿园收取或者摊派费用，不得侵占、破坏幼儿园园舍和设备，不得在幼儿园周边区域设置有危险、有污染、有辐射和影响采光的建筑和设施，不得干扰幼儿园的正常工作秩序。

释 义

本条是关于保障学前教育经费专款专用及维护幼儿园合法权益的禁止性规定。

幼儿园的合法权益需要多方共同的维护，应为其正常办园提供安全保障，维护其正常的工作秩序，努力营造安全、文明、整洁、有秩序的校园及周边环境。

1. 保障学前教育经费专款专用

一是任何单位和个人不得截留、挤占或者挪用学前教育经费。学前教育经费必须按照《中华人民共和国预算法》《中华人民共和国预算法实施条例》的规定，严格落实专项使用，做好预算、监督和审计。任何单位和个人不得截留、挤占、挪用。《中华人民共和国教育法》第七十一条规定，“违反国家有关规定，不按照预算核拨教育经费的，由同级人民政府限期核拨；情节严重的，对直接负责的主管人员和其他直接责任人员，依法给予处分。违反国家财政制度、财务制度，挪用、克扣教育经费的，由上级机关责令限期归还被挪用、克扣的经费，并对直接负责的主管人员和其他直接责任人员，依法给予处分；构成犯罪的，依法追究刑事责任”。本条例第七十条对此也作出明确规定，截留、挤占或者挪用学前教育经费的，均应当依法追究法律责任。二是任何单位和个人不得违法向幼儿园收取或者摊派费用。所谓摊派，是指在法律、法规的规定之外，以任何方式要求幼儿园提供费用的行为。《中华人民共和国教育法》第七十四条规定，违反国家有关规定，向学校或者其他教育机构收取费用的，由政府责令退还所收费用；对直接负责的主管人员和其他直接责任人员，依法给予处分。

2. 任何单位和个人不得侵占、破坏幼儿园园舍和设备

《中华人民共和国教育法》第七十二条规定，侵占学校及其他教育机构的校舍、场地及其他财产的，依法承担民事责任。本条例对于上位法的这一要求进行了强调，并在法律责任一章中作出了衔接性规定。

3. 维护幼儿园安全和秩序

校园安全问题一直是社会普遍关注的问题。幼儿园是未成年人大量聚集的场所，一旦发生安全事故，就可能造成重大的损失。地方人民政府主要是县级人民政府作为学前教育的主体责任者，在幼儿园设置、建设时要保证幼儿园的围墙、校舍、场地、教学设施、教学用具、生活设施和饮用水源等办学条件符合国家安全质量标准。政府的有关组成部门要根据有关法律法规的规定，根据职责履行相应的管理义务。教育行政部门要全面掌握幼儿园安全工作状况，制定幼儿园安全考核目标，加强对幼儿园安全工作的检查指导、督导评估，督促幼儿园建立健全并落实安全管理制度，组织幼儿园安全工作的专项督导；要建立实行安全工作责任制和事故责任追究制，及时消除安全隐患，指导幼儿园有针对性地开展儿童安全教育，不断提高教育实效；要制定校园安全的应急预案，

指导、监督下级教育行政部门和幼儿园开展安全工作；要协调政府其他相关职能部门共同做好幼儿园安全管理工作，协助当地政府组织对幼儿园安全事故的救援和调查处理。

公安机关应当把学校周边地区作为重点治安巡逻区域，在治安情况复杂的幼儿园周边地区增设治安岗亭和报警点，及时发现和消除各类安全隐患，处置扰乱幼儿园秩序和侵儿童人身、财产安全的违法犯罪行为；同时，要检查幼儿园消防安全设施，指导、督促幼儿园做好消防工作，检查幼儿园校园治安状况，指导幼儿园做好校园保卫工作，协助幼儿园处理校园突发事件。

卫生健康部门应当按照国家和省有关卫生防疫法律法规的规定，收集、分析幼儿园卫生安全信息；检查、指导幼儿园卫生防疫和卫生保健工作，落实疾病预防控制措施；监督、检查幼儿园食堂、饮用水的卫生状况。

住房城乡建设部门要加强对幼儿园选址安全的监管。国家住房和城乡建设部《幼儿园建设标准》（建标175-2016）和《山东省幼儿园办园条件标准》（鲁教基发〔2018〕4号）都对幼儿园选址安全提出具体要求。住房城乡建设部门还要对幼儿园建筑、煤气管道、煤气用具等设施设备安全状况加强日常监管；组织、指导校舍检查鉴定工作；加强对幼儿园工程建设各环节的监督管理，保证校舍、楼梯护栏及其他教学、生活设施符合工程建设强制性标准；督促幼儿园定期检验、维修和更新幼儿园有关设施设备。

此外，质量监督检验检疫部门要定期检查幼儿园特种设备及相关设施的安全状况；文化、新闻出版、市场监管等部门应当对幼儿园周边的有关经营服务场所加强管理和监督，依法查处违法经营者，维护有利于儿童成长的良好环境。公安、卫生健康、住房城乡建设、交通等部门还应当定期向教育行政部门和幼儿园通报与之相关的社会治安、疾病预防、交通安全等情况，提出具体预防要求。

除上述规定外，在《中华人民共和国预防未成年人犯罪法》《中华人民共和国未成年人保护法》等法律法规中还有相关的规定。依据这些规定，文化部门应当依法禁止在幼儿园周围200米范围内设立互联网上网服务营业场所，并依法查处接纳未成年人进入的互联网上网服务营业场所；市场监管部门依法查处取缔擅自设立的互联网上网服务营业场所；新闻出版、公安、市场监管等部门应当依法取缔幼儿园周边兜售非法出版物的游商和无证照摊点，查处幼儿园周边制售含有淫秽色情、凶杀暴力等出版物的单位和个人。按照《中华人民共和国道路交通安全法》的规定，公安、住房城乡建设和交通部门有义务在幼儿园门前道路设置规范的交通警示标志，施划人行横线，根据需要设置交通信号灯、减速带、过街天桥等设施。在地处交通复杂路段的幼儿园上下学时间，公安机关应当根据需要部署警力或者交通协管人员维护道路交通秩序，等等。

根据本条例的规定，对于在幼儿园周边区域设置有危险、有污染、有辐射和影响采光的建筑和设施，以及其他干扰幼儿园正常工作秩序的行为，除了根据法律、行政法规的规定，由有关部门追究其行为人的法律责任外，对于有关部门和幼儿园失职、渎职行为的还要按照《山东省学校安全条例》的有关规定追究相关单位和责任人的行政责任。

第六十六条　发生儿童安全等事故，儿童父母或者其他监护人以及其他有关人员应当配合事故处置和调查处理，并不得有下列行为：

（一）侮辱、威胁、恐吓、故意伤害儿童、教师与其他工作人员、事故调查处理人员，或者限制其人身自由；

（二）围堵幼儿园，扰乱正常保育教育秩序；

（三）侵占、损毁幼儿园设施、设备；

（四）携带危险物品和管制刀具、器械进入幼儿园；

（五）制造、散布谣言；

（六）其他违法行为。

发生前款行为，幼儿园应当立即向所在地公安机关报案；涉嫌违法犯罪的，公安机关应当依法及时采取措施予以处置，维护幼儿园秩序。

释义

本条是关于处置由幼儿园安全事故引发的聚众闹事违法行为，依法维护幼儿园合法权益的规定。

近年来，由幼儿园安全事故引发的在幼儿园聚众闹事等问题不断升温，侮辱、威胁、恐吓、故意伤害儿童、教师以及其他工作人员、事故调查处理人员或者限制其人身自由，围堵幼儿园扰乱正常保育教育秩序，侵占、损毁幼儿园设施、设备，携带危险物品和管制刀具、器械进入幼儿园，制造、散布谣言，或者其他违法行为等，严重影响了幼儿园正常的保育教育和管理秩序，恶化了儿童在园的学习和生活环境。

针对上述行为，《中华人民共和国教育法》第七十二条规定，结伙斗殴，寻衅滋事，扰乱学校及其他教育机构教育教学秩序或者破坏校舍、场地及其他财产的，由公安机关给予治安管理处罚；构成犯罪的，依法追究刑事责任。《国务院办公厅关于加强中小学幼儿园安全风险防控体系建设的意见》（国办发〔2017〕35号）第十八条规定，健全学校安全事故责任追究和处理制度。对围堵校园、殴打侮辱教师、干扰学校正常教育教学秩序等行为，公安机关要及时坚决予以制止。2018年，我省颁布了《山东省学校安全条例》，对解决家校纠纷或聚众闹事现象做了具体规定。一是明确纠纷解决方式。因学校安全事故引起的民事纠纷，学校主管部门应当引导当事人通过协商、调解方式解决；当事人也可以通过诉讼方式解决。二是建立纠纷解决机制。县级以上人民政府司法行政部门、学校主管部门应当会同其他有关部门设立学校安全事故人民调解委员会，依法调解学校安全事故民事赔偿纠纷。乡镇人民政府、街道办事处应当建立学校安全事故调解工作机制，支持、帮助学校处理学校安全事故纠纷。三是禁止干扰事故调查处理。发生学校安全事故，学生家长、学生以及其他人员不得侮辱、威胁、恐吓、故意伤害学生、教师以及其他工作人员、事故调查处理人员或者限制其人身自由；围堵学校扰乱学校教育教学秩序；侵占、损毁学校设施、设备；携带危险物品和管制刀具进入学校；制造、散布谣言等干扰事故调查和处理的违法行为。四是明确处置方式。涉嫌违法犯罪的，学校应当立即向所在地公安机关报案；公安机关应当依法及时采取措施，予以处置，维护教育教学秩序。五是规范媒体报道。新闻媒体报道学校安全事故，应当遵守有关法律、法规、规章的规定，恪守职业道德，做到真实、客观、公正。发生学校安全事故，出现影响或者可能影响社会稳定、扰乱社会秩序的虚假或者不完整信息的，县级以上人民政府及其有关部门应当及时采取措施予以澄清。六是明确法律责任。学生家长、学生以及其他人员干扰事故处置和调查处理，构成违反治安管理行为的，由公安机关依法给予处罚；构成犯罪的，依法追究刑事责任；造成人身伤害或者财产损失的，依法承担赔偿责任。

因此，本条对儿童父母或者其他监护人以及其他有关人员在安全事故处置和调查处理过程中的六种不当行为作出了禁止性规定。幼儿园发生安全事故后，儿童父母或者其他监护人以及其他有关人员要按照相关法律法规，配合幼儿园和有关部门做好调查处理工作，并协商解决。对于发生干扰事故处置和调查处理的行为，幼儿园应当依据相关法律法规和本条例规定，立即向所在地公安机关报案，涉嫌违法犯罪的，公安机关应当依法及时采取措施予以处置，维护幼儿园秩序。

第六十七条　幼儿园所在社区和图书馆、博物馆、科技馆、体育场馆、美术馆等公共文化体育场所，应当为幼儿园提供相关图书、展品、设施等教育资源，为幼儿园开展保育教育提供便利。

广播、电视、报刊、网络等媒体应当积极普及正确的学前教育理念，引导公众理解和支持学前教育。

释 义

本条是关于社会和媒体支持学前教育发展的规定，共2款。

教育是一项复杂的系统工程，需要学校、家庭和社会多方参与协调行动，任何一方的缺失都将影响受教育者的健康成长和教育事业的健康发展。

1. 社区教育资源应该为幼儿园提供便利

随着教育改革的不断推进和素质教育的全面实施，社区教育在教育中的地位越来越重要。《中华人民共和国教育法》第五十一条规定，“图书馆、博物馆、科技馆、文化馆、美术馆、体育馆（场）等社会公共文化体育设施，以及历史文化古迹和革命纪念馆（地），应当对教师、学生实行优待，为受教育者接受教育提供便利。广播、电视台（站）应当开设教育节目，促进受教育者思想品德、文化和科学技术素质的提高”。

社区作为开放的课堂，其教育资源面向广大少年儿童。充分挖掘社区各部门、各组织的教育功能，将各种教育形式有机整合，协调发展，实现资源共享，发挥教育的整体功能，满足少年儿童的学习愿望。相对于学校教育来说，社区教育对少年儿童更具接纳度，是一个人人共享、人人能施展才华的平台。资源的充分整合，将形成各个群体和各个单位广泛参与的大教育格局，有助于缓解教育不均衡现状。

社区教育资源的内容十分丰富，主要包括以下几个方面：一是物质资源。包括少年儿童在社区开展各类活动所需要的图书馆、博物馆、科技馆、体育场馆、美术馆等在内公共文化体育场所。这是少年儿童校外教育最基础的资源。二是人力资源。包括能对少年儿童进行帮教和感化的社区群体。如由老干部、老战士、老专家、老教师、老劳模等组成的“五老”队伍，发挥各自的优势建立信息组、辅导组、谈心组、维权组，在社区教育中发挥积极作用。三是组织资源。既包括能够组织青少年有计划地开展校外教育，如教育行政部门，区内社区学院，乡镇、街道社区学校，各居民小区社区教育教学点，也包括能发挥组织职能，直接参与青少年校外教育，为教育活动的开展提供优质外部环境，如区域内共建单位。四是人文资源。包括小区内的文化风貌、生活习俗，这些都能对小区群体产生潜移默化的作用；也包括散落于特定区域内的社会名人，可以发挥名人的专业特长和社会效应在社区中的作用，邀请社区内外知名人士为儿童作辅导，参与社会文化、教育和学习活动，在名人的感召下能够激发社区成员的学习兴趣和热情。（引用阮望舒《整合公共资源推进青少年校外教育》，《现代教育科学（普教研究）》2010年第02期）

各级教育行政部门和文化、体育、科技、妇联等有关部门切实发挥职能，积极引导广大家庭和社会主动配合幼儿园教育，形成家庭、社会与幼儿园携手育人的强大合力，促进儿童全面健康的发展。幼儿园要进一步完善与家庭、社会相结合的教育网络，构建幼儿园与社会有效衔接的德育课程体系，充分利用社区、公共文化体育场所的教育资源，通过组织儿童参观图书馆、博物馆、纪念馆、美术馆、文化馆等公共文化体育场所，参加社区开展的力所能及的劳动、志愿服务等活动，使儿童对中华优秀传统文化，先模人物事迹、祖国家乡的发展变化产生认同与自豪感，为培养德智体美劳全面发展的社会主义建设者和接班人打下坚实的基础。

2. 新闻媒体要坚持正确的舆论导向

广播、电视、报刊、网络等媒体以其传播快、覆盖广、影响大等特点，在新闻宣传和舆论引导方面日益发挥重要作用。本条第二款强调了媒体对推进学前教育健康发展的重要作用，要求媒体应坚持正确舆论导向，形成全社会关心支持学前教育发展的舆论氛围。特别是党的十八大以来，新闻舆论工作牢牢把握正确方向，唱响了主旋律、传播了正能量，为宣传党和国家教育方针政策、事业发展提供了有力舆论支持。2012年以来，教育部将每年5月20日至6月20日定为“全国学前教育宣传月”，通过各种媒体广泛宣传和普及学前教育政策和科学保教理念，取得显著效果。新闻媒体应坚持正确的舆论导向，建立热点引导机制，对人们关心的教育热点问题，及时深入做好解读阐释，引导人们增强信心、形成合理预期。对各类热点问题和重大突发事件，做到快速反应、有效引导、精准调控，防止演变为舆论风暴。各级教育行政部门和幼儿园要主动与媒体对接，宣传学前教育的方针政策及重大举措，宣传学前教育的发展成就，展示学前教育的良好形象，引导公众理解和支持学前教育。

第六十八条　县级以上人民政府应当依法对本级人民政府有关部门、下级人民政府及有关部门履行学前教育发展职责进行督导，并将结果向社会公布。

释　义

本条是关于对各级政府履行学前教育职责进行督导的规定。

从1977年恢复重建教育督导制度以来，我国教育督导工作已经走过了43年的发展历程，教育督导制度伴随着国家的改革开放和教育的改革发展逐步完善。1995年，《中华人民共和国教育法》将教育督导制度列为国家基本教育制度。此外，《中华人民共和国义务教育法》《中华人民共和国职业教育法》《中华人民共和国民办教育促进法》等一系列法律法规中，都规定了教育督导的职能作用。2012年9月，国务院正式颁布

《教育督导条例》，这是我国首部教育督导法规，标志着教育督导走上法制化的轨道，必将推动教育发展方式和管理模式发生深刻变化。

《教育督导条例》规定，教育督导包括以下内容：县级以上人民政府对下级人民政府落实教育法律、法规、规章和国家教育方针、政策的督导；县级以上地方人民政府对本行政区域内的学校和其他教育机构教育教学工作的督导。

地方政府是发展学前教育的责任主体，应当建立健全教育评价制度、督导整改情况通报制度和督导问责制度，并及时将督导结果向社会公布。为推动各级人民政府切实履行教育工作相关职责，提高教育质量，促进教育公平，提升教育服务经济社会发展能力，2017年，《国务院办公厅关于印发对省级人民政府履行教育职责的评价办法的通知》（国办发〔2017〕49号）明确要求，“省级人民政府应依据本办法，结合本行政区域实际制定具体实施方案，开展对本行政区域内各级政府履行教育职责的评价工作”。2018年，山东省政府办公厅印发了《对市级人民政府履行教育职责开展评价工作的实施方案》（鲁政办发〔2018〕29号），实施方案包括指导思想、基本原则、评价内容、组织实施和评价结果与运用等内容。

《中共中央 国务院关于学前教育深化改革规范发展的若干意见》（中发〔2018〕39号）也明确要求建立督导问责机制，将学前教育普及普惠目标和相关政策措施落实情况作为对省级政府履行教育职责督导评估的重要内容，作为地方各级党委和政府督查工作的重点任务，纳入督导评估和目标考核体系。国务院教育督导委员会制定普及学前教育督导评估办法，以县为单位对普及学前教育情况进行评估，省级为主推动实施，国家审核认定。省一级建立专项督查机制，加强对普惠性资源配置、教师队伍建设、经费投入与成本分担机制等政府责任落实情况的督导检查，并将结果向社会公示。对发展学前教育成绩突出的地区予以表彰奖励，对履行职责不力、没有如期完成发展目标地区的责任人予以问责。

2020年4月，省政府督导室根据《教育部关于印发县域学前教育普及普惠督导评估办法的通知》（教督〔2012〕1号）基础上，制定出台了《县域学前教育普及普惠督导评估实施方案》，对学前教育普及普惠督导评估进行了详细规定：一、督导评估对象。各县（市、区）人民政府（含经国家和省批准设立、设区市管辖、财政独立且具有教育管理职能的开发区、高新区、景区等功能区，以下简称县）。二、督导评估内容。主要包括普及普惠水平、政府保障情况、幼儿园保教质量保障情况三个方面。三、评估认定程序。包括县级自评、市级评估、省级评估、国家认定。四、评估结果运用。（一）国家每年向社会公布当年度学前教育普及普惠县名单，并授予“国家学前教育普及普惠县”称号。省每年通报学前教育普及普惠县名单及市占比，对如期完成学前教育普及普惠规划的市和国家认定县在省内主流媒体上进行宣传，遴选部分典型经验报国家宣传推广。（二）将学前教育普及普惠情况纳入对市级人民政府履行教育职责评价的重要内容，督导评估结果作为对县级人民政府及其主要负责人履行教育职责评价和教育发展水平综合评估的重要依据。（三）对履行学前教育普及普惠工作职责不力、未如期完成规划目标的市和县，采取约谈有关负责人、通报批评等方式予以问责。（四）建立普及学前教育监测和复查机制，对国家认定的学前教育普及普惠县情况进行动态监测，对学前教育普及普惠水平下降、保障程度降低、幼儿园保教质量下滑的县，将提请国务院教育督导机构取消“学前教育普及普惠县”称号并以适当方式通报。

第七章　法律责任

【本章提要】

本章是关于违反本条例应当承担的法律责任的规定。法律责任是行为人对自己的违法行为所应当承担的带有强制性的否定性的后果。本章共7条，对违反学前教育管理制度的行为规定了相应的法律责任。主要是围绕法律责任认定和处置的规定，各种违法行为所涉及的主体，包括政府、部门及相关人员责任、建设单位责任、举办者责任、幼儿园责任、教师与其他工作人员责任等。违法行为所应当承担的法律责任，包括行政处分、行政处罚等行政责任。

第六十九条　对违反本条例规定的行为，法律、行政法规已经规定法律责任的，适用其规定。

释　义

本条是关于法律责任转致适用的规定。

本条例涉及各级人民政府、教育行政部门和其他有关部门及其工作人员、建设单位、个人、幼儿园、幼儿园教师和其他工作人员等多方主体的行为和规范。本条例对学前教育活动中可能出现的具有特殊性的违法行为及具体法律责任作出了比较详细的规定。但是，有些违法行为不仅在学前教育活动中存在，在其他形式的活动中也会存在。对这些违法行为，其他相关法律、行政法规已有对应法律责任规定的，本条例未作重复，而是作了转致适用的规定。

第七十条　违反本条例规定，各级人民政府、教育行政部门和其他有关部门及其工作人员有下列情形之一的，由有关主管机关责令改正，通报批评，对直接负责的主管人员和其他直接责任人员依法给予处分；构成犯罪的，依法追究刑事责任：

（一）未按照规定制定、调整和组织实施幼儿园布局规划的；

（二）对配套幼儿园不符合规划要求的城镇居住区建设项目办理规划许可手续的；

（三）未按照法定条件和程序核发民办幼儿园办学许可证的；

（四）擅自改变城镇居住区配套幼儿园的性质和用途的；

（五）未按照规定制定并落实公办幼儿园生均公用经费财政拨款标准和普惠性民办幼儿园生均补助标准的；

（六）未按照规定足额拨付残疾儿童生均公用经费的；

（七）截留、挤占或者挪用学前教育经费的；

（八）其他滥用职权、玩忽职守、徇私舞弊的情形。

释　义

本条是关于各级人民政府、教育行政部门和其他有关部门及其工作人员对八种违法情形应当承担的法律责任的规定。

依照本条规定，需要承担法律责任的主体是各级人民政府、教育行政部门和其他有关部门及其工作人员。

1. 需要承担法律责任的行为

一是未按照规定制定、调整和组织实施幼儿园布局规划的行为。本条例第九条、第二十一条、第二十三条第一款对幼儿园布局规划作了具体规定，明确了设区的市、县（市）人民政府教育行政部门以及自然资源部门等责任主体在制定、调整和组织实施幼儿园布局规划的职责。

违反本条例第九条规定的责任主体为设区的市、县（市）人民政府教育行政部门以及自然资源等部门及其工作人员。具体违法行为如下：未根据本行政区域国土空间规划、适龄儿童分布以及变动等情况，制定、调整幼儿园布局规划，明确幼儿园的总体布局、用地规模，纳入公共服务设施专项规划，征求社会公众意见后，未报本级人民政府批准实施。控制性详细规划、乡规划、村庄规划未落实幼儿园布局规划的有关内容。

违反本条例第二十一条规定的责任主体为县级以上人民政府及其工作人员。具体违法行为如下：因公共利益需要征收幼儿园土地、房屋的，县级以上人民政府未按照幼儿园布局规划和调整方案予以重建。

违反本条例第二十三条第一款规定的责任主体为幼儿园设立过程中的主管部门及其工作人员。具体违法行为如下：设立幼儿园不符合幼儿园布局规划和学前教育发展需要。未按照规定制定、调整和组织实施幼儿园布局规划，将严重影响学前教育资源配置和健康发展，应当依法追究法律责任。

二是为配套幼儿园不符合规划要求的城镇居住区建设项目办理规划许可手续的行为。本条例第十条第三款明确了县级以上人民政府自然资源主管部门在应当配套幼儿园规划的城镇居住区建设项目中的监管职责。违反本条例第十条第三款规定的责任主体为县级以上人民政府自然资源主管部门及其工作人员。配套幼儿园不符合规划要求，将直接导致“入园难”问题，严重影响学前教育的实施，应当依法追究法律责任。

三是未按照法定条件和程序核发民办幼儿园办学许可证的行为。本条例第二十三条规定了设立幼儿园应当具备的法定条件，第二十五条第一款和第二款规定了设立民办幼儿园的申请及审批程序。违反本条例第二十三条和第二十五条第一款、第二款规定的责任主体为幼儿园设立过程中的行政审批机关及其工作人员。未按照法定条件和程序核发民办幼儿园办学许可证，将导致无证幼儿园的存在，严重影响学前教育的质量，应当依法追究法律责任。

四是擅自改变城镇居住区配套幼儿园的性质和用途的行为。本条例第十六条第二款规定：任何单位和个人不得擅自改变城镇居住区配套幼儿园的性质和用途。违反本条例第十六条第二款规定的责任主体为任何单位和个人。违法行为如下：擅自改变城镇居住区配套幼儿园的性质和用途，具体表现为将城镇居住区配套幼儿园挪作他用或者将配套幼儿园的性质从普惠性幼儿园改为营利性幼儿园等。擅自改变城镇居住区配套幼儿园的性质和用途，直接造成普惠性学前教育资源流失，扰乱学前教育发展秩序，应当依法追究法律责任。

五是未按照规定制定并落实公办幼儿园生均公用经费财政拨款标准和普惠性民办幼儿园生均补助标准的行为。本条例第五十八条第一款规定：县级以上人民政府财政、教育行政部门应当根据经济和社会发展状况，制定、落实公办幼儿园生均公用经费财政拨款标准和普惠性民办幼儿园生均补助标准，并逐步提高。违反本条例第五十八条第一款规定行为的责任主体为县级以上人民政府财政、教育行政部门及其工作人员。对于未按照规定制定并落实公办幼儿园生均公用经费财政拨款标准和普惠性民办幼儿园生均补助标准的行为，将导致学前教育投入不足，严重影响学前教育健康发展，应当依法追究法律责任。

六是未按照规定足额拨付残疾儿童生均公用经费的行为。本条例第五十八条第二款规定：残疾儿童生均公用经费应当按照特殊教育学校生均公用经费标准列入财政预算，并足额拨付。违反本条例第五十八条第二款规定行为的责任主体为县级以上人民政府财政部门及其工作人员。未按照规定足额拨付残疾儿童生均公用经费的行为，将影响随园保教工作的开展，损害残疾儿童公平接受学前教育的权利，应当依法追究法律责任。

七是截留、挤占或者挪用学前教育经费的行为。截留学前教育经费的行为是指，行为人明知该项经费为学前教育经费，仍私自扣留；挤占学前教育经费的行为是指，行为人将非学前教育用途的费用计入学前教育经费；挪用学前教育经费的行为是指，行为人将学前教育经费挪作他用。以上行为损害了我国财政金融管理制度，违反了我国《财政违法行为处罚处分条例》的有关规定。本条例第六十五条规定：任何单位和个人不得截留、挤占或者挪用学前教育经费，不得违法向幼儿园收取或者摊派费用。违反本条例第六十五条规定行为的责任主体为县级以上人民政府财政部门、教育行政部门、幼儿园等负责学前教育经费执行的工作人员。对于任何截留、挤占或者挪用学前教育经费，妨碍学前教育发展的行为，均应当依法追究法律责任。

八是其他滥用职权、玩忽职守、徇私舞弊的情形。滥用职权，是指不法行使职务上的权限的行为，即就形式上属于国家机关工作人员一般职务权限的事项，以不当目的或者以不法方法，实施违反职务行为宗旨的活动。首先，滥用职权应是滥用国家机关工作人员的一般职务权限，如果行为人实施的行为与其一般的职务权限没有任何关系，则不属于滥用职权。玩忽职守，是指国家机关工作人员不认真履行职责义务的行为，即对于自己应当履行的，而且也有条件履行的职责，不尽自己应尽的职责义务。有的擅离职守，撒手不管；有的虽然未离职守，但却不尽职责，该管不管，该作不作，听之任之等。徇私舞弊，是指国家机关工作人员为了私人关系（或自身利益）而使用欺骗（他人）的方法做违法乱纪的事。本项违法行为责任主体为各级人民政府、教育行政部门和其他有关部门及其工作人员，直接负责的主管人员和其他直接责任人员。任何滥用职权、玩忽职守、徇私舞弊的情形，都会破坏学前教育健康发展的环境，应当依法追究法律责任。

2. 应当承担的法律责任

审批机关和有关部门都有上级领导机关，对于行政机关较轻的违法行为，上级行政机关责令下级机关改正以及通报批评。行政责任的一种形式是行政处分，也可以称为对内行政处罚。行政处分是国家机关对违法失职的主管人员和其他直接责任人员给予的惩处措施。根据《中华人民共和国公务员法》第五十六条规定，行政处分共有6种，即警告、记过、记大过、降级、撤职和开除。

第七十一条　违反本条例规定，建设单位未按照规定建设配套幼儿园将城镇居住区建设项目交付使用的，或者未按照规定将配套幼儿园园舍、场地、附属配套设施全部无偿移交所在地县（市、区）人民政府教育行政部门的，由县级以上人民政府住房城乡建设部门责令限期改正；逾期不改正的，处配套幼儿园建设工程造价二倍以上五倍以下罚款。

释 义

本条是关于建设单位违反本条例规定的行为应当承担法律责任的规定。

1. 违法主体及对违法行为负有监管责任的主体

幼儿园建设单位是本条规定适用的违法主体，而县级以上人民政府住房城乡建设部门是负责对前述违法主体的行为进行监督并进行相应处罚的主体。本条例第十五条规定：新建的城镇居住区配套幼儿园，房地产开发项目建设条件意见书确定幼儿园权属归所在地县（市、区）人民政府的，建设单位应当按照约定的移交方式，自竣工验收合格之日起三个月内将园舍、场地、附属配套设施以及相关资料等全部无偿移交所在地县（市、区）人民政府教育行政部门。

2. 对违反本条规定的行为应当承担的法律责任

根据本条规定，建设单位承担的法律责任属于行政责任中的行政处罚，这是行政机关对其外部的管理对象，即相对人所发生的违法行为给予的处罚。行政处罚的种类，根据《中华人民共和国行政处罚法》的规定包括：警告；罚款；没收违法所得、没收违法财物；责令停产停业；暂扣或者吊销许可证、暂扣或者吊销执照；行政拘留。建设单位未按照规定建设配套幼儿园将城镇居住区建设项目交付使用的，或者未按照规定将配套幼儿园园舍、场地、附属配套设施全部无偿移交所在地县（市、区）人民政府教育行政部门的行为，将造成普惠性学前教育资源的流失，影响学前教育的实施。为进一步规范居住区配套幼儿园建设，确保配套幼儿园与居住区同步交付使用，保障业主子女接受普惠优质学前教育的权利，本条例加大了对建设单位的处罚力度，明确规定：“逾期不改正的，处配套幼儿园建设工程造价二倍以上五倍以下罚款。”

第七十二条　违反本条例规定，擅自举办民办幼儿园的，由所在地县级以上人民政府有关部门责令停止办园、退还所收费用，并对举办者处违法所得一倍以上五倍以下罚款；构成违反治安管理行为的，由公安机关依法予以处罚；构成犯罪的，依法追究刑事责任。

释义

本条是关于违反本条例规定擅自举办民办幼儿园的行为应当承担法律责任的规定。

1. 违法主体及对违法行为负有监管责任的主体

本条是针对无证幼儿园作出的处罚规定。无证幼儿园的存在，破坏了学前教育发展的生态环境，且大多存在选址布点不合规、设备设施较简陋、安全管理制度缺失、卫生保健无资质、教职人员配备不到位等问题，无法保障儿童的健康成长。本条对擅自举办民办幼儿园的行为作出明确处罚。

任何未经法定审批程序举办民办幼儿园的单位和个人是本条规定适用的违法主体，幼儿园所在地县级以上人民政府有关部门是负责对前述违法主体的行为进行监督并进行相应处罚的主体。本条例第三章对幼儿园设立与管理作出了详细的规定，其中第二十三条规定了幼儿园设立的条件，第二十五条规定了民办幼儿园申请审批程序和审批期限。

2. 对违反本条规定的行为应当承担的法律责任

违反本条规定，需要承担的法律责任形式有行政处罚、治安管理处罚和刑事处罚。行政处罚，由所在地县级以上人民政府有关部门责令停止办园、退还所收费用，并对举办者处违法所得一倍以上五倍以下罚款；治安管理处罚，构成违反治安管理行为的，由公安机关依法予以处罚；刑事处罚，构成犯罪的，依法追究刑事责任。擅自举办民办幼儿园的行为，扰乱了学前教育的发展秩序；构成违反治安管理行为的，扰乱了治安秩序，均应依法追究法律责任。

第七十三条　违反本条例规定，未经批准停办公办幼儿园或者将公办幼儿园转为民办幼儿园的，由县级以上人民政府教育行政部门给予警告，责令限期改正，通报批评，对直接负责的主管人员和其他直接责任人员依法给予处分。

释 义

本条是关于违反本条例规定未经批准停办公办幼儿园或者将公办幼儿园转为民办幼儿园的行为应当承担法律责任的规定。

本条例第二十四条第二款规定，未经县级以上人民政府教育行政部门和机构编制主管部门批准，不得停办公办幼儿园；第二十四条第三款规定，未经省人民政府教育行政部门批准，任何单位和个人不得将公办幼儿园转为民办幼儿园。本条涉及的责任主体为公办幼儿园及其直接负责的主管人员和其他直接责任人员。违法主体承担的法律责任为行政责任，具体分为行政处罚和行政处分。对公办幼儿园实施行政处罚，对直接负责的主管人员和其他直接责任人员实施行政处分。未经批准停办公办幼儿园或者将公办幼儿园转为民办幼儿园的行为，直接造成公办学前教育资源流失，应当依法追究法律责任。

第七十四条　违反本条例规定，幼儿园有下列行为之一的，由县级以上人民政府教育行政部门给予警告，责令限期改正，通报批评，处五千元以上三万元以下罚款；有违法所得的，没收违法所得：

（一）组织儿童参加商业活动和无安全保障的活动的；

（二）歧视或者拒绝接收具有接受普通教育能力的残疾儿童入园的；

（三）在儿童入园前违反规定对儿童进行考试或者测查的；

（四）使用小学化教育方式、教授小学教育内容、布置小学教育内容的作业或者组织与小学教育内容有关的考试、测验的；

（五）使用或者要求家长购买幼儿教材和教辅资料，向家长推销或者变相推销玩具、教具、图书的；

（六）使用包含色情、暴力、网络游戏以及违背保育教育规律等内容的应用软件以及其他相关物品的；

（七）允许商业广告、商业活动进入幼儿园的。

公办幼儿园有前款规定行为的，对直接负责的主管人员和其他直接责任人员依法给予处分。

释 义

本条是关于幼儿园违反本条例规定的行为应当承担法律责任的规定，共2款。

1. 需要承担法律责任的行为

本条明确规定了幼儿园应当承担法律责任的八项违法行为。

一是组织儿童参加商业活动和无安全保障的活动的行为。本条例第二条第二款规定：本条例所称学前教育，是指幼儿园等学前教育机构对三周岁以上学龄前儿童实施的保育与教育。幼儿园中的儿童属于我国民法意义上的无民事行为能力人，不具备辨别是非和自我保护的能力，因此幼儿园应当尽到保护儿童人身权益的义务。组织儿童参加商业活动和无安全保障的活动的行为，将直接影响儿童的身心安全，应当依法追究法律责任。

二是歧视或者拒绝接收具有接受普通教育能力的残疾儿童入园的行为。本条例第三十六条规定：幼儿园不得歧视或者拒绝接收具有接受普通教育能力的残疾儿童入园。对于歧视或者拒绝接收具有接受普通教育能力的残疾儿童入园的幼儿园，应当依法追究法律责任。

三是在儿童入园前违反规定对儿童进行考试或者测查的行为。本条例第三十七条规定：儿童入园前应当按照国家卫生保健规定进行健康检查，合格者方可入园。除健康检查外，幼儿园不得对儿童进行任何形式的考试或者测查。在儿童入园前违反规定对儿童进行考试或者测查的幼儿园，应当依法追究法律责任。

四是使用小学化教育方式、教授小学教育内容、布置小学教育内容的作业或者组织与小学教育内容有关的考试、测验的行为。本条例第四十一条第一款规定：幼儿园不得使用小学化教育方式、教授小学教育内容、布置小学教育内容的作业或者组织与小学教育内容有关的考试、测验。对于违背儿童成长规律，存在严重“小学化”倾向的幼儿园，应当依法追究法律责任。

五是使用或者要求家长购买幼儿教材和教辅资料，向家长推销或者变相推销玩具、教具、图书的行为。本条例第四十一条第二款规定：幼儿园不得使用或者要求家长购买幼儿教材和教辅资料，不得向家长推销或者变相推销玩具、教具、图书等。幼儿园违反规定存在上述行为的，应当依法承担相应的法律责任。

六是使用包含色情、暴力、网络游戏以及违背保育教育规律等内容的应用软件以及其他相关物品的行为。本条例第四十三条规定：幼儿园不得使用包含色情、暴力、网络游戏以及违背保育教育规律等内容的应用软件以及其他相关物品。对于违反规定使用上述应用软件以及其他相关物品的，损害儿童健康成长的幼儿园，应当依法追究法律责任。

七是允许商业广告、商业活动进入幼儿园的行为。本条例第四十三条规定：禁止商业广告、商业活动进入幼儿园。国家明令禁止，严禁商业广告、商业活动进入中小学校和幼儿园，坚决杜绝任何商业行为侵蚀校园。违反本条规定的幼儿园，应当依法追究法律责任。

2. 违法主体及对违反本条规定的行为应当承担的法律责任

本条涉及的责任主体为幼儿园。违法主体承担的法律责任形式为行政责任，包括行政处罚和行政处分。违反前述八种违法情形的，对幼儿园给予警告、处五千元以上三万元以下罚款、没收违法所得。同时，教育行政主管部门可以对公办幼儿园直接负责的主管人员和其他直接责任人员给予行政处分。

第七十五条　违反本条例规定，幼儿园教师和其他工作人员有虐待、歧视、恐吓、体罚或者变相体罚儿童以及侮辱儿童人格等损害儿童身心健康的行为的，依法予以批评教育；情节严重的，由县级以上人民政府教育行政部门依法给予处分或者撤销教师资格；构成犯罪的，依法追究刑事责任。

释义

本条是关于幼儿园教师及其他工作人员违反本条例规定的行为应当承担法律责任的规定。

1. 违法主体及对违法行为负有监管责任的主体

幼儿园教师及其他工作人员是本条规定适用的违法主体，县级以上人民政府教育行政部门是负责对前述违法主体的行为进行监督并进行相应处罚的主体。本条例第四十七条规定：幼儿园教师及其他工作人员应当遵守法律、法规和职业道德规范，尊重、爱护和平等对待儿童，不得有虐待、歧视、恐吓、体罚或者变相体罚儿童以及侮辱儿童人格等损害儿童身心健康的行为。严禁猥亵、性侵害儿童。

2. 对违反本条规定的行为应当承担的法律责任

违反本条规定的行为，严重违背师德规范，严重损害儿童的身心健康，应当依法承担法律责任。依据情节轻重分为三类：第一类情节较轻的，依法予以批评教育；第二类情节严重的，由县级以上人民政府教育行政部门依法给予处分或者撤销教师资格；第三类构成犯罪的，依法追究刑事责任。上述情节轻重的划分主要从法律责任主体的主观过错、客观行为以及行为后果三方面进行考虑，主观过错方面区分故意和过失；客观行为方面主要从违法行为的类型、持续时间、行为频次等进行区分；行为后果方面主要看对受害儿童的身体和心理两方面造成的损害结合分析。

第八章　附　则

【本章提要】

附则是法律法规的附加性条款的总和，一般就法律、法规实施的有关事项作出规定，包括法律、法规中涉及的专业名词和专业术语的解释、使用范围、立法权和解释权、施行时间、与其他法律、法规、规章的关系等内容。附则与法律、法规的总则、分则和罚则一样，都是法律、法规的重要组成部分，在法律效力上具有同等地位。本章共3条，主要规定了本省学前教育的调整范围，公办幼儿园、民办幼儿园、普惠性民办幼儿园的概念解释及本条例的施行时间等内容。

第七十六条　对不满三周岁婴幼儿的照护服务，按照国家和省有关规定执行。

释 义

本条是对本条例调整范围的限制性规定。

本条例第二条第二款规定了本条例的调整范围，本条例所称学前教育，是指幼儿园等学前教育机构对三周岁以上学龄前儿童实施的保育与教育。本条对本条例调整对象又做了进一步的限制性规定，排除了对不满三周岁婴幼儿的照护服务。

随着二孩政策的放开，0至3岁婴幼儿照护问题逐步受到社会关注，成为亟待解决的社会问题。2019年4月17日，《国务院办公厅关于促进3岁以下婴幼儿照护服务发展的指导意见》（国办发〔2019〕15号）明确提出，开展3岁以下婴幼儿照护工作的基本原则是“家庭为主，托育补充”，家庭对婴幼儿照护负主体责任。发展婴幼儿照护服务的重点是为家庭提供科学养育指导，并对确有照护困难的家庭或婴幼儿提供必要的服务。主要任务是加强对家庭婴幼儿照护的支持和指导，加大对社区婴幼儿照护服务的支持力度，规范发展多种形式的婴幼儿照护服务机构。婴幼儿照护服务发展工作由卫生健康部门牵头，发展改革、教育、公安、民政、财政、人力资源社会保障、自然资源、住房城乡建设、应急管理、税务、市场监管等部门按照各自职责，加强对婴幼儿照护服务的指导、监督和管理。2020年4月，《山东省人民政府办公厅关于促进3岁以下婴幼儿照护服务发展的实施意见》（鲁政办发〔2020〕9号）提出，我省照护服务的目标要求是坚持家庭为主、托育补充，以城带乡、以点带面，发挥政府引导作用，充分调动社会力量，多种形式开展婴幼儿照护服务，不断满足人民群众对婴幼儿照护服务需求。到2023年，全省婴幼儿照护服务管理体制机制初步建立，家庭婴幼儿照护服务广泛开展，每个设区市建立3个以上具有示范引领作用的托育服务机构。到2025年，全省婴幼儿照护服务政策、供给和监督管理体系基本健全，家庭婴幼儿照护服务规范开展，每个县（市、区）都建成具有示范引领作用的托育服务机构。进一步重申了婴幼儿照护服务发展工作由卫生健康部门牵头，各相关部门按照职责分工抓落实的管理体制。

第七十七条　本条例下列用语的含义是：

（一）公办幼儿园，是指国家机构、国有企业事业单位以及农村集体经济组织，利用财政性经费或者国有、集体资产举办的幼儿园。

（二）民办幼儿园，是指国家机构、国有企业事业单位、农村集体经济组织以外的社会组织或者个人举办的幼儿园，包括营利性民办幼儿园和非营利性民办幼儿园。

（三）普惠性民办幼儿园，是指接受县级以上人民政府财政扶持，按照规定标准收费并向一定区域的居民提供普遍学前教育服务的非营利性民办幼儿园。

释义

本条是对本条例用语的解释。

第一项是对公办幼儿园的解释。本项从办园主体、办园经费对公办幼儿园作出界定。公办幼儿园的办园主体为国家机构、国有企业事业单位以及农村集体经济组织。国家机构，根据《中华人民共和国宪法》第三章的规定：包括全国人民代表大会、中华人民共和国主席、国务院、中央军事委员会、地方各级人民代表大会和地方各级人民政府、民族自治地方的自治机关、特别行政区的国家机关、人民法院和人民检察院、人民监察委员会；国有企业，根据《国有企业境外投资财务管理办法》第二条第一款规定，是指国务院和地方人民政府分别代表国家履行出资人职责的国有独资企业、国有独资公司以及国有资本控股公司，包括中央和地方国有资产监督管理机构和其他部门所监管的企业本级及其逐级投资形成的企业；事业单位，根据《事业单位登记管理暂行条例》第二条第一款规定，是指国家为了社会公益目的，由国家机关举办或者其他组织利用国有资产举办的，从事教育、科技、文化、卫生等活动的社会服务组织；农村集体经济组织，是《中华人民共和国宪法》《中华人民共和国民法总则》《中华人民共和国土地管理法》《中华人民共和国土地承包法》《中华人民共和国物权法》《中华人民共和国村民委员会组织法》等法律法规中提到的一个名词概念，但该名词具体内涵在法律上并未有准确定义。从民事法律对农村集体经济组织分类来看，农村集体经济组织是指拥有一个自然村或行政村名下的财产所有权，并享有对该财产占有、使用、处置的特别法人。公办幼儿园的办园经费来源为国家财政性经费和国有、集体资产。

第二项是对民办幼儿园的解释。本项对民办幼儿园的办园主体和幼儿园属性分类做了详细规定。民办幼儿园的办园主体为国家机构、国有企业事业单位、农村集体经济组织以外的社会组织或者个人。根据《社会团体登记管理条例》《民办非企业单位登记管理暂行条例》和《基金会管理条例》等行政法规的规定，我国将社会组织分为三类，即社会团体、基金会和民办非企业单位。个人是指具有完全民事行为能力的中国公民。民办幼儿园的属性有两种：营利性幼儿园和非营利性幼儿园。两者区别在于：（一）利益分配不同，非营利性民办幼儿园举办者不取得办学收益，办学结余全部用于办学；营利性民办幼儿园举办者可取得办学收益，办学结余依照公司法等有关法律法规进行分配。（二）收费定价不同，非营利性民办幼儿园收费的具体办法，由省级人民政府根据办学成本以及本地公办幼儿园保障程度、民办幼儿园发展情况等因素制定，实行政府指导价。营利性民办幼儿园收费实行市场调节价，具体标准由园所自主确定。

第三项是对普惠性民办幼儿园的解释。本项对普惠性民办幼儿园的办园扶持主体、收费标准、服务对象和属性做了详细规定。其中，县级以上人民政府要对普惠性民办幼儿园提供财政扶持；普惠性民办幼儿园收费实行政府定价或接受政府指导价；服务对象为一定区域的社会大众；属性为非营利性幼儿园，普惠性民办幼儿园举办者不取得办学收益，办学结余全部用于办学。

第七十八条　本条例自2020年1月1日起施行。

释 义

本条是对条例生效日期的规定。

关于法律、法规的生效日期，立法中通常有三种做法：一是规定自法律、法规公布之日起生效施行；二是规定在公布之后的某一个日期生效施行，以便社会对该法律、法规的执行做好充分准备；三是其他特殊方式，比如以另外一部法律法规的生效作为前提等。在立法实践中，最常用的是第二种做法，本条例也采取第二种做法。一般来说，除了紧急情况，在法律、法规公布之后、施行之前，应当留有合理的时间，既便于相关部门为条例实施作必要准备，也便于社会各界了解和学习。

附　录

中华人民共和国教育法

（1995年3月18日第八届全国人民代表大会第三次会议通过

根据2009年8月27日第十一届全国人民代表大会常务委员会第十次会议《关于修改部分法律的决定》第一次修正

根据2015年12月27日第十二届全国人民代表大会常务委员会第十八次会议《关于修改〈中华人民共和国教育法〉的决定》第二次修正）

第一章　总　则

第一条　为了发展教育事业，提高全民族的素质，促进社会主义物质文明和精神文明建设，根据宪法，制定本法。

第二条　在中华人民共和国境内的各级各类教育，适用本法。

第三条　国家坚持以马克思列宁主义、毛泽东思想和建设有中国特色社会主义理论为指导，遵循宪法确定的基本原则，发展社会主义的教育事业。

第四条　教育是社会主义现代化建设的基础，国家保障教育事业优先发展。

全社会应当关心和支持教育事业的发展。

全社会应当尊重教师。

第五条　教育必须为社会主义现代化建设服务、为人民服务，必须与生产劳动和社会实践相结合，培养德、智、体、美等方面全面发展的社会主义建设者和接班人。

第六条　教育应当坚持立德树人，对受教育者加强社会主义核心价值观教育，增强受教育者的社会责任感、创新精神和实践能力。

国家在受教育者中进行爱国主义、集体主义、中国特色社会主义的教育，进行理想、道德、纪律、法治、国防和民族团结的教育。

第七条　教育应当继承和弘扬中华民族优秀的历史文化传统，吸收人类文明发展的一切优秀成果。

第八条　教育活动必须符合国家和社会公共利益。

国家实行教育与宗教相分离。任何组织和个人不得利用宗教进行妨碍国家教育制度的活动。

第九条　中华人民共和国公民有受教育的权利和义务。

公民不分民族、种族、性别、职业、财产状况、宗教信仰等，依法享有平等的受教育机会。

第十条　国家根据各少数民族的特点和需要，帮助各少数民族地区发展教育事业。

国家扶持边远贫困地区发展教育事业。

国家扶持和发展残疾人教育事业。

第十一条　国家适应社会主义市场经济发展和社会进步的需要，推进教育改革，推动各级各类教育协调发展、衔接融通，完善现代国民教育体系，健全终身教育体系，提高教育现代化水平。

国家采取措施促进教育公平，推动教育均衡发展。

国家支持、鼓励和组织教育科学研究，推广教育科学研究成果，促进教育质量提高。

第十二条　国家通用语言文字为学校及其他教育机构的基本教育教学语言文字，学校及其他教育机构应当使用国家通用语言文字进行教育教学。

民族自治地方以少数民族学生为主的学校及其他教育机构，从实际出发，使用国家通用语言文字和本民族或者当地民族通用的语言文字实施双语教育。

国家采取措施，为少数民族学生为主的学校及其他教育机构实施双语教育提供条件和支持。

第十三条　国家对发展教育事业做出突出贡献的组织和个人，给予奖励。

第十四条　国务院和地方各级人民政府根据分级管理、分工负责的原则，领导和管理教育工作。

中等及中等以下教育在国务院领导下，由地方人民政府管理。

高等教育由国务院和省、自治区、直辖市人民政府管理。

第十五条　国务院教育行政部门主管全国教育工作，统筹规划、协调管理全国的教育事业。

县级以上地方各级人民政府教育行政部门主管本行政区域内的教育工作。

县级以上各级人民政府其他有关部门在各自的职责范围内，负责有关的教育工作。

第十六条　国务院和县级以上地方各级人民政府应当向本级人民代表大会或者其常务委员会报告教育工作和教育经费预算、决算情况，接受监督。

第二章　教育基本制度

第十七条　国家实行学前教育、初等教育、中等教育、高等教育的学校教育制度。

国家建立科学的学制系统。学制系统内的学校和其他教育机构的设置、教育形式、修业年限、招生对象、培养目标等，由国务院或者由国务院授权教育行政部门规定。

第十八条 国家制定学前教育标准，加快普及学前教育，构建覆盖城乡，特别是农村的学前教育公共服务体系。

各级人民政府应当采取措施，为适龄儿童接受学前教育提供条件和支持。

第十九条 国家实行九年制义务教育制度。

各级人民政府采取各种措施保障适龄儿童、少年就学。

适龄儿童、少年的父母或者其他监护人以及有关社会组织和个人有义务使适龄儿童、少年接受并完成规定年限的义务教育。

第二十条 国家实行职业教育制度和继续教育制度。

各级人民政府、有关行政部门和行业组织以及企业事业组织应当采取措施，发展并保障公民接受职业学校教育或者各种形式的职业培训。

国家鼓励发展多种形式的继续教育，使公民接受适当形式的政治、经济、文化、科学、技术、业务等方面的教育，促进不同类型学习成果的互认和衔接，推动全民终身学习。

第二十一条 国家实行国家教育考试制度。

国家教育考试由国务院教育行政部门确定种类，并由国家批准的实施教育考试的机构承办。

第二十二条 国家实行学业证书制度。

经国家批准设立或者认可的学校及其他教育机构按照国家有关规定，颁发学历证书或者其他学业证书。

第二十三条 国家实行学位制度。

学位授予单位依法对达到一定学术水平或者专业技术水平的人员授予相应的学位，颁发学位证书。

第二十四条 各级人民政府、基层群众性自治组织和企业事业组织应当采取各种措施，开展扫除文盲的教育工作。

按照国家规定具有接受扫除文盲教育能力的公民，应当接受扫除文盲的教育。

第二十五条 国家实行教育督导制度和学校及其他教育机构教育评估制度。

第三章 学校及其他教育机构

第二十六条 国家制定教育发展规划，并举办学校及其他教育机构。

国家鼓励企业事业组织、社会团体、其他社会组织及公民个人依法举办学校及其他教育机构。

国家举办学校及其他教育机构，应当坚持勤俭节约的原则。

以财政性经费、捐赠资产举办或者参与举办的学校及其他教育机构不得设立为营利性组织。

第二十七条 设立学校及其他教育机构，必须具备下列基本条件：

（一）有组织机构和章程；

（二）有合格的教师；

（三）有符合规定标准的教学场所及设施、设备等；

（四）有必备的办学资金和稳定的经费来源。

第二十八条 学校及其他教育机构的设立、变更和终止，应当按照国家有关规定办理审核、批准、注册或者备案手续。

第二十九条 学校及其他教育机构行使下列权利：

（一）按照章程自主管理；

（二）组织实施教育教学活动；

（三）招收学生或者其他受教育者；

（四）对受教育者进行学籍管理，实施奖励或者处分；

（五）对受教育者颁发相应的学业证书；

（六）聘任教师及其他职工，实施奖励或者处分；

（七）管理、使用本单位的设施和经费；

（八）拒绝任何组织和个人对教育教学活动的非法干涉；

（九）法律、法规规定的其他权利。

国家保护学校及其他教育机构的合法权益不受侵犯。

第三十条　学校及其他教育机构应当履行下列义务：

（一）遵守法律、法规；

（二）贯彻国家的教育方针，执行国家教育教学标准，保证教育教学质量；

（三）维护受教育者、教师及其他职工的合法权益；

（四）以适当方式为受教育者及其监护人了解受教育者的学业成绩及其他有关情况提供便利；

（五）遵照国家有关规定收取费用并公开收费项目；

（六）依法接受监督。

第三十一条　学校及其他教育机构的举办者按照国家有关规定，确定其所举办的学校或者其他教育机构的管理体制。

学校及其他教育机构的校长或者主要行政负责人必须由具有中华人民共和国国籍、在中国境内定居、并具备国家规定任职条件的公民担任，其任免按照国家有关规定办理。学校的教学及其他行政管理，由校长负责。

学校及其他教育机构应当按照国家有关规定，通过以教师为主体的教职工代表大会等组织形式，保障教职工参与民主管理和监督。

第三十二条　学校及其他教育机构具备法人条件的，自批准设立或者登记注册之日起取得法人资格。

学校及其他教育机构在民事活动中依法享有民事权利，承担民事责任。

学校及其他教育机构中的国有资产属于国家所有。

学校及其他教育机构兴办的校办产业独立承担民事责任。

第四章　教师和其他教育工作者

第三十三条　教师享有法律规定的权利，履行法律规定的义务，忠诚于人民的教育事业。

第三十四条　国家保护教师的合法权益，改善教师的工作条件和生活条件，提高教师的社会地位。

教师的工资报酬、福利待遇，依照法律、法规的规定办理。

第三十五条　国家实行教师资格、职务、聘任制度，通过考核、奖励、培养和培训，提高教师素质，加强教师队伍建设。

第三十六条　学校及其他教育机构中的管理人员，实行教育职员制度。

学校及其他教育机构中的教学辅助人员和其他专业技术人员，实行专业技术职务聘任制度。

第五章　受教育者

第三十七条　受教育者在入学、升学、就业等方面依法享有平等权利。

学校和有关行政部门应当按照国家有关规定，保障女子在入学、升学、就业、授予学位、派出留学等方面享有同男子平等的权利。

第三十八条　国家、社会对符合入学条件、家庭经济困难的儿童、少年、青年，提供各种形式的资助。

第三十九条　国家、社会、学校及其他教育机构应当根据残疾人身心特性和需要实施教育，并为其提供帮助和便利。

第四十条　国家、社会、家庭、学校及其他教育机构应当为有违法犯罪行为的未成年人接受教育创造条件。

第四十一条　从业人员有依法接受职业培训和继续教育的权利和义务。

国家机关、企业事业组织和其他社会组织，应当为本单位职工的学习和培训提供条件和便利。

第四十二条 国家鼓励学校及其他教育机构、社会组织采取措施，为公民接受终身教育创造条件。

第四十三条 受教育者享有下列权利：

（一）参加教育教学计划安排的各种活动，使用教育教学设施、设备、图书资料；

（二）按照国家有关规定获得奖学金、贷学金、助学金；

（三）在学业成绩和品行上获得公正评价，完成规定的学业后获得相应的学业证书、学位证书；

（四）对学校给予的处分不服向有关部门提出申诉，对学校、教师侵犯其人身权、财产权等合法权益，提出申诉或者依法提起诉讼；

（五）法律、法规规定的其他权利。

第四十四条 受教育者应当履行下列义务：

（一）遵守法律、法规；

（二）遵守学生行为规范，尊敬师长，养成良好的思想品德和行为习惯；

（三）努力学习，完成规定的学习任务；

（四）遵守所在学校或者其他教育机构的管理制度。

第四十五条 教育、体育、卫生行政部门和学校及其他教育机构应当完善体育、卫生保健设施，保护学生的身心健康。

第六章　教育与社会

第四十六条 国家机关、军队、企业事业组织、社会团体及其他社会组织和个人，应当依法为儿童、少年、青年学生的身心健康成长创造良好的社会环境。

第四十七条 国家鼓励企业事业组织、社会团体及其他社会组织同高等学校、中等职业学校在教学、科研、技术开发和推广等方面进行多种形式的合作。

企业事业组织、社会团体及其他社会组织和个人，可以通过适当形式，支持学校的建设，参与学校管理。

第四十八条　国家机关、军队、企业事业组织及其他社会组织应当为学校组织的学生实习、社会实践活动提供帮助和便利。

第四十九条　学校及其他教育机构在不影响正常教育教学活动的前提下，应当积极参加当地的社会公益活动。

第五十条　未成年人的父母或者其他监护人应当为其未成年子女或者其他被监护人受教育提供必要条件。

未成年人的父母或者其他监护人应当配合学校及其他教育机构，对其未成年子女或者其他被监护人进行教育。

学校、教师可以对学生家长提供家庭教育指导。

第五十一条　图书馆、博物馆、科技馆、文化馆、美术馆、体育馆（场）等社会公共文化体育设施，以及历史文化古迹和革命纪念馆（地），应当对教师、学生实行优待，为受教育者接受教育提供便利。

广播、电视台（站）应当开设教育节目，促进受教育者思想品德、文化和科学技术素质的提高。

第五十二条　国家、社会建立和发展对未成年人进行校外教育的设施。

学校及其他教育机构应当同基层群众性自治组织、企业事业组织、社会团体相互配合，加强对未成年人的校外教育工作。

第五十三条　国家鼓励社会团体、社会文化机构及其他社会组织和个人开展有益于受教育者身心健康的社会文化教育活动。

第七章　教育投入与条件保障

第五十四条　国家建立以财政拨款为主、其他多种渠道筹措教育经费为辅的体制，逐步增加对教育的投入，保证国家举办的学校教育经费的稳定来源。

企业事业组织、社会团体及其他社会组织和个人依法举办的学校及其他教育机构，办学经费由举办者负责筹措，各级人民政府可以给予适当支持。

第五十五条 国家财政性教育经费支出占国民生产总值的比例应当随着国民经济的发展和财政收入的增长逐步提高。具体比例和实施步骤由国务院规定。

全国各级财政支出总额中教育经费所占比例应当随着国民经济的发展逐步提高。

第五十六条 各级人民政府的教育经费支出，按照事权和财权相统一的原则，在财政预算中单独列项。

各级人民政府教育财政拨款的增长应当高于财政经常性收入的增长，并使按在校学生人数平均的教育费用逐步增长，保证教师工资和学生人均公用经费逐步增长。

第五十七条 国务院及县级以上地方各级人民政府应当设立教育专项资金，重点扶持边远贫困地区、少数民族地区实施义务教育。

第五十八条 税务机关依法足额征收教育费附加，由教育行政部门统筹管理，主要用于实施义务教育。

省、自治区、直辖市人民政府根据国务院的有关规定，可以决定开征用于教育的地方附加费，专款专用。

第五十九条 国家采取优惠措施，鼓励和扶持学校在不影响正常教育教学的前提下开展勤工俭学和社会服务，兴办校办产业。

第六十条 国家鼓励境内、境外社会组织和个人捐资助学。

第六十一条 国家财政性教育经费、社会组织和个人对教育的捐赠，必须用于教育，不得挪用、克扣。

第六十二条 国家鼓励运用金融、信贷手段，支持教育事业的发展。

第六十三条 各级人民政府及其教育行政部门应当加强对学校及其他教育机构教育经费的监督管理，提高教育投资效益。

第六十四条　地方各级人民政府及其有关行政部门必须把学校的基本建设纳入城乡建设规划，统筹安排学校的基本建设用地及所需物资，按照国家有关规定实行优先、优惠政策。

第六十五条　各级人民政府对教科书及教学用图书资料的出版发行，对教学仪器、设备的生产和供应，对用于学校教育教学和科学研究的图书资料、教学仪器、设备的进口，按照国家有关规定实行优先、优惠政策。

第六十六条　国家推进教育信息化，加快教育信息基础设施建设，利用信息技术促进优质教育资源普及共享，提高教育教学水平和教育管理水平。

县级以上人民政府及其有关部门应当发展教育信息技术和其他现代化教学方式，有关行政部门应当优先安排，给予扶持。

国家鼓励学校及其他教育机构推广运用现代化教学方式。

第八章　教育对外交流与合作

第六十七条　国家鼓励开展教育对外交流与合作，支持学校及其他教育机构引进优质教育资源，依法开展中外合作办学，发展国际教育服务，培养国际化人才。

教育对外交流与合作坚持独立自主、平等互利、相互尊重的原则，不得违反中国法律，不得损害国家主权、安全和社会公共利益。

第六十八条　中国境内公民出国留学、研究、进行学术交流或者任教，依照国家有关规定办理。

第六十九条　中国境外个人符合国家规定的条件并办理有关手续后，可以进入中国境内学校及其他教育机构学习、研究、进行学术交流或者任教，其合法权益受国家保护。

第七十条　中国对境外教育机构颁发的学位证书、学历证书及其他学业证书的承认，依照中华人民共和国缔结或者加入的国际条约办理，或者按照国家有关规定办理。

第九章　法律责任

第七十一条　违反国家有关规定，不按照预算核拨教育经费的，由同级人民政府限期核拨；情节严重的，对直接负责的主管人员和其他直接责任人员，依法给予处分。

违反国家财政制度、财务制度，挪用、克扣教育经费的，由上级机关责令限期归还被挪用、克扣的经费，并对直接负责的主管人员和其他直接责任人员，依法给予处分；构成犯罪的，依法追究刑事责任。

第七十二条　结伙斗殴、寻衅滋事，扰乱学校及其他教育机构教育教学秩序或者破坏校舍、场地及其他财产的，由公安机关给予治安管理处罚；构成犯罪的，依法追究刑事责任。

侵占学校及其他教育机构的校舍、场地及其他财产的，依法承担民事责任。

第七十三条　明知校舍或者教育教学设施有危险，而不采取措施，造成人员伤亡或者重大财产损失的，对直接负责的主管人员和其他直接责任人员，依法追究刑事责任。

第七十四条　违反国家有关规定，向学校或者其他教育机构收取费用的，由政府责令退还所收费用；对直接负责的主管人员和其他直接责任人员，依法给予处分。

第七十五条　违反国家有关规定，举办学校或者其他教育机构的，由教育行政部门或者其他有关行政部门予以撤销；有违法所得的，没收违法所得；对直接负责的主管人员和其他直接责任人员，依法给予处分。

第七十六条　学校或者其他教育机构违反国家有关规定招收学生的，由教育行政部门或者其他有关行政部门责令退回招收的学生，退还所收费用；对学校、其他教育机构给予警告，可以处违法所得五倍以下罚款；情节严重的，责令停止相关招生资格一年以上三年以下，直至撤销招生资格、吊销办学许可证；对直接负责的主管人员和其他直接责任人员，依法给予处分；构成犯罪的，依法追究刑事责任。

第七十七条 在招收学生工作中徇私舞弊的，由教育行政部门或者其他有关行政部门责令退回招收的人员；对直接负责的主管人员和其他直接责任人员，依法给予处分；构成犯罪的，依法追究刑事责任。

第七十八条 学校及其他教育机构违反国家有关规定向受教育者收取费用的，由教育行政部门或者其他有关行政部门责令退还所收费用；对直接负责的主管人员和其他直接责任人员，依法给予处分。

第七十九条 考生在国家教育考试中有下列行为之一的，由组织考试的教育考试机构工作人员在考试现场采取必要措施予以制止并终止其继续参加考试；组织考试的教育考试机构可以取消其相关考试资格或者考试成绩；情节严重的，由教育行政部门责令停止参加相关国家教育考试一年以上三年以下；构成违反治安管理行为的，由公安机关依法给予治安管理处罚；构成犯罪的，依法追究刑事责任：

（一）非法获取考试试题或者答案的；

（二）携带或者使用考试作弊器材、资料的；

（三）抄袭他人答案的；

（四）让他人代替自己参加考试的；

（五）其他以不正当手段获得考试成绩的作弊行为。

第八十条 任何组织或者个人在国家教育考试中有下列行为之一，有违法所得的，由公安机关没收违法所得，并处违法所得一倍以上五倍以下罚款；情节严重的，处五日以上十五日以下拘留；构成犯罪的，依法追究刑事责任；属于国家机关工作人员的，还应当依法给予处分：

（一）组织作弊的；

（二）通过提供考试作弊器材等方式为作弊提供帮助或者便利的；

（三）代替他人参加考试的；

（四）在考试结束前泄露、传播考试试题或者答案的；

（五）其他扰乱考试秩序的行为。

第八十一条 举办国家教育考试，教育行政部门、教育考试机构疏于管理，造成考场秩序混乱、作弊情况严重的，对直接负责的主管人员和其他直接责任人员，依法给予处分；构成犯罪的，依法追究刑事责任。

第八十二条 学校或者其他教育机构违反本法规定，颁发学位证书、学历证书或者其他学业证书的，由教育行政部门或者其他有关行政部门宣布证书无效，责令收回或者予以没收；有违法所得的，没收违法所得；情节严重的，责令停止相关招生资格一年以上三年以下，直至撤销招生资格、颁发证书资格；对直接负责的主管人员和其他直接责任人员，依法给予处分。

前款规定以外的任何组织或者个人制造、销售、颁发假冒学位证书、学历证书或者其他学业证书，构成违反治安管理行为的，由公安机关依法给予治安管理处罚；构成犯罪的，依法追究刑事责任。

以作弊、剽窃、抄袭等欺诈行为或者其他不正当手段获得学位证书、学历证书或者其他学业证书的，由颁发机构撤销相关证书。购买、使用假冒学位证书、学历证书或者其他学业证书，构成违反治安管理行为的，由公安机关依法给予治安管理处罚。

第八十三条 违反本法规定，侵犯教师、受教育者、学校或者其他教育机构的合法权益，造成损失、损害的，应当依法承担民事责任。

第十章 附 则

第八十四条 军事学校教育由中央军事委员会根据本法的原则规定。

宗教学校教育由国务院另行规定。

第八十五条 境外的组织和个人在中国境内办学和合作办学的办法，由国务院规定。

第八十六条 本法自1995年9月1日起施行。

中华人民共和国教师法

（1993年10月31日第八届全国人民代表大会常务委员会第四次会议通过

1993年10月31日中华人民共和国主席令第15号公布

自1994年1月1日起施行）

第一章 总 则

第一条 为了保障教师的合法权益，建设具有良好思想品德修养和业务素质的教师队伍，促进社会主义教育事业的发展，制定本法。

第二条 本法适用于在各级各类学校和其他教育机构中专门从事教育教学工作的教师。

第三条 教师是履行教育教学职责的专业人员，承担教书育人，培养社会主义事业建设者和接班人、提高民族素质的使命。教师应当忠诚于人民的教育事业。

第四条 各级人民政府应当采取措施，加强教师的思想政治教育和业务培训，改善教师的工作条件和生活条件，保障教师的合法权益，提高教师的社会地位。全社会都应当尊重教师。

第五条 国务院教育行政部门主管全国的教师工作。

国务院有关部门在各自职权范围内负责有关的教师工作。

学校和其他教育机构根据国家规定，自主进行教师管理工作。

第六条 每年九月十日为教师节。

第二章 权利和义务

第七条 教师享有下列权利：

（一）进行教育教学活动，开展教育教学改革和实验；

（二）从事科学研究、学术交流，参加专业的学术团体，在学术活动中充分发表意见；

（三）指导学生的学习和发展，评定学生的品行和学业成绩；

（四）按时获取工资报酬，享受国家规定的福利待遇以及寒暑假期的带薪休假；

（五）对学校教育教学、管理工作和教育行政部门的工作提出意见和建议，通过教职工代表大会或者其他形式，参与学校的民主管理；

（六）参加进修或者其他方式的培训。

第八条 教师应当履行下列义务：

（一）遵守宪法、法律和职业道德，为人师表；

（二）贯彻国家的教育方针，遵守规章制度，执行学校的教学计划，履行教师聘约，完成教育教学工作任务；

（三）对学生进行宪法所确定的基本原则的教育和爱国主义、民族团结的教育，法制教育以及思想品德、文化、科学技术教育，组织、带领学生开展有益的社会活动；

（四）关心、爱护全体学生，尊重学生人格，促进学生在品德、智力、体质等方面全面发展；

（五）制止有害于学生的行为或者其他侵犯学生合法权益的行为，批评和抵制有害于学生健康成长的现象；

（六）不断提高思想政治觉悟和教育教学业务水平。

第九条 为保障教师完成教育教学任务，各级人民政府、教育行政部门、有关部门、学校和其他教育机构应当履行下列职责：

（一）提供符合国家安全标准的教育教学设施和设备；

（二）提供必需的图书、资料及其他教育教学用品；

（三）对教师在教育教学、科学研究中的创造性工作给以鼓励和帮助；

（四）支持教师制止有害于学生的行为或者其他侵犯学生合法权益的行为。

第三章　资格和任用

第十条　国家实行教师资格制度。

中国公民凡遵守宪法和法律，热爱教育事业，具有良好的思想品德，具备本法规定的学历或者经国家教师资格考试合格，有教育教学能力，经认定合格的，可以取得教师资格。

第十一条　取得教师资格应当具备的相应学历是：

（一）取得幼儿园教师资格，应当具备幼儿师范学校毕业及其以上学历；

（二）取得小学教师资格，应当具备中等师范学校毕业及其以上学历；

（三）取得初级中学教师、初级职业学校文化、专业课教师资格，应当具备高等师范专科学校或者其他大学专科毕业及其以上学历；

（四）取得高级中学教师资格和中等专业学校、技工学校、职业高中文化课、专业课教师资格，应当具备高等师范院校本科或者其他大学本科毕业及其以上学历；取得中等专业学校、技工学校和职业高中学生实习指导教师资格应当具备的学历，由国务院教育行政部门规定；

（五）取得高等学校教师资格，应当具备研究生或者大学本科毕业学历；

（六）取得成人教育教师资格，应当按照成人教育的层次、类别，分别具备高等、中等学校毕业及其以上学历。不具备本法规定的教师资格学历的公民，申请获取教师资格，必须通过国家教师资格考试。国家教师资格考试制度由国务院规定。

第十二条 本法实施前已经在学校或者其他教育机构中任教的教师，未具备本法规定学历的，由国务院教育行政部门规定教师资格过渡办法。

第十三条 中小学教师资格由县级以上地方人民政府教育行政部门认定。中等专业学校、技工学校的教师资格由县级以上地方人民政府教育行政部门组织有关主管部门认定。普通高等学校的教师资格由国务院或者省、自治区、直辖市教育行政部门或者由其委托的学校认定。具备本法规定的学历或者经国家教师资格考试合格的公民，要求有关部门认定其教师资格的，有关部门应当依照本法规定的条件予以认定。取得教师资格的人员首次任教时，应当有试用期。

第十四条 受到剥夺政治权利或者故意犯罪受到有期徒刑以上刑事处罚的，不能取得教师资格；已经取得教师资格的，丧失教师资格。

第十五条 各级师范学校毕业生，应当按照国家有关规定从事教育教学工作。国家鼓励非师范高等学校毕业生到中小学或者职业学校任教。

第十六条 国家实行教师职务制度，具体办法由国务院规定。

第十七条 学校和其他教育机构应当逐步实行教师聘任制。教师的聘任应当遵循双方地位平等的原则，由学校和教师签订聘任合同，明确规定双方的权利、义务和责任。实施教师聘任制的步骤、办法由国务院教育行政部门规定。

第四章 培养和培训

第十八条 各级人民政府和有关部门应当办好师范教育，并采取措施，鼓励优秀青年进入各级师范学校学习。各级教师进修学校承担培训中小学教师的任务。非师范学校应当承担培养和培训中小学教师的任务。各级师范学校学生享受专业奖学金。

第十九条 各级人民政府教育行政部门、学校主管部门和学校应当制定教师培训规划，对教师进行多种形式的思想政治、业务培训。

第二十条 国家机关、企业事业单位和其他社会组织应当为教师的社会调查和社会实践提供方便，给予协助。

第二十一条 各级人民政府应当采取措施，为少数民族地区和边远贫困地区培养、培训教师。

第五章 考 核

第二十二条 学校或者其他教育机构应当对教师的政治思想、业务水平、工作态度和工作成绩进行考核。教育行政部门对教师的考核工作进行指导、监督。

第二十三条 考核应当客观、公正、准确，充分听取教师本人、其他教师以及学生的意见。

第二十四条 教师考核结果是受聘任教、晋升工资、实施奖惩的依据。

第六章 待 遇

第二十五条 教师的平均工资水平应当不低于或者高于国家公务员的平均工资水平，并逐步提高。建立正常晋级增薪制度，具体办法由国务院规定。

第二十六条 中小学教师和职业学校教师享受教龄津贴和其他津贴，具体办法由国务院教育行政部门会同有关部门制定。

第二十七条 地方各级人民政府对教师以及具有中专以上学历的毕业生到少数民族地区和边远贫困地区从事教育教学工作的，应当予以补贴。

第二十八条 地方各级人民政府和国务院有关部门，对城市教师住房的建设、租赁、出售实行优先、优惠。县、乡两级人民政府应当为农村中小学教师解决住房提供方便。

第二十九条 教师的医疗同当地国家公务员享受同等的待遇；定期对教师进行身体健康检查，并因地制宜安排教师进行休养。医疗机构应当对当地教师的医疗提供方便。

第三十条 教师退休或者退职后，享受国家规定的退休或者退职待遇。县级以上地方人民政府可以适当提高长期从事教育教学工作的中小学退休教师的退休金比例。

第三十一条 各级人民政府应当采取措施，改善国家补助、集体支付工资的中小学教师的待遇，逐步做到在工资收入上与国家支付工资的教师同工同酬，具体办法由地方各级人民政府根据本地区的实际情况规定。

第三十二条 社会力量所办学校的教师的待遇，由举办者自行确定并予以保障。

第七章　奖　励

第三十三条 教师在教育教学、培养人才、科学研究、教学改革、学校建设、社会服务、勤工俭学等方面成绩优异的，由所在学校予以表彰、奖励。国务院和地方各级人民政府及其有关部门对有突出贡献的教师，应当予以表彰、奖励。对有重大贡献的教师，依照国家有关规定授予荣誉称号。

第三十四条 国家支持和鼓励社会组织或者个人向依法成立的奖励教师的基金组织捐助资金，对教师进行奖励。

第八章　法律责任

第三十五条 侮辱、殴打教师的，根据不同情况，分别给予行政处分或者行政处罚；造成损害的，责令赔偿损失；情节严重，构成犯罪的，依法追究刑事责任。

第三十六条　对依法提出申诉、控告、检举的教师进行打击报复的，由其所在单位或者上级机关责令改正；情节严重的，可以根据具体情况给予行政处分。国家工作人员对教师打击报复构成犯罪的，依照刑法第一百四十六条的规定追究刑事责任。

第三十七条　教师有下列情形之一的，由所在学校、其他教育机构或者教育行政部门给予行政处分或者解聘。

（一）故意不完成教育教学任务给教育教学工作造成损失的；

（二）体罚学生，经教育不改的；

（三）品行不良、侮辱学生，影响恶劣的。

教师有前款第（二）项、第（三）项所列情形之一，情节严重，构成犯罪的，依法追究刑事责任。

第三十八条　地方人民政府对违反本法规定，拖欠教师工资或者侵犯教师其他合法权益的，应当责令其限期改正。违反国家财政制度、财务制度，挪用国家财政用于教育的经费，严重妨碍教育教学工作，拖欠教师工资，损害教师合法权益的，由上级机关责令限期归还被挪用的经费，并对直接责任人员给予行政处分；情节严重，构成犯罪的，依法追究刑事责任。

第三十九条　教师对学校或者其他教育机构侵犯其合法权益的，或者对学校或者其他教育机构作出的处理不服的，可以向教育行政部门提出申诉，教育行政部门应当在接到申诉的三十日内，作出处理。教师认为当地人民政府有关行政部门侵犯其根据本法规定享有的权利的，可以向同级人民政府或者上一级人民政府有关部门提出申诉，同级人民政府或者上一级人民政府有关部门应当作出处理。

第九章　附　则

第四十条　本法下列用语的含义是：

（一）各级各类学校，是指实施学前教育、普通初等教育、普通中等教育、职业教育、普通高等教育以及特殊教育、成人教育的学校。

（二）其他教育机构，是指少年宫以及地方教研室、电化教育机构等。

（三）中小学教师，是指幼儿园、特殊教育机构、普通中小学、成人初等中等教育机构、职业中学以及其他教育机构的教师。

第四十一条 学校和其他教育机构中的教育教学辅助人员，其他类型的学校的教师和教育教学辅助人员，可以根据实际情况参照本法的有关规定执行。军队所属院校的教师和教育教学辅助人员，由中央军事委员会依照本法制定有关规定。

第四十二条 外籍教师的聘任办法由国务院教育行政部门规定。

第四十三条 本法自一九九四年一月一日起施行。

中华人民共和国民办教育促进法

（2002年12月28日第九届全国人民代表大会常务委员会第三十一次会议通过

根据2013年6月29日第十二届全国人民代表大会常务委员会第三次会议《关于修改〈中华人民共和国文物保护法〉等十二部法律的决定》第一次修正

根据2016年11月7日第十二届全国人民代表大会常务委员会第二十四次会议《关于修改〈中华人民共和国民办教育促进法〉的决定》第二次修正）

第一章 总 则

第一条 为实施科教兴国战略，促进民办教育事业的健康发展，维护民办学校和受教育者的合法权益，根据宪法和教育法制定本法。

第二条 国家机构以外的社会组织或者个人，利用非国家财政性经费，面向社会举办学校及其他教育机构的活动，适用本法。本法未作规定的，依照教育法和其他有关教育法律执行。

第三条 民办教育事业属于公益性事业，是社会主义教育事业的组成部分。

国家对民办教育实行积极鼓励、大力支持、正确引导、依法管理的方针。

各级人民政府应当将民办教育事业纳入国民经济和社会发展规划。

第四条 民办学校应当遵守法律、法规，贯彻国家的教育方针，保证教育质量，致力于培养社会主义建设事业的各类人才。

民办学校应当贯彻教育与宗教相分离的原则。任何组织和个人不得利用宗教进行妨碍国家教育制度的活动。

第五条 民办学校与公办学校具有同等的法律地位，国家保障民办学校的办学自主权。

国家保障民办学校举办者、校长、教职工和受教育者的合法权益。

第六条 国家鼓励捐资办学。

国家对为发展民办教育事业做出突出贡献的组织和个人，给予奖励和表彰。

第七条 国务院教育行政部门负责全国民办教育工作的统筹规划、综合协调和宏观管理。

国务院人力资源社会保障行政部门及其他有关部门在国务院规定的职责范围内分别负责有关的民办教育工作。

第八条 县级以上地方各级人民政府教育行政部门主管本行政区域内的民办教育工作。

县级以上地方各级人民政府人力资源社会保障行政部门及其他有关部门在各自的职责范围内，分别负责有关的民办教育工作。

第九条 民办学校中的中国共产党基层组织，按照中国共产党章程的规定开展党的活动，加强党的建设。

第二章 设 立

第十条 举办民办学校的社会组织，应当具有法人资格。

举办民办学校的个人，应当具有政治权利和完全民事行为能力。

民办学校应当具备法人条件。

第十一条 设立民办学校应当符合当地教育发展的需求，具备教育法和其他有关法律、法规规定的条件。

民办学校的设置标准参照同级同类公办学校的设置标准执行。

第十二条　举办实施学历教育、学前教育、自学考试助学及其他文化教育的民办学校，由县级以上人民政府教育行政部门按照国家规定的权限审批；举办实施以职业技能为主的职业资格培训、职业技能培训的民办学校，由县级以上人民政府人力资源社会保障行政部门按照国家规定的权限审批，并抄送同级教育行政部门备案。

第十三条　申请筹设民办学校，举办者应当向审批机关提交下列材料：

（一）申办报告，内容应当主要包括：举办者、培养目标、办学规模、办学层次、办学形式、办学条件、内部管理体制、经费筹措与管理使用等；

（二）举办者的姓名、住址或者名称、地址；

（三）资产来源、资金数额及有效证明文件，并载明产权；

（四）属捐赠性质的校产须提交捐赠协议，载明捐赠人的姓名、所捐资产的数额、用途和管理方法及相关有效证明文件。

第十四条　审批机关应当自受理筹设民办学校的申请之日起三十日内以书面形式作出是否同意的决定。

同意筹设的，发给筹设批准书。不同意筹设的，应当说明理由。

筹设期不得超过三年。超过三年的，举办者应当重新申报。

第十五条　申请正式设立民办学校的，举办者应当向审批机关提交下列材料：

（一）筹设批准书；

（二）筹设情况报告；

（三）学校章程、首届学校理事会、董事会或者其他决策机构组成人员名单；

（四）学校资产的有效证明文件；

（五）校长、教师、财会人员的资格证明文件。

第十六条 具备办学条件，达到设置标准的，可以直接申请正式设立，并应当提交本法第十三条和第十五条（三）、（四）、（五）项规定的材料。

第十七条 申请正式设立民办学校的，审批机关应当自受理之日起三个月内以书面形式作出是否批准的决定，并送达申请人；其中申请正式设立民办高等学校的，审批机关也可以自受理之日起六个月内以书面形式作出是否批准的决定，并送达申请人。

第十八条 审批机关对批准正式设立的民办学校发给办学许可证。

审批机关对不批准正式设立的，应当说明理由。

第十九条 民办学校的举办者可以自主选择设立非营利性或者营利性民办学校。但是，不得设立实施义务教育的营利性民办学校。

非营利性民办学校的举办者不得取得办学收益，学校的办学结余全部用于办学。

营利性民办学校的举办者可以取得办学收益，学校的办学结余依照公司法等有关法律、行政法规的规定处理。

民办学校取得办学许可证后，进行法人登记，登记机关应当依法予以办理。

第三章 学校的组织与活动

第二十条 民办学校应当设立学校理事会、董事会或者其他形式的决策机构并建立相应的监督机制。

民办学校的举办者根据学校章程规定的权限和程序参与学校的办学和管理。

第二十一条 学校理事会或者董事会由举办者或者其代表、校长、教职工代表等人员组成。其中三分之一以上的理事或者董事应当具有五年以上教育教学经验。

学校理事会或者董事会由五人以上组成，设理事长或者董事长一人。理事长、理事或者董事长、董事名单报审批机关备案。

第二十二条 学校理事会或者董事会行使下列职权：

（一）聘任和解聘校长；

（二）修改学校章程和制定学校的规章制度；

（三）制定发展规划，批准年度工作计划；

（四）筹集办学经费，审核预算、决算；

（五）决定教职工的编制定额和工资标准；

（六）决定学校的分立、合并、终止；

（七）决定其他重大事项。

其他形式决策机构的职权参照本条规定执行。

第二十三条 民办学校的法定代表人由理事长、董事长或者校长担任。

第二十四条 民办学校参照同级同类公办学校校长任职的条件聘任校长，年龄可以适当放宽。

第二十五条 民办学校校长负责学校的教育教学和行政管理工作，行使下列职权：

（一）执行学校理事会、董事会或者其他形式决策机构的决定；

（二）实施发展规划，拟订年度工作计划、财务预算和学校规章制度；

（三）聘任和解聘学校工作人员，实施奖惩；

（四）组织教育教学、科学研究活动，保证教育教学质量；

（五）负责学校日常管理工作；

（六）学校理事会、董事会或者其他形式决策机构的其他授权。

第二十六条 民办学校对招收的学生，根据其类别、修业年限、学业成绩，可以根据国家有关规定发给学历证书、结业证书或者培训合格证书。

对接受职业技能培训的学生，经政府批准的职业技能鉴定机构鉴定合格的，可以发给国家职业资格证书。

第二十七条 民办学校依法通过以教师为主体的教职工代表大会等形式，保障教职工参与民主管理和监督。

民办学校的教师和其他工作人员，有权依照工会法，建立工会组织，维护其合法权益。

第四章 教师与受教育者

第二十八条 民办学校的教师、受教育者与公办学校的教师、受教育者具有同等的法律地位。

第二十九条 民办学校聘任的教师，应当具有国家规定的任教资格。

第三十条 民办学校应当对教师进行思想品德教育和业务培训。

第三十一条 民办学校应当依法保障教职工的工资、福利待遇和其他合法权益，并为教职工缴纳社会保险费。

国家鼓励民办学校按照国家规定为教职工办理补充养老保险。

第三十二条 民办学校教职工在业务培训、职务聘任、教龄和工龄计算、表彰奖励、社会活动等方面依法享有与公办学校教职工同等权利。

第三十三条 民办学校依法保障受教育者的合法权益。

民办学校按照国家规定建立学籍管理制度，对受教育者实施奖励或者处分。

第三十四条 民办学校的受教育者在升学、就业、社会优待以及参加先进评选等方面享有与同级同类公办学校的受教育者同等权利。

第五章 学校资产与财务管理

第三十五条 民办学校应当依法建立财务、会计制度和资产管理制度，并按照国家有关规定设置会计账簿。

第三十六条 民办学校对举办者投入民办学校的资产、国有资产、受赠的财产以及办学积累，享有法人财产权。

第三十七条 民办学校存续期间，所有资产由民办学校依法管理和使用，任何组织和个人不得侵占。

任何组织和个人都不得违反法律、法规向民办教育机构收取任何费用。

第三十八条 民办学校收取费用的项目和标准根据办学成本、市场需求等因素确定，向社会公示，并接受有关主管部门的监督。

非营利性民办学校收费的具体办法，由省、自治区、直辖市人民政府制定；营利性民办学校的收费标准，实行市场调节，由学校自主决定。

民办学校收取的费用应当主要用于教育教学活动、改善办学条件和保障教职工待遇。

第三十九条 民办学校资产的使用和财务管理受审批机关和其他有关部门的监督。

民办学校应当在每个会计年度结束时制作财务会计报告，委托会计师事务所依法进行审计，并公布审计结果。

第六章　管理与监督

第四十条 教育行政部门及有关部门应当对民办学校的教育教学工作、教师培训工作进行指导。

第四十一条 教育行政部门及有关部门依法对民办学校实行督导，建立民办学校信息公示和信用档案制度，促进提高办学质量；组织或者委托社会中介组织评估办学水平和教育质量，并将评估结果向社会公布。

第四十二条 民办学校的招生简章和广告，应当报审批机关备案。

第四十三条 民办学校侵犯受教育者的合法权益，受教育者及其亲属有权向教育行政部门和其他有关部门申诉，有关部门应当及时予以处理。

第四十四条 国家支持和鼓励社会中介组织为民办学校提供服务。

第七章　扶持与奖励

第四十五条　县级以上各级人民政府可以设立专项资金，用于资助民办学校的发展，奖励和表彰有突出贡献的集体和个人。

第四十六条　县级以上各级人民政府可以采取购买服务、助学贷款、奖助学金和出租、转让闲置的国有资产等措施对民办学校予以扶持；对非营利性民办学校还可以采取政府补贴、基金奖励、捐资激励等扶持措施。

第四十七条　民办学校享受国家规定的税收优惠政策；其中，非营利性民办学校享受与公办学校同等的税收优惠政策。

第四十八条　民办学校依照国家有关法律、法规，可以接受公民、法人或者其他组织的捐赠。

国家对向民办学校捐赠财产的公民、法人或者其他组织按照有关规定给予税收优惠，并予以表彰。

第四十九条　国家鼓励金融机构运用信贷手段，支持民办教育事业的发展。

第五十条　人民政府委托民办学校承担义务教育任务，应当按照委托协议拨付相应的教育经费。

第五十一条　新建、扩建非营利性民办学校，人民政府应当按照与公办学校同等原则，以划拨等方式给予用地优惠。新建、扩建营利性民办学校，人民政府应当按照国家规定供给土地。

教育用地不得用于其他用途。

第五十二条　国家采取措施，支持和鼓励社会组织和个人到少数民族地区、边远贫困地区举办民办学校，发展教育事业。

第八章　变更与终止

第五十三条　民办学校的分立、合并，在进行财务清算后，由学校理事会或者董事会报审批机关批准。

申请分立、合并民办学校的，审批机关应当自受理之日起三个月内以书面形式答复；其中申请分立、合并民办高等学校的，审批机关也可以自受理之日起六个月内以书面形式答复。

第五十四条　民办学校举办者的变更，须由举办者提出，在进行财务清算后，经学校理事会或者董事会同意，报审批机关核准。

第五十五条　民办学校名称、层次、类别的变更，由学校理事会或者董事会报审批机关批准。

申请变更为其他民办学校，审批机关应当自受理之日起三个月内以书面形式答复；其中申请变更为民办高等学校的，审批机关也可以自受理之日起六个月内以书面形式答复。

第五十六条　民办学校有下列情形之一的，应当终止：

（一）根据学校章程规定要求终止，并经审批机关批准的；

（二）被吊销办学许可证的；

（三）因资不抵债无法继续办学的。

第五十七条　民办学校终止时，应当妥善安置在校学生。实施义务教育的民办学校终止时，审批机关应当协助学校安排学生继续就学。

第五十八条　民办学校终止时，应当依法进行财务清算。

民办学校自己要求终止的，由民办学校组织清算；被审批机关依法撤销的，由审批机关组织清算；因资不抵债无法继续办学而被终止的，由人民法院组织清算。

第五十九条　对民办学校的财产按照下列顺序清偿：

（一）应退受教育者学费、杂费和其他费用；

（二）应发教职工的工资及应缴纳的社会保险费用；

（三）偿还其他债务。

非营利性民办学校清偿上述债务后的剩余财产继续用于其他非营利性学校办学；营利性民办学校清偿上述债务后的剩余财产，依照公司法的有关规定处理。

第六十条 终止的民办学校，由审批机关收回办学许可证和销毁印章，并注销登记。

第九章 法律责任

第六十一条 民办学校在教育活动中违反教育法、教师法规定的，依照教育法、教师法的有关规定给予处罚。

第六十二条 民办学校有下列行为之一的，由县级以上人民政府教育行政部门、人力资源社会保障行政部门或者其他有关部门责令限期改正，并予以警告；有违法所得的，退还所收费用后没收违法所得；情节严重的，责令停止招生、吊销办学许可证；构成犯罪的，依法追究刑事责任：

（一）擅自分立、合并民办学校的；

（二）擅自改变民办学校名称、层次、类别和举办者的；

（三）发布虚假招生简章或者广告，骗取钱财的；

（四）非法颁发或者伪造学历证书、结业证书、培训证书、职业资格证书的；

（五）管理混乱严重影响教育教学，产生恶劣社会影响的；

（六）提交虚假证明文件或者采取其他欺诈手段隐瞒重要事实骗取办学许可证的；

（七）伪造、变造、买卖、出租、出借办学许可证的；

（八）恶意终止办学、抽逃资金或者挪用办学经费的。

第六十三条 县级以上人民政府教育行政部门、人力资源社会保障行政部门或者其他有关部门有下列行为之一的，由上级机关责令其改正；情节严重的，对直接负责的主管人员和其他直接责任人员，依法给予处分；造成经济损失的，依法承担赔偿责任；构成犯罪的，依法追究刑事责任：

（一）已受理设立申请，逾期不予答复的；

（二）批准不符合本法规定条件申请的；

（三）疏于管理，造成严重后果的；

（四）违反国家有关规定收取费用的；

（五）侵犯民办学校合法权益的；

（六）其他滥用职权、徇私舞弊的。

第六十四条 违反国家有关规定擅自举办民办学校的，由所在地县级以上地方人民政府教育行政部门或者人力资源社会保障行政部门会同同级公安、民政或者工商行政管理等有关部门责令停止办学、退还所收费用，并对举办者处违法所得一倍以上五倍以下罚款；构成违反治安管理行为的，由公安机关依法给予治安管理处罚；构成犯罪的，依法追究刑事责任。

第十章 附 则

第六十五条 本法所称的民办学校包括依法举办的其他民办教育机构。

本法所称的校长包括其他民办教育机构的主要行政负责人。

第六十六条 境外的组织和个人在中国境内合作办学的办法，由国务院规定。

第六十七条 本法自2003年9月1日起施行。1997年7月31日国务院颁布的《社会力量办学条例》同时废止。

中共中央 国务院关于学前教育深化改革规范发展的若干意见

（中发〔2018〕39号）

学前教育是终身学习的开端，是国民教育体系的重要组成部分，是重要的社会公益事业。办好学前教育、实现幼有所育，是党的十九大作出的重大决策部署，是党和政府为老百姓办实事的重大民生工程，关系亿万儿童健康成长，关系社会和谐稳定，关系党和国家事业未来。

党的十八大以来，我国学前教育事业快速发展，资源迅速扩大、普及水平大幅提高、管理制度不断完善，“入园难”问题得到有效缓解。同时也要看到，由于底子薄、欠账多，目前学前教育仍是整个教育体系的短板，发展不平衡不充分问题十分突出，“入园难”、“入园贵”依然是困扰老百姓的烦心事之一。主要表现为：学前教育资源尤其是普惠性资源不足，政策保障体系不完善，教师队伍建设滞后，监管体制机制不健全，保教质量有待提高，存在“小学化”倾向，部分民办园过度逐利、幼儿安全问题时有发生。为进一步完善学前教育公共服务体系，切实办好新时代学前教育，更好实现幼有所育，现就学前教育深化改革规范发展提出如下意见。

一、总体要求

（一）指导思想。以习近平新时代中国特色社会主义思想为指导，全面贯彻党的十九大精神和党的教育方针，认真落实立德树人根本任务，遵循学前教育规律，牢牢把握学前教育正确发展方向，完善学前教育体制机制，健全学前教育政策保障体系，推进学前教育普及普惠安全优质发展，满足人民群众对幼有所育的美好期盼，为培养德智体美劳全面发展的社会主义建设者和接班人奠定坚实基础。

（二）基本原则

——坚持党的领导。加强党对学前教育工作的领导，确保党的教育方针在学前教育领域深入贯彻，确保立德树人根本任务落实到位，确保学前教育始终沿着正确方向发展。

——坚持政府主导。落实各级政府在学前教育规划、投入、教师队伍建设、监管等方面的责任，完善各有关部门分工负责、齐抓共管的工作机制。牢牢把握公益普惠基本方向，坚持公办民办并举，加大公共财政投入，着力扩大普惠性学前教育资源供给。

——坚持改革创新。突出问题导向，统筹兼顾、综合施策，破解制约学前教育发展的体制机制障碍，补齐制度短板，激发办园活力，鼓励引导规范社会力量办园，充分调动各方面积极性。

——坚持规范管理。遵循幼儿身心发展规律，实施科学保教，健全治理体系，堵住监管漏洞，完善学前教育法律法规，实现依法依规办园治园，促进幼儿健康快乐成长。

（三）主要目标

到2020年，全国学前三年毛入园率达到85%，普惠性幼儿园覆盖率（公办园和普惠性民办园在园幼儿占比）达到80%。广覆盖、保基本、有质量的学前教育公共服务体系基本建成，学前教育管理体制、办园体制和政策保障体系基本完善。投入水平显著提高，成本分担机制普遍建立。幼儿园办园行为普遍规范，保教质量明显提升。不同区域、不同类型城市分类解决学前教育发展问题，大型、特大型城市率先实现发展目标。

到2020年，基本形成以本专科为主体的幼儿园教师培养体系，本专科学前教育专业毕业生规模达到20万人以上；建立幼儿园教师专业成长机制，健全培训课程标准，分层分类培训150万名左右幼儿园园长、教师；建立普通高等学校学前教育专业质量认证和保障体系，幼儿园教师队伍综合素质和科学保教能力得到整体提升，幼儿园教师社会地位、待遇保障进一步提高，职业吸引力明显增强。

到2035年，全面普及学前三年教育，建成覆盖城乡、布局合理的学前教育公共服务体系，形成完善的学前教育管理体制、办园体制和政策保障体系，为幼儿提供更加充裕、更加普惠、更加优质的学前教育。

二、优化布局与办园结构

（四）科学规划布局。各地要充分考虑人口变化和城镇化发展趋势，结合实施乡村振兴战略，制定应对学前教育需求高峰方案。以县为单位制定幼儿园布局规划，切实把普惠性幼儿园建设纳入城乡公共管理和公共服务设施统一规划，列入本地区控制性详细规划和土地招拍挂建设项目成本，选定具体位置，明确服务范围，确定建设规模，确保优先建设。公办园资源不足的城镇地区，新建改扩建一批公办园。大力发展农村学前教育，每个乡镇原则上至少办好一所公办中心园，大村独立建园或设分园，小村联合办园，人口分散地区根据实际情况可举办流动幼儿园、季节班等，配备专职巡回指导教师，完善县乡村三级学前教育公共服务网络。

（五）调整办园结构。各地要把发展普惠性学前教育作为重点任务，结合本地实际，着力构建以普惠性资源为主体的办园体系，坚决扭转高收费民办园占比偏高的局面。大力发展公办园，充分发挥公办园保基本、兜底线、引领方向、平抑收费的主渠道作用。按照实现普惠目标的要求，公办园在园幼儿占比偏低的省份，逐步提高公办园在园幼儿占比，到2020年全国原则上达到50%，各地可从实际出发确定具体发展目标。积极扶持民办园提供普惠性服务，规范营利性民办园发展，满足家长不同选择性需求。

三、拓宽途径扩大资源供给

（六）实施学前教育专项。国家继续实施学前教育行动计划，逐年安排建设一批普惠性幼儿园，重点扩大农村地区、脱贫攻坚地区、新增人口集中地区普惠性资源。

（七）积极挖潜扩大增量。充分利用腾退搬迁的空置厂房、乡村公共服务设施、农村中小学闲置校舍等资源，以租赁、租借、划转等形式举办公办园。鼓励支持街道、村集体、有实力的国有企事业单位，特别是普通高等学校举办公办园，在为本单位职工子女入园提供便利的同时，也为社会提供普惠性服务。对于军队停办的幼儿园，要移交地方政府接收，实行属地化管理，确保学前教育资源不流失。

（八）规范小区配套幼儿园建设使用。2019年6月底前，各省（自治区、直辖市）要制定小区配套幼儿园建设管理办法，健全发展改革、自然资源、住房城乡建设、教育等部门联动管理机制，做好配套幼儿园规划、土地出让、园舍设计建设、验收、移交、办园等环节的监督管理。各省（自治区、直辖市）要对小区配套幼儿园规划、建设、移交、办园等情况进行专项治理，2019年年底前整改到位。老城（棚户区）改造、新城开发和居住区建设、易地扶贫搬迁应将配套建设幼儿园纳入公共管理和公共服务设施建设规划，并按照相关标准和规范予以建设，确保配套幼儿园与首期建设的居民住宅区同步规划、同步设计、同步建设、同步验收、同步交付使用。配套幼儿园由当地政府统筹安排，办成公办园或委托办成普惠性民办园，不得办成营利性幼儿园。对存在配套幼儿园缓建、缩建、停建、不建和建而不交等问题的，在整改到位之前，不得办理竣工验收。

（九）鼓励社会力量办园。政府加大扶持力度，引导社会力量更多举办普惠性幼儿园。2019年6月底前，各省（自治区、直辖市）要进一步完善普惠性民办园认定标准、补助标准及扶持政策。通过购买服务、综合奖补、减免租金、派驻公办教师、培训教师、教研指导等方式，支持普惠性民办园发展，并将提供普惠性学位数量和办园质量作为奖补和支持的重要依据。

四、健全经费投入长效机制

（十）优化经费投入结构。国家进一步加大学前教育投入力度，逐步提高学前教育财政投入和支持水平，主要用于扩大普惠性资源、补充配备教师、提高教师待遇、改善办园条件。中央财政继续安排支持学前教育发展资金，支持地方多种形式扩大普惠性资源，深化体制机制改革，健全幼儿资助制度，重点向中西部农村地区和贫困地区倾斜。研究中央专项彩票公益金等支持学前教育发展的政策。地方各级政府要健全学前教育经费投入机制，规范使用管理，强化绩效评价，提高使用效益。

（十一）健全学前教育成本分担机制。各地要从实际出发，科学核定办园成本，以提供普惠性服务为衡量标准，统筹制定财政补助和收费政策，合理确定分担比例。到2020年，各省（自治区、直辖市）制定并落实公办园生均财政拨款标准或生均公用经费标准，合理确定并动态调整拨款水平；因地制宜制定企事业单位、部队、街道、村集体办幼儿园财政补助政策；根据办园成本、经济发展水平和群众承受能力等因素，合理确定公办园收费标准并建立定期动态调整机制。民办园收费项目和标准根据办园成本、市场需求等因素合理确定，向社会公示，并接受有关主管部门的监督。非营利性民办园（包括普惠性民办园）收费具体办法由省级政府制定。营利性民办园收费标准实行市场调节，由幼儿园自主决定。地方政府依法加强对民办园收费的价格监管，坚决抑制过高收费。

（十二）完善学前教育资助制度。各地要认真落实幼儿资助政策，确保接受普惠性学前教育的家庭经济困难儿童（含建档立卡家庭儿童、低保家庭儿童、特困救助供养儿童等）、孤儿和残疾儿童得到资助。

五、大力加强幼儿园教师队伍建设

（十三）严格依标配备教职工。各地要及时补充公办园教职工，严禁“有编不补”、长期使用代课教师。民办园按照配备标准配足配齐教职工。各类幼儿园按照国家相关规定配备卫生保健人员。

（十四）依法保障幼儿园教师地位和待遇。各地要认真落实公办园教师工资待遇保障政策，统筹工资收入政策、经费支出渠道，确保教师工资及时足额发放、同工同酬。有条件的地方可试点实施乡村公办园教师生活补助政策。按照政府购买服务范围的规定，可将公办园中保育员、安保、厨师等服务纳入政府购买服务范围，所需资金从地方财政预算中统筹安排。民办园要参照当地公办园教师工资收入水平，合理确定相应教师的工资收入。各类幼儿园依法依规足额足项为教职工缴纳社会保险和住房公积金。各地要根据学前教育特点和幼儿园教师专业标准，完善幼儿园教师职称评聘标准，畅通职称评聘通道，提高高级职称比例。对作出突出贡献的幼儿园园长、教师，按照国家有关规定予以表彰和奖励。

（十五）完善教师培养体系。办好一批幼儿师范专科学校和若干所幼儿师范学院，支持师范院校设立并办好学前教育专业。中等职业学校相关专业重点培养保育员。根据基本普及学前教育目标，制定学前教育专业培养规划，扩大本专科层次培养规模及学前教育专业公费师范生招生规模。前移培养起点，大力培养初中毕业起点的五年制专科学历的幼儿园教师。引导学前教育专业毕业生从事幼教工作，鼓励师范院校在校生辅修或转入学前教育专业，扩大有质量教师供给。创新培养模式，优化培养课程体系，突出保教融合，健全学前教育法规及规章制度，加强儿童发展、幼儿园保育教育实践类课程建设，提高培养专业化水平。2018年启动师范院校学前教育专业国家认证工作，建立培养质量保障制度。

（十六）健全教师培训制度。出台幼儿园教师培训课程指导标准，实行幼儿园园长、教师定期培训和全员轮训制度。研究制定全国幼儿园教师培训工作方案，用两年半左右时间，通过国家、省、县三级培训网络，大规模培训幼儿园园长、教师，重点加强师德师风全员培训、非学前教育专业教师全员补偿培训和未成年人保护方面的法律培训等。创新培训模式，支持师范院校与优质幼儿园协同建立培训基地，强化专业学习与跟岗实践相结合，增强培训针对性和实效性，切实提高教师专业水平和科学保教能力。

（十七）严格教师队伍管理。认真落实教师资格准入与定期注册制度，严格执行幼儿园园长、教师专业标准，坚持公开招聘制度，全面落实幼儿园教师持证上岗，切实把好幼儿园园长、教师入口关。非学前教育专业毕业生到幼儿园从教须经专业培训并取得相应教师资格。强化师德师风建设，通过加强师德教育、完善考评制度、加大监察监督、建立信用记录、完善诚信承诺和失信惩戒机制等措施，提高教师职业素养，培养热爱幼教、热爱幼儿的职业情怀。对违反职业行为规范、影响恶劣的实行“一票否决”，终身不得从教。

六、完善监管体系

（十八）落实监管责任。强化各级党委和政府及各有关部门的监管责任，建立健全教育部门主管、各有关部门分工负责的监管机制。健全各级教育部门学前教育管理机构，充实管理力量，建设一支与学前教育事业发展规模和监管任务相适应的专业化管理队伍。

（十九）加强源头监管。严格幼儿园准入管理，各地依据国家基本标准调整完善幼儿园设置标准，严格掌握审批条件，加强对教职工资质与配备标准、办园条件等方面的审核。幼儿园审批严格执行“先证后照”制度，由县级教育部门依法进行前置审批，取得办园许可证后，到相关部门办理法人登记。对符合条件的幼儿园，按照国家相关规定进行事业单位登记。

（二十）完善过程监管。强化对幼儿园教职工资质和配备、收费行为、安全防护、卫生保健、保教质量、经费使用以及财务管理等方面的动态监管，完善年检制度。各地建立幼儿园基本信息备案及公示制度，充分利用互联网等信息化手段，向社会及时公布并更新幼儿园教职工配备、收费标准、质量评估等方面信息，主动接受社会监督。教育、民政、市场监管等部门要健全家长投诉渠道，及时回应和解决家长反映的问题。健全家长志愿者驻园值守制度，充分发挥幼儿园家长委员会作用，推动家长有效参与幼儿园重大事项决策和日常管理。建设全国学前教育管理信息系统，提高学前教育信息化管理水平。

（二十一）强化安全监管。落实相关部门对幼儿园安全保卫和监管责任，提升人防、物防、技防能力，建立全覆盖的幼儿园安全风险防控体系。幼儿园所在街道（乡镇）、城乡社区居民委员会（村民委员会）共同做好幼儿园安全监管工作。幼儿园必须把保护幼儿生命安全和健康放在首位，落实园长安全主体责任，健全各项安全管理制度和安全责任制，强化法治教育和安全教育，提高家长安全防范意识和能力，并通过符合幼儿身心特点的方式提高幼儿感知、体悟、躲避危险和伤害的能力。

（二十二）严格依法监管。加强办园行为督导，实行幼儿园责任督学挂牌督导制度。幼儿园提供虚假或误导家长信息的，纳入诚信记录。对存在伤害儿童、违规收费等行为的幼儿园，及时进行整改、追究责任；造成恶劣影响的，依法吊销办园许可证，有关责任人终身不得办学和执教；构成犯罪的，依法追究其刑事责任。

七、规范发展民办园

（二十三）稳妥实施分类管理。2019年6月底前，各省（自治区、直辖市）要制定民办园分类管理实施办法，明确分类管理政策。现有民办园根据举办者申请，限期归口进行非营利性民办园或营利性民办园分类登记。在此期间，县级以上教育、民政、市场监管部门做好衔接等工作，确保分类登记平稳实施、有序进行。

（二十四）遏制过度逐利行为。民办园应依法建立财务、会计和资产管理制度，按照国家有关规定设置会计账簿，收取的费用应主要用于幼儿保教活动、改善办园条件和保障教职工待遇，每年依规向当地教育、民政或市场监管部门提交经审计的财务报告。社会资本不得通过兼并收购、受托经营、加盟连锁、利用可变利益实体、协议控制等方式控制国有资产或集体资产举办的幼儿园、非营利性幼儿园；已违规的，由教育部门会同有关部门进行清理整治，清理整治完成前不得进行增资扩股。参与并购、加盟、连锁经营的营利性幼儿园，应将与相关利益企业签订的协议报县级以上教育部门备案并向社会公布；当地教育部门应对相关利益企业和幼儿园的资质、办园方向、课程资源、数量规模及管理能力等进行严格审核，实施加盟、连锁行为的营利性幼儿园原则上应取得省级示范园资质。幼儿园控制主体或品牌加盟主体变更，须经所在区县教育部门审批，举办者变更须按规定办理核准登记手续，按法定程序履行资产交割。所属幼儿园出现安全、经营、管理、质量、财务、资产等方面问题时，举办者、实际控制人、负责幼儿园经营的管理机构应承担相应责任。民办园一律不准单独或作为一部分资产打包上市。上市公司不得通过股票市场融资投资营利性幼儿园，不得通过发行股份或支付现金等方式购买营利性幼儿园资产。

（二十五）分类治理无证办园。各地要将无证园全部纳入监管范围，建立工作台账，稳妥做好排查、分类、扶持和治理工作。加大整改扶持力度，通过整改扶持规范一批无证园，达到基本标准的，颁发办园许可证。整改后仍达不到安全卫生等办园基本要求的，地方政府要坚决予以取缔，并妥善分流和安置幼儿。2020年年底前，各地要稳妥完成无证园治理工作。

八、提高幼儿园保教质量

（二十六）全面改善办园条件。幼儿园园舍条件、玩教具和幼儿图书配备应达到规定要求。国家制定幼儿园玩教具和图书配备指南，广泛征集遴选符合幼儿身心特点的优质游戏活动资源和体现中国优秀传统文化、现代生活特色的绘本。各地要加强对玩教具和图书配备的指导，支持引导幼儿园充分利用当地自然和文化资源，合理布局空间、设施，为幼儿提供有利于激发学习探索、安全、丰富、适宜的游戏材料和玩教具，防止盲目攀比、不切实际。

（二十七）注重保教结合。幼儿园要遵循幼儿身心发展规律，树立科学保教理念，建立良好师幼关系。合理安排幼儿一日生活，为幼儿提供均衡的营养，保证充足的睡眠和适宜的锻炼，传授基本的文明礼仪，培育幼儿良好的卫生、生活、行为习惯和自我保护能力。坚持以游戏为基本活动，珍视幼儿游戏活动的独特价值，保护幼儿的好奇心和学习兴趣，尊重个体差异，鼓励支持幼儿通过亲近自然、直接感知、实际操作、亲身体验等方式学习探索，促进幼儿快乐健康成长。开展幼儿园“小学化”专项治理行动，坚决克服和纠正“小学化”倾向，小学起始年级必须按国家课程标准坚持零起点教学。

（二十八）完善学前教育教研体系。健全各级学前教育教研机构，充实教研队伍，落实教研指导责任区制度，加强园本教研、区域教研，及时解决幼儿园教师在教育实践过程中的困惑和问题。充分发挥城镇优质幼儿园和农村乡镇中心园的辐射带动作用，加强对薄弱园的专业引领和实践指导。

（二十九）健全质量评估监测体系。国家制定幼儿园保教质量评估指南，各省（自治区、直辖市）完善幼儿园质量评估标准，健全分级分类评估体系，建立一支立足实践、熟悉业务的专业化质量评估队伍，将各类幼儿园全部纳入质量评估范畴，定期向社会公布评估结果。加强幼儿园保育教育资源监管，在幼儿园推行使用的课程教学类资源须经省级学前教育专家指导委员会审核。

九、加强组织领导

（三十）加强党的领导。全面加强党对学前教育事业的领导，按照管党建与管业务相结合的原则，市、县级党委教育工作部门或教育行政部门党组织统一领导和指导幼儿园党建工作。认真落实全面从严治党要求，实现幼儿园党的组织和党的工作全覆盖。充分发挥幼儿园党组织作用，保障正确办园方向，认真做好教职工思想政治工作，厚植立德树人基础。

（三十一）健全管理体制。认真落实国务院领导、省市统筹、以县为主的学前教育管理体制。积极推动各地理顺机关、企事业单位办幼儿园的办园体制，实行属地化管理。国家完善相关法规制度，制定学前教育发展规划，推进普及学前教育，构建覆盖城乡的学前教育公共服务体系。地方政府是发展学前教育的责任主体，省级和市级政府负责统筹加强学前教育工作，推动出台地方性学前教育法规，制定相关规章和本地学前教育发展规划，健全投入机制，明确分担责任，完善相关政策措施并组织实施；县级政府对本县域学前教育发展负主体责任，负责制定学前教育发展规划和幼儿园布局、公办园的建设、教师配备补充、工资待遇及幼儿园运转，面向各类幼儿园进行监督管理，指导幼儿园做好保教工作，在土地划拨等方面对幼儿园予以优惠和支持，确保县域内学前教育规范有序健康发展。城市街道办事处、乡（镇）政府要积极支持办好本行政区域内各类幼儿园。

（三十二）完善部门协调机制。教育部门要完善政策，制定标准，充实管理、教研力量，加强学前教育的科学指导和监督管理。编制部门要结合实际合理核定公办园教职工编制。发展改革部门要把学前教育纳入当地经济社会发展规划，支持幼儿园建设发展。财政部门要完善财政支持政策，支持扩大普惠性学前教育资源。自然资源、住房城乡建设部门要将城镇小区和新农村配套幼儿园必要建设用地及时纳入相关规划，会同教育部门加强对配套幼儿园的建设、验收、移交等环节的监管落实。人力资源社会保障部门要制定完善幼儿园教职工人事（劳动）、工资待遇、社会保障和职称评聘政策。价格、财政、教育部门要根据职责分工，加强幼儿园收费管理。卫生健康部门要监督指导幼儿园卫生保健工作。民政、市场监管部门要分别对取得办学许可证的非营利性幼儿园和营利性幼儿园依法办理法人登记手续。金融监管部门要对民办园并购、融资上市等行为进行规范监管。党委政法委组织协调公安、司法等政法机关和有关部门进一步加强幼儿园安全保卫工作的指导，依法严厉打击侵害幼儿人身安全的违法犯罪行为，推动幼儿园及周边社会治安综合治理。

（三十三）建立督导问责机制。将学前教育普及普惠目标和相关政策措施落实情况作为对省级政府履行教育职责督导评估的重要内容，作为地方各级党委和政府督查工作的重点任务，纳入督导评估和目标考核体系。国务院教育督导委员会制定普及学前教育督导评估办法，以县为单位对普及学前教育情况进行评估，省级为主推动实施，国家审核认定。省一级建立专项督查机制，加强对普惠性资源配置、教师队伍建设、经费投入与成本分担机制等政府责任落实情况的督导检查，并将结果向社会公示。对发展学前教育成绩突出的地区予以表彰奖励，对履行职责不力、没有如期完成发展目标地区的责任人予以问责。

（三十四）研究制定学前教育法。加快推进学前教育立法，进一步明确学前教育在国民教育体系中的地位和公益普惠属性，强化政府和各有关部门在学前教育规划、投入、资源配置、师资队伍建设和监管等方面的责任，明确举办者对幼儿园办园条件、师资聘任、工资待遇、运转保障、经费使用与财务管理等方面的责任，促进学前教育事业健康可持续发展。加大对违法违规办园行为的惩治力度，推进学前教育走上依法办园、依法治教的轨道，保障幼儿身心健康成长。

（三十五）营造良好氛围。教育部门会同宣传、广电部门及新闻媒体认真遴选并广泛宣传各地学前教育工作的典型经验，以及为发展学前教育事业作出突出贡献的先进个人事迹，积极开展“全国学前教育宣传月”等宣传教育活动，传播科学育儿理念和知识，集中宣传展示先进典型经验，大力营造全社会关心支持学前教育改革发展的良好氛围。

国务院办公厅关于开展城镇小区配套幼儿园治理工作的通知

国办发〔2019〕3号

各省、自治区、直辖市人民政府，国务院各部委、各直属机构：

城镇小区配套建设幼儿园是城镇公共服务设施建设的重要内容，是扩大普惠性学前教育资源的重要途径，是保障和改善民生的重要举措。2018年11月，党中央、国务院印发《关于学前教育深化改革规范发展的若干意见》，提出规范小区配套幼儿园建设使用，并对小区配套幼儿园规划、建设、移交、办园等情况进行治理作出部署。为落实相关要求，经国务院同意，现就开展治理工作有关事项通知如下：

一、总体要求

以习近平新时代中国特色社会主义思想为指导，全面贯彻党的十九大和十九届二中、三中全会精神，落实全国教育大会部署，坚持以人民为中心的发展思想，认真履行政府责任，依法落实城镇公共服务设施建设规定，着力构建以普惠性资源为主体的学前教育公共服务体系，聚焦小区配套幼儿园规划、建设、移交、办园等环节存在的突出问题开展治理，进一步提高学前教育公益普惠水平，切实办好学前教育，满足人民群众对幼有所育的期盼。

二、工作任务

1. 城镇小区严格依标配建幼儿园。严格遵循《中华人民共和国城乡规划法》和《城市居住区规划设计标准》（GB 50180），老城区（棚户区）改造、新城开发和居住区建设、易地扶贫搬迁应将配套建设幼儿园纳入公共管理和公共服务设施建设规划，并按照相关标准和规范予以建设。城镇小区没有规划配套幼儿园或规划不足，或者有完整规划但建设不到位的，要依据国家和地方配建标准，通过补建、改建或就近新建、置换、购置等方式予以解决。对存在配套幼儿园缓建、缩建、停建、不建和建而不交等问题的，在整改到位之前，不得办理竣工验收。

2. 确保小区配套幼儿园如期移交。已建成的小区配套幼儿园应按照规定及时移交当地教育行政部门，未移交当地教育行政部门的应限期完成移交，对已挪作他用的要采取有效措施予以收回。有关部门要按规定对移交的幼儿园办理土地、园舍移交及资产登记手续。

3. 规范小区配套幼儿园使用。小区配套幼儿园移交当地教育行政部门后，应当由教育行政部门办成公办园或委托办成普惠性民办园，不得办成营利性幼儿园。办成公办园的，当地政府及有关部门要做好机构编制、教师配备等方面的工作；委托办成普惠性民办园的，要做好对相关机构资质、管理能力、卫生安全及保教质量等方面的审核，明确补助标准，加强对普惠实效及质量方面的动态监管。

三、工作措施

1. 摸底排查。各地以县（市、区）为单位，对城镇小区配套幼儿园情况进行全面摸底排查，针对规划、配建、移交、使用不到位等情况，分别列出清单、建立台账。该项工作于2019年4月底前完成。

2. 全面整改。针对摸底排查出的问题，从实际出发，认真制定有针对性的整改措施，按照“一事一议”、“一园一案”的要求逐一进行整改。对于已经建成、需要办理移交手续的，原则上于2019年6月底前完成；对于需要回收、置换、购置的，原则上于2019年9月底前完成；对于需要补建、改建、新建的，原则上于2019年12月底前完成相关建设规划，2020年12月底前完成项目竣工验收。

3. 监督评估。对各地自查、摸排、整改等环节加强督导、监督和评估，并针对关键环节适时进行抽查，对落实不力、整改不到位的地区进行通报。

四、组织实施

1. 建立治理工作协调机制。成立城镇小区配套幼儿园治理工作小组，组长由协助分管教育工作的国务院副秘书长担任，成员由教育部、住房城乡建设部、发展改革委、民政部、自然资源部等部门负责同志组成。治理工作联合办公室设在教育部、住房城乡建设部。各地要参照建立相应工作机制，加强治理工作协调。

2. 落实治理责任分工。按照小区配套幼儿园规划、建设、移交、办园等各个环节的工作要求，明晰各项工作的主责部门及配合部门，建立联审联管机制，切实把摸底排查、全面整改等各项任务落到实处。教育行政部门要参与小区配套幼儿园规划、建设、验收、移交等各个环节的工作。发展改革部门要参与小区配套幼儿园建设项目规划布局，对需要补建、改建、新建的项目按程序及时办理审批、核准或备案手续。自然资源部门要根据国家和地方配建标准，统筹规划城镇小区配套幼儿园，将小区配套幼儿园必要建设用地及时纳入国土空间规划，按相关规定划拨建设用地。住房城乡建设部门要加强对城镇小区配套幼儿园的建筑设计、施工建设、验收、移交的监管落实。机构编制部门按程序做好小区配套幼儿园移交涉及的机构编制工作，根据办园性质，分别由机构编制部门和民政部门依法办理事业单位法人登记或民办非企业单位法人登记。在治理工作中，需要其他相关部门支持配合的，地方各级人民政府要加强统筹协调。

3. 加强治理工作保障。地方各级人民政府要认真制定治理工作方案，明确治理步骤，细化工作分工，压实部门责任，完善治理举措，确保治理工作如期完成。要加强社会监督，及时向社会公布治理工作方案、整改措施及治理结果。畅通群众反映意见渠道，设立并公布监督举报电话和信箱。健全部门工作联动、形势研判和应急反应机制，妥善处理突发事件，坚决维护社会稳定。对在治理工作中发现的造成学前教育资源严重流失等失职渎职行为和违法违纪案件，要依法依规追究责任。要及时总结治理情况，制定完善小区配套幼儿园建设管理办法，形成规范管理的长效机制。

各省（自治区、直辖市）治理工作方案、反映意见渠道以及摸底排查、整改等情况，要及时报送治理工作联合办公室。

国务院办公厅

2019年1月9日

幼儿园工作规程

第一章 总 则

第一条 为了加强幼儿园的科学管理，规范办园行为，提高保育和教育质量，促进幼儿身心健康，依据《中华人民共和国教育法》等法律法规，制定本规程。

第二条 幼儿园是对3周岁以上学龄前幼儿实施保育和教育的机构。幼儿园教育是基础教育的重要组成部分，是学校教育制度的基础阶段。

第三条 幼儿园的任务是：贯彻国家的教育方针，按照保育与教育相结合的原则，遵循幼儿身心发展特点和规律，实施德、智、体、美等方面全面发展的教育，促进幼儿身心和谐发展。

幼儿园同时面向幼儿家长提供科学育儿指导。

第四条 幼儿园适龄幼儿一般为3周岁至6周岁。

幼儿园一般为三年制。

第五条 幼儿园保育和教育的主要目标是：

（一）促进幼儿身体正常发育和机能的协调发展，增强体质，促进心理健康，培养良好的生活习惯、卫生习惯和参加体育活动的兴趣。

（二）发展幼儿智力，培养正确运用感官和运用语言交往的基本能力，增进对环境的认识，培养有益的兴趣和求知欲望，培养初步的动手探究能力。

（三）萌发幼儿爱祖国、爱家乡、爱集体、爱劳动、爱科学的情感，培养诚实、自信、友爱、勇敢、勤学、好问、爱护公物、克服困难、讲礼貌、守纪律等良好的品德行为和习惯，以及活泼开朗的性格。

（四）培养幼儿初步感受美和表现美的情趣和能力。

第六条 幼儿园教职工应当尊重、爱护幼儿，严禁虐待、歧视、体罚和变相体罚、侮辱幼儿人格等损害幼儿身心健康的行为。

第七条 幼儿园可分为全日制、半日制、定时制、季节制和寄宿制等。上述形式可分别设置，也可混合设置。

第二章 幼儿入园和编班

第八条 幼儿园每年秋季招生。平时如有缺额，可随时补招。

幼儿园对烈士子女、家中无人照顾的残疾人子女、孤儿、家庭经济困难幼儿、具有接受普通教育能力的残疾儿童等入园，按照国家和地方的有关规定予以照顾。

第九条 企业、事业单位和机关、团体、部队设置的幼儿园，除招收本单位工作人员的子女外，应当积极创造条件向社会开放，招收附近居民子女入园。

第十条 幼儿入园前，应当按照卫生部门制定的卫生保健制度进行健康检查，合格者方可入园。

幼儿入园除进行健康检查外，禁止任何形式的考试或测查。

第十一条 幼儿园规模应当有利于幼儿身心健康，便于管理，一般不超过360人。

幼儿园每班幼儿人数一般为：小班（3周岁至4周岁）25人，中班（4周岁至5周岁）30人，大班（5周岁至6周岁）35人，混合班30人。寄宿制幼儿园每班幼儿人数酌减。

幼儿园可以按年龄分别编班，也可以混合编班。

第三章　幼儿园的安全

第十二条　幼儿园应当严格执行国家和地方幼儿园安全管理的相关规定，建立健全门卫、房屋、设备、消防、交通、食品、药物、幼儿接送交接、活动组织和幼儿就寝值守等安全防护和检查制度，建立安全责任制和应急预案。

第十三条　幼儿园的园舍应当符合国家和地方的建设标准，以及相关安全、卫生等方面的规范，定期检查维护，保障安全。幼儿园不得设置在污染区和危险区，不得使用危房。

幼儿园的设备设施、装修装饰材料、用品用具和玩教具材料等，应当符合国家相关的安全质量标准和环保要求。

入园幼儿应当由监护人或者其委托的成年人接送。

第十四条　幼儿园应当严格执行国家有关食品药品安全的法律法规，保障饮食饮水卫生安全。

第十五条　幼儿园教职工必须具有安全意识，掌握基本急救常识和防范、避险、逃生、自救的基本方法，在紧急情况下应当优先保护幼儿的人身安全。

幼儿园应当把安全教育融入一日生活，并定期组织开展多种形式的安全教育和事故预防演练。

幼儿园应当结合幼儿年龄特点和接受能力开展反家庭暴力教育，发现幼儿遭受或者疑似遭受家庭暴力的，应当依法及时向公安机关报案。

第十六条　幼儿园应当投保校方责任险。

第四章　幼儿园的卫生保健

第十七条　幼儿园必须切实做好幼儿生理和心理卫生保健工作。

幼儿园应当严格执行《托儿所幼儿园卫生保健管理办法》以及其他有关卫生保健的法规、规章和制度。

第十八条 幼儿园应当制定合理的幼儿一日生活作息制度。正餐间隔时间为3.5—4小时。在正常情况下，幼儿户外活动时间（包括户外体育活动时间）每天不得少于2小时，寄宿制幼儿园不得少于3小时；高寒、高温地区可酌情增减。

第十九条 幼儿园应当建立幼儿健康检查制度和幼儿健康卡或档案。每年体检一次，每半年测身高、视力一次，每季度量体重一次；注意幼儿口腔卫生，保护幼儿视力。

幼儿园对幼儿健康发展状况定期进行分析、评价，及时向家长反馈结果。

幼儿园应当关注幼儿心理健康，注重满足幼儿的发展需要，保持幼儿积极的情绪状态，让幼儿感受到尊重和接纳。

第二十条 幼儿园应当建立卫生消毒、晨检、午检制度和病儿隔离制度，配合卫生部门做好计划免疫工作。

幼儿园应当建立传染病预防和管理制度，制定突发传染病应急预案，认真做好疾病防控工作。

幼儿园应当建立患病幼儿用药的委托交接制度，未经监护人委托或者同意，幼儿园不得给幼儿用药。幼儿园应当妥善管理药品，保证幼儿用药安全。

幼儿园内禁止吸烟、饮酒。

第二十一条 供给膳食的幼儿园应当为幼儿提供安全卫生的食品，编制营养平衡的幼儿食谱，定期计算和分析幼儿的进食量和营养素摄取量，保证幼儿合理膳食。

幼儿园应当每周向家长公示幼儿食谱，并按照相关规定进行食品留样。

第二十二条 幼儿园应当配备必要的设备设施，及时为幼儿提供安全卫生的饮用水。

幼儿园应当培养幼儿良好的大小便习惯，不得限制幼儿便溺的次数、时间等。

第二十三条 幼儿园应当积极开展适合幼儿的体育活动，充分利用日光、空气、水等自然因素以及本地自然环境，有计划地锻炼幼儿肌体，增强身体的适应和抵抗能力。正常情况下，每日户外体育活动不得少于1小时。

幼儿园在开展体育活动时，应当对体弱或有残疾的幼儿予以特殊照顾。

第二十四条 幼儿园夏季要做好防暑降温工作，冬季要做好防寒保暖工作，防止中暑和冻伤。

第五章 幼儿园的教育

第二十五条 幼儿园教育应当贯彻以下原则和要求：

（一）德、智、体、美等方面的教育应当互相渗透，有机结合。

（二）遵循幼儿身心发展规律，符合幼儿年龄特点，注重个体差异，因人施教，引导幼儿个性健康发展。

（三）面向全体幼儿，热爱幼儿，坚持积极鼓励、启发引导的正面教育。

（四）综合组织健康、语言、社会、科学、艺术各领域的教育内容，渗透于幼儿一日生活的各项活动中，充分发挥各种教育手段的交互作用。

（五）以游戏为基本活动，寓教育于各项活动之中。

（六）创设与教育相适应的良好环境，为幼儿提供活动和表现能力的机会与条件。

第二十六条 幼儿一日活动的组织应当动静交替，注重幼儿的直接感知、实际操作和亲身体验，保证幼儿愉快的、有益的自由活动。

第二十七条 幼儿园日常生活组织，应当从实际出发，建立必要、合理的常规，坚持一贯性和灵活性相结合，培养幼儿的良好习惯和初步的生活自理能力。

第二十八条 幼儿园应当为幼儿提供丰富多样的教育活动。

教育活动内容应当根据教育目标、幼儿的实际水平和兴趣确定，以循序渐进为原则，有计划地选择和组织。

教育活动的组织应当灵活地运用集体、小组和个别活动等形式，为每个幼儿提供充分参与的机会，满足幼儿多方面发展的需要，促进每个幼儿在不同水平上得到发展。

教育活动的过程应注重支持幼儿的主动探索、操作实践、合作交流和表达表现，不应片面追求活动结果。

第二十九条 幼儿园应当将游戏作为对幼儿进行全面发展教育的重要形式。

幼儿园应当因地制宜创设游戏条件，提供丰富、适宜的游戏材料，保证充足的游戏时间，开展多种游戏。

幼儿园应当根据幼儿的年龄特点指导游戏，鼓励和支持幼儿根据自身兴趣、需要和经验水平，自主选择游戏内容、游戏材料和伙伴，使幼儿在游戏过程中获得积极的情绪情感，促进幼儿能力和个性的全面发展。

第三十条 幼儿园应当将环境作为重要的教育资源，合理利用室内外环境，创设开放的、多样的区域活动空间，提供适合幼儿年龄特点的丰富的玩具、操作材料和幼儿读物，支持幼儿自主选择和主动学习，激发幼儿学习的兴趣与探究的愿望。

幼儿园应当营造尊重、接纳和关爱的氛围，建立良好的同伴和师生关系。

幼儿园应当充分利用家庭和社区的有利条件，丰富和拓展幼儿园的教育资源。

第三十一条 幼儿园的品德教育应当以情感教育和培养良好行为习惯为主，注重潜移默化的影响，并贯穿于幼儿生活以及各项活动之中。

第三十二条 幼儿园应当充分尊重幼儿的个体差异，根据幼儿不同的心理发展水平，研究有效的活动形式和方法，注重培养幼儿良好的个性心理品质。

幼儿园应当为在园残疾儿童提供更多的帮助和指导。

第三十三条 幼儿园和小学应当密切联系，互相配合，注意两个阶段教育的相互衔接。

幼儿园不得提前教授小学教育内容，不得开展任何违背幼儿身心发展规律的活动。

第六章 幼儿园的园舍、设备

第三十四条 幼儿园应当按照国家的相关规定设活动室、寝室、卫生间、保健室、综合活动室、厨房和办公用房等，并达到相应的建设标准。有条件的幼儿园应当优先扩大幼儿游戏和活动空间。

寄宿制幼儿园应当增设隔离室、浴室和教职工值班室等。

第三十五条 幼儿园应当有与其规模相适应的户外活动场地，配备必要的游戏和体育活动设施，创造条件开辟沙地、水池、种植园地等，并根据幼儿活动的需要绿化、美化园地。

第三十六条 幼儿园应当配备适合幼儿特点的桌椅、玩具架、盥洗卫生用具，以及必要的玩教具、图书和乐器等。

玩教具应当具有教育意义并符合安全、卫生要求。幼儿园应当因地制宜，就地取材，自制玩教具。

第三十七条 幼儿园的建筑规划面积、建筑设计和功能要求，以及设施设备、玩教具配备，按照国家和地方的相关规定执行。

第七章 幼儿园的教职工

第三十八条 幼儿园按照国家相关规定设园长、副园长、教师、保育员、卫生保健人员、炊事员和其他工作人员等岗位，配足配齐教职工。

第三十九条　幼儿园教职工应当贯彻国家教育方针，具有良好品德，热爱教育事业，尊重和爱护幼儿，具有专业知识和技能以及相应的文化和专业素养，为人师表，忠于职责，身心健康。

幼儿园教职工患传染病期间暂停在幼儿园的工作。有犯罪、吸毒记录和精神病史者不得在幼儿园工作。

第四十条　幼儿园园长应当符合本规程第三十九条规定，并应当具有《教师资格条例》规定的教师资格、具备大专以上学历、有三年以上幼儿园工作经历和一定的组织管理能力，并取得幼儿园园长岗位培训合格证书。

幼儿园园长由举办者任命或者聘任，并报当地主管的教育行政部门备案。

幼儿园园长负责幼儿园的全面工作，主要职责如下：

（一）贯彻执行国家的有关法律、法规、方针、政策和地方的相关规定，负责建立并组织执行幼儿园的各项规章制度；

（二）负责保育教育、卫生保健、安全保卫工作；

（三）负责按照有关规定聘任、调配教职工，指导、检查和评估教师以及其他工作人员的工作，并给予奖惩；

（四）负责教职工的思想工作，组织业务学习，并为他们的学习、进修、教育研究创造必要的条件；

（五）关心教职工的身心健康，维护他们的合法权益，改善他们的工作条件；

（六）组织管理园舍、设备和经费；

（七）组织和指导家长工作；

（八）负责与社区的联系和合作。

第四十一条　幼儿园教师必须具有《教师资格条例》规定的幼儿园教师资格，并符合本规程第三十九条规定。

幼儿园教师实行聘任制。

幼儿园教师对本班工作全面负责，其主要职责如下：

（一）观察了解幼儿，依据国家有关规定，结合本班幼儿的发展水平和兴趣需要，制订和执行教育工作计划，合理安排幼儿一日生活；

（二）创设良好的教育环境，合理组织教育内容，提供丰富的玩具和游戏材料，开展适宜的教育活动；

（三）严格执行幼儿园安全、卫生保健制度，指导并配合保育员管理本班幼儿生活，做好卫生保健工作；

（四）与家长保持经常联系，了解幼儿家庭的教育环境，商讨符合幼儿特点的教育措施，相互配合共同完成教育任务；

（五）参加业务学习和保育教育研究活动；

（六）定期总结评估保教工作实效，接受园长的指导和检查。

第四十二条　幼儿园保育员应当符合本规程第三十九条规定，并应当具备高中毕业以上学历，受过幼儿保育职业培训。

幼儿园保育员的主要职责如下：

（一）负责本班房舍、设备、环境的清洁卫生和消毒工作；

（二）在教师指导下，科学照料和管理幼儿生活，并配合本班教师组织教育活动；

（三）在卫生保健人员和本班教师指导下，严格执行幼儿园安全、卫生保健制度；

（四）妥善保管幼儿衣物和本班的设备、用具。

第四十三条　幼儿园卫生保健人员除符合本规程第三十九条规定外，医师应当取得卫生行政部门颁发的《医师执业证书》；护士应当取得《护士执业证书》；保健员应当具有高中毕业以上学历，并经过当地妇幼保健机构组织的卫生保健专业知识培训。

幼儿园卫生保健人员对全园幼儿身体健康负责，其主要职责如下：

（一）协助园长组织实施有关卫生保健方面的法规、规章和制度，并监督执行；

（二）负责指导调配幼儿膳食，检查食品、饮水和环境卫生；

（三）负责晨检、午检和健康观察，做好幼儿营养、生长发育的监测和评价；定期组织幼儿健康体检，做好幼儿健康档案管理；

（四）密切与当地卫生保健机构的联系，协助做好疾病防控和计划免疫工作；

（五）向幼儿园教职工和家长进行卫生保健宣传和指导。

（六）妥善管理医疗器械、消毒用具和药品。

第四十四条　幼儿园其他工作人员的资格和职责，按照国家和地方的有关规定执行。

第四十五条　对认真履行职责、成绩优良的幼儿园教职工，应当按照有关规定给予奖励。

对不履行职责的幼儿园教职工，应当视情节轻重，依法依规给予相应处分。

第八章　幼儿园的经费

第四十六条　幼儿园的经费由举办者依法筹措，保障有必备的办园资金和稳定的经费来源。

按照国家和地方相关规定接受财政扶持的提供普惠性服务的国有企事业单位办园、集体办园和民办园等幼儿园，应当接受财务、审计等有关部门的监督检查。

第四十七条　幼儿园收费按照国家和地方的有关规定执行。

幼儿园实行收费公示制度，收费项目和标准向家长公示，接受社会监督，不得以任何名义收取与新生入园相挂钩的赞助费。

幼儿园不得以培养幼儿某种专项技能、组织或参与竞赛等为由，另外收取费用；不得以营利为目的组织幼儿表演、竞赛等活动。

第四十八条　幼儿园的经费应当按照规定的使用范围合理开支，坚持专款专用，不得挪作他用。

第四十九条　幼儿园举办者筹措的经费，应当保证保育和教育的需要，有一定比例用于改善办园条件和开展教职工培训。

第五十条　幼儿膳食费应当实行民主管理制度，保证全部用于幼儿膳食，每月向家长公布账目。

第五十一条　幼儿园应当建立经费预算和决算审核制度，经费预算和决算应当提交园务委员会审议，并接受财务和审计部门的监督检查。

幼儿园应当依法建立资产配置、使用、处置、产权登记、信息管理等管理制度，严格执行有关财务制度。

第九章　幼儿园、家庭和社区

第五十二条　幼儿园应当主动与幼儿家庭沟通合作，为家长提供科学育儿宣传指导，帮助家长创设良好的家庭教育环境，共同担负教育幼儿的任务。

第五十三条　幼儿园应当建立幼儿园与家长联系的制度。幼儿园可采取多种形式，指导家长正确了解幼儿园保育和教育的内容、方法，定期召开家长会议，并接待家长的来访和咨询。

幼儿园应当认真分析、吸收家长对幼儿园教育与管理工作的意见与建议。

幼儿园应当建立家长开放日制度。

第五十四条　幼儿园应当成立家长委员会。

家长委员会的主要任务是：对幼儿园重要决策和事关幼儿切身利益的事项提出意见和建议；发挥家长的专业和资源优势，支持幼儿园保育教育工作；帮助家长了解幼儿园工作计划和要求，协助幼儿园开展家庭教育指导和交流。

家长委员会在幼儿园园长指导下工作。

第五十五条　幼儿园应当加强与社区的联系与合作，面向社区宣传科学育儿知识，开展灵活多样的公益性早期教育服务，争取社区对幼儿园的多方面支持。

第十章　幼儿园的管理

第五十六条　幼儿园实行园长负责制。

幼儿园应当建立园务委员会。园务委员会由园长、副园长、党组织负责人和保教、卫生保健、财会等方面工作人员的代表以及幼儿家长代表组成。园长任园务委员会主任。

园长定期召开园务委员会会议，遇重大问题可临时召集，对规章制度的建立、修改、废除，全园工作计划，工作总结，人员奖惩，财务预算和决算方案，以及其他涉及全园工作的重要问题进行审议。

第五十七条　幼儿园应当加强党组织建设，充分发挥党组织政治核心作用、战斗堡垒作用。幼儿园应当为工会、共青团等其他组织开展工作创造有利条件，充分发挥其在幼儿园工作中的作用。

第五十八条　幼儿园应当建立教职工大会制度或者教职工代表大会制度，依法加强民主管理和监督。

第五十九条　幼儿园应当建立教研制度，研究解决保教工作中的实际问题。

第六十条　幼儿园应当制订年度工作计划，定期部署、总结和报告工作。每学年年末应当向教育等行政主管部门报告工作，必要时随时报告。

第六十一条　幼儿园应当接受上级教育、卫生、公安、消防等部门的检查、监督和指导，如实报告工作和反映情况。

幼儿园应当依法接受教育督导部门的督导。

第六十二条　幼儿园应当建立业务档案、财务管理、园务会议、人员奖惩、安全管理以及与家庭、小学联系等制度。

幼儿园应当建立信息管理制度，按照规定采集、更新、报送幼儿园管理信息系统的相关信息，每年向主管教育行政部门报送统计信息。

第六十三条 幼儿园教师依法享受寒暑假期的带薪休假。幼儿园应当创造条件，在寒暑假期间，安排工作人员轮流休假。具体办法由举办者制定。

第十一章 附 则

第六十四条 本规程适用于城乡各类幼儿园。

第六十五条 省、自治区、直辖市教育行政部门可根据本规程，制订具体实施办法。

第六十六条 本规程自2016年3月1日起施行。1996年3月9日由原国家教育委员会令第25号发布的《幼儿园工作规程》同时废止。

幼儿园教育指导纲要（试行）

（2001年7月2日教育部印发　2001年9月起试行）

第一部分　总　则

一、为贯彻《中华人民共和国教育法》、《幼儿园管理条例》和《幼儿园工作规程》，指导幼儿园深入实施素质教育，特制定本纲要。

二、幼儿园教育是基础教育的重要组成部分，是我国学校教育和终身教育的奠基阶段。城乡各类幼儿园都应从实际出发，因地制宜地实施素质教育，为幼儿一生的发展打好基础。

三、幼儿园应与家庭、社区密切合作，与小学相互衔接，综合利用各种教育资源，共同为幼儿的发展创造良好的条件。

四、幼儿园应为幼儿提供健康、丰富的生活和活动环境，满足他们多方面发展的需要，使他们在快乐的童年生活中获得有益于身心发展的经验。

五、幼儿园教育应尊重幼儿的人格和权利，尊重幼儿身心发展的规律和学习特点，以游戏为基本活动，保教并重，关注个别差异，促进每个幼儿富有个性的发展。

第二部分　教育内容与要求

幼儿园的教育内容是全面的、启蒙性的，可以相对划分为健康、语言、社会、科学、艺术等五个领域，也可作其它不同的划分。各领域的内容相互渗透，从不同的角度促进幼儿情感、态度、能力、知识、技能等方面的发展。

一、健康

（一）目标

1. 身体健康，在集体生活中情绪安定、愉快；

2. 生活、卫生习惯良好，有基本的生活自理能力；

3. 知道必要的安全保健常识，学习保护自己；

4. 喜欢参加体育活动，动作协调、灵活。

（二）内容与要求

1. 建立良好的师生、同伴关系，让幼儿在集体生活中感到温暖，心情愉快，形成安全感、信赖感。

2. 与家长配合，根据幼儿的需要建立科学的生活常规。培养幼儿良好的饮食、睡眠、盥洗、排泄等生活习惯和生活自理能力。

3. 教育幼儿爱清洁、讲卫生，注意保持个人和生活场所的整洁和卫生。

4. 密切结合幼儿的生活进行安全、营养和保健教育，提高幼儿的自我保护意识和能力。

5. 开展丰富多彩的户外游戏和体育活动，培养幼儿参加体育活动的兴趣和习惯，增强体质，提高对环境的适应能力。

6. 用幼儿感兴趣的方式发展基本动作，提高动作的协调性、灵活性。

7. 在体育活动中，培养幼儿坚强、勇敢、不怕困难的意志品质和主动、乐观、合作的态度。

（三）指导要点

1. 幼儿园必须把保护幼儿的生命和促进幼儿的健康放在工作的首位。树立正确的健康观念，在重视幼儿身体健康的同时，要高度重视幼儿的心理健康。

2. 既要高度重视和满足幼儿受保护、受照顾的需要，又要尊重和满足他们不断增长的独立要求，避免过度保护和包办代替，鼓励并指导幼儿自理、自立的尝试。

3. 健康领域的活动要充分尊重幼儿生长发育的规律，严禁以任何名义进行有损幼儿健康的比赛、表演或训练等。

4. 培养幼儿对体育活动的兴趣是幼儿园体育的重要目标，要根据幼儿的特点组织生动有趣、形式多样的体育活动，吸引幼儿主动参与。

二、语言

（一）目标

1. 乐意与人交谈，讲话礼貌；

2. 注意倾听对方讲话，能理解日常用语；

3. 能清楚地说出自己想说的事；

4. 喜欢听故事、看图书；

5. 能听懂和会说普通话。

（二）内容与要求

1. 创造一个自由、宽松的语言交往环境，支持、鼓励、吸引幼儿与教师、同伴或其他人交谈，体验语言交流的乐趣，学习使用适当的、礼貌的语言交往。

2. 养成幼儿注意倾听的习惯，发展语言理解能力。

3. 鼓励幼儿大胆、清楚地表达自己的想法和感受，尝试说明、描述简单的事物或过程，发展语言表达能力和思维能力。

4. 引导幼儿接触优秀的儿童文学作品，使之感受语言的丰富和优美，并通过多种活动帮助幼儿加深对作品的体验和理解。

5. 培养幼儿对生活中常见的简单标记和文字符号的兴趣。

6. 利用图书、绘画和其他多种方式，引发幼儿对书籍、阅读和书写的兴趣，培养前阅读和前书写技能。

7. 提供普通话的语言环境，帮助幼儿熟悉、听懂并学说普通话。少数民族地区还应帮助幼儿学习本民族语言。

（三）指导要点

1. 语言能力是在运用的过程中发展起来的，发展幼儿语言的关键是创设一个能使他们想说、敢说、喜欢说、有机会说并能得到积极应答的环境。

2. 幼儿语言的发展与其情感、经验、思维、社会交往能力等其它方面的发展密切相关，因此，发展幼儿语言的重要途径是通过互相渗透的各领域的教育，在丰富多彩的活动中去扩展幼儿的经验，提供促进语言发展的条件。

3. 幼儿的语言学习具有个别化的特点，教师与幼儿的个别交流、幼儿之间的自由交谈等，对幼儿语言发展具有特殊意义。

4. 对有语言障碍的儿童要给予特别关注，要与家长和有关方面密切配合，积极地帮助他们提高语言能力。

三、社会

（一）目标

1. 能主动地参与各项活动，有自信心；

2. 乐意与人交往，学习互助、合作和分享，有同情心；

3. 理解并遵守日常生活中基本的社会行为规则；

4. 能努力做好力所能及的事，不怕困难，有初步的责任感；

5. 爱父母长辈、老师和同伴，爱集体、爱家乡、爱祖国。

（二）内容与要求

1. 引导幼儿参加各种集体活动，体验与教师、同伴等共同生活的乐趣，帮助他们正确认识自己和他人，养成对他人、社会亲近、合作的态度，学习初步的人际交往技能。

2. 为每个幼儿提供表现自己长处和获得成功的机会，增强其自尊心和自信心。

3. 提供自由活动的机会，支持幼儿自主地选择、计划活动，鼓励他们通过多方面的努力解决问题，不轻易放弃克服困难的尝试。

4. 在共同的生活和活动中，以多种方式引导幼儿认识、体验并理解基本的社会行为规则，学习自律和尊重他人。

5. 教育幼儿爱护玩具和其他物品，爱护公物和公共环境。

6. 与家庭、社区合作，引导幼儿了解自己的亲人以及与自己生活有关的各行各业人们的劳动，培养其对劳动者的热爱和对劳动成果的尊重。

7. 充分利用社会资源，引导幼儿实际感受祖国文化的丰富与优秀，感受家乡的变化和发展，激发幼儿爱家乡、爱祖国的情感。

8. 适当向幼儿介绍我国各民族和世界其他国家、民族的文化，使其感知人类文化的多样性和差异性，培养理解、尊重、平等的态度。

（三）指导要点

1. 社会领域的教育具有潜移默化的特点。幼儿社会态度和社会情感的培养尤应渗透在多种活动和一日生活的各个环节之中，要创设一个能使幼儿感受到接纳、关爱和支持的良好环境，避免单一呆板的言语说教。

2. 幼儿与成人、同伴之间的共同生活、交往、探索、游戏等，是其社会学习的重要途径。应为幼儿提供人际间相互交往和共同活动的机会和条件，并加以指导。

3. 社会学习是一个漫长的积累过程，需要幼儿园、家庭和社会密切合作，协调一致，共同促进幼儿良好社会性品质的形成。

四、科学

（一）目标

1. 对周围的事物、现象感兴趣，有好奇心和求知欲；

2. 能运用各种感官，动手动脑，探究问题；

3. 能用适当的方式表达、交流探索的过程和结果；

4. 能从生活和游戏中感受事物的数量关系并体验到数学的重要和有趣；

5. 爱护动植物，关心周围环境，亲近大自然，珍惜自然资源，有初步的环保意识。

（二）内容与要求

1. 引导幼儿对身边常见事物和现象的特点、变化规律产生兴趣和探究的欲望。

2. 为幼儿的探究活动创造宽松的环境，让每个幼儿都有机会参与尝试，支持、鼓励他们大胆提出问题，发表不同意见，学会尊重别人的观点和经验。

3. 提供丰富的可操作的材料，为每个幼儿都能运用多种感官、多种方式进行探索提供活动的条件。

4. 通过引导幼儿积极参加小组讨论、探索等方式，培养幼儿合作学习的意识和能力，学习用多种方式表现、交流、分享探索的过程和结果。

5. 引导幼儿对周围环境中的数、量、形、时间和空间等现象产生兴趣，建构初步的数概念，并学习用简单的数学方法解决生活和游戏中某些简单的问题。

6. 从生活或媒体中幼儿熟悉的科技成果入手，引导幼儿感受科学技术对生活的影响，培养他们对科学的兴趣和对科学家的崇敬。

7. 在幼儿生活经验的基础上，帮助幼儿了解自然、环境与人类生活的关系。从身边的小事入手，培养初步的环保意识和行为。

（三）指导要点

1. 幼儿的科学教育是科学启蒙教育，重在激发幼儿的认识兴趣和探究欲望。

2. 要尽量创造条件让幼儿实际参加探究活动，使他们感受科学探究的过程和方法，体验发现的乐趣。

3. 科学教育应密切联系幼儿的实际生活进行，利用身边的事物与现象作为科学探索的对象。

五、艺术

（一）目标

1. 能初步感受并喜爱环境、生活和艺术中的美；

2. 喜欢参加艺术活动，并能大胆地表现自己的情感和体验；

3. 能用自己喜欢的方式进行艺术表现活动。

（二）内容与要求

1. 引导幼儿接触周围环境和生活中美好的人、事、物，丰富他们的感性经验和审美情趣，激发他们表现美、创造美的情趣。

2. 在艺术活动中面向全体幼儿，要针对他们的不同特点和需要，让每个幼儿都得到美的熏陶和培养。对有艺术天赋的幼儿要注意发展他们的艺术潜能。

3. 提供自由表现的机会，鼓励幼儿用不同艺术形式大胆地表达自己的情感、理解和想象，尊重每个幼儿的想法和创造，肯定和接纳他们独特的审美感受和表现方式，分享他们创造的快乐。

4. 在支持、鼓励幼儿积极参加各种艺术活动并大胆表现的同时，帮助他们提高表现的技能和能力。

5. 指导幼儿利用身边的物品或废旧材料制作玩具、手工艺品等来美化自己的生活或开展其他活动。

6. 为幼儿创设展示自己作品的条件，引导幼儿相互交流、相互欣赏、共同提高。

（三）指导要点

1. 艺术是实施美育的主要途径，应充分发挥艺术的情感教育功能，促进幼儿健全人格的形成。要避免仅仅重视表现技能或艺术活动的结果，而忽视幼儿在活动过程中的情感体验和态度的倾向。

2. 幼儿的创作过程和作品是他们表达自己的认识和情感的重要方式，应支持幼儿富有个性和创造性的表达，克服过分强调技能技巧和标准化要求的偏向。

3. 幼儿艺术活动的能力是在大胆表现的过程中逐渐发展起来的，教师的作用应主要在于激发幼儿感受美、表现美的情趣，丰富他们的审美经验，使之体验自由表达和创造的快乐。在此基础上，根据幼儿的发展状况和需要，对表现方式和技能技巧给予适时、适当的指导。

第三部分　组织与实施

一、幼儿园的教育是为所有在园幼儿的健康成长服务的，要为每一个儿童，包括有特殊需要的儿童提供积极的支持和帮助。

二、幼儿园的教育活动，是教师以多种形式有目的、有计划地引导幼儿生动、活泼、主动活动的教育过程。

三、教育活动的组织与实施过程是教师创造性地开展工作的过程。教师要根据本《纲要》，从本地、本国的条件出发，结合本班幼儿的实际情况，制定切实可行的工作计划并灵活地执行。

四、教育活动目标要以《幼儿园工作规程》和本《纲要》所提出的各领域目标为指导，结合本班幼儿的发展水平、经验和需要来确定。

五、教育活动内容的选择应遵照本《纲要》第二部分的有关条款进行，同时体现以下原则：

（一）既适合幼儿的现有水平，又有一定的挑战性。

（二）既符合幼儿的现实需要，又有利于其长远发展。

（三）既贴近幼儿的生活来选择幼儿感兴趣的事物和问题，又有助于拓展幼儿的经验和视野。

六、教育活动内容的组织应充分考虑幼儿的学习特点和认识规律，各领域的内容要有机联系，相互渗透，注重综合性、趣味性、活动性，寓教育于生活、游戏之中。

七、教育活动的组织形式应根据需要合理安排，因时、因地、因内容、因材料灵活地运用。

八、环境是重要的教育资源，应通过环境的创设和利用，有效地促进幼儿的发展。

（一）幼儿园的空间、设施、活动材料和常规要求等应有利于引发、支持幼儿的游戏和各种探索活动，有利于引发、支持幼儿与周围环境之间积极的相互作用。

（二）幼儿同伴群体及幼儿园教师集体是宝贵的教育资源，应充分发挥这一资源的作用。

（三）教师的态度和管理方式应有助于形成安全、温馨的心理环境；言行举止应成为幼儿学习的良好榜样。

（四）家庭是幼儿园重要的合作伙伴。应本着尊重、平等、合作的原则，争取家长的理解、支持和主动参与，并积极支持、帮助家长提高教育能力。

（五）充分利用自然环境和社区的教育资源，扩展幼儿生活和学习的空间。幼儿园同时应为社区的早期教育提供服务。

九、科学、合理地安排和组织一日生活。

（一）时间安排应有相对的稳定性与灵活性，既有利于形成秩序，又能满足幼儿的合理需要，照顾到个体差异。

（二）教师直接指导的活动和间接指导的活动相结合，保证幼儿每天有适当的自主选择和自由活动时间。教师直接指导的集体活动要能保证幼儿的积极参与，避免时间的隐性浪费。

（三）尽量减少不必要的集体行动和过渡环节，减少和消除消极等待现象。

（四）建立良好的常规，避免不必要的管理行为，逐步引导幼儿学习自我管理。

十、教师应成为幼儿学习活动的支持者、合作者、引导者。

（一）以关怀、接纳、尊重的态度与幼儿交往。耐心倾听，努力理解幼儿的想法与感受，支持、鼓励他们大胆探索与表达。

（二）善于发现幼儿感兴趣的事物、游戏和偶发事件中所隐含的教育价值，把握时机，积极引导。

（三）关注幼儿在活动中的表现和反应，敏感地察觉他们的需要，及时以适当的方式应答，形成合作探究式的师生互动。

（四）尊重幼儿在发展水平、能力、经验、学习方式等方面的个体差异，因人施教，努力使每一个幼儿都能获得满足和成功。

（五）关注幼儿的特殊需要，包括各种发展潜能和不同发展障碍，与家庭密切配合，共同促进幼儿健康成长。

十一、幼儿园教育要与0—3岁儿童的保育教育以及小学教育相互衔接。

第四部分　教育评价

一、教育评价是幼儿园教育工作的重要组成部分，是了解教育的适宜性、有效性，调整和改进工作，促进每一个幼儿发展，提高教育质量的必要手段。

二、管理人员、教师、幼儿及其家长均是幼儿园教育评价工作的参与者。评价过程是各方共同参与、相互支持与合作的过程。

三、评价的过程，是教师运用专业知识审视教育实践，发现、分析、研究、解决问题的过程，也是其自我成长的重要途径。

四、幼儿园教育工作评价实行以教师自评为主，园长以及有关管理人员、其他教师和家长等参与评价的制度。

五、评价应自然地伴随着整个教育过程进行。综合采用观察、谈话、作品分析等多种方法。

六、幼儿的行为表现和发展变化具有重要的评价意义，教师应视之为重要的评价信息和改进工作的依据。

七、教育工作评价宜重点考察以下方面：

（一）教育计划和教育活动的目标是否建立在了解本班幼儿现状的基础上。

（二）教育的内容、方式、策略、环境条件是否能调动幼儿学习的积极性。

（三）教育过程是否能为幼儿提供有益的学习经验，并符合其发展需要。

（四）教育内容、要求能否兼顾群体需要和个体差异，使每个幼儿都能得到发展，都有成功感。

（五）教师的指导是否有利于幼儿主动、有效地学习。

八、对幼儿发展状况的评估，要注意：

（一）明确评价的目的是了解幼儿的发展需要，以便提供更加适宜的帮助和指导。

（二）全面了解幼儿的发展状况，防止片面性，尤其要避免只重知识和技能，忽略情感、社会性和实际能力的倾向。

（三）在日常活动与教育教学过程中采用自然的方法进行。平时观察所获的具有典型意义的幼儿行为表现和所积累的各种作品等，是评价的重要依据。

（四）承认和关注幼儿的个体差异，避免用划一的标准评价不同的幼儿，在幼儿面前慎用横向的比较。

（五）以发展的眼光看待幼儿，既要了解现有水平，更要关注其发展的速度、特点和倾向等。

山东省学校安全条例

（2018年11月30日山东省第十三届人民代表大会常务委员会第七次会议通过）

第一章　总　则

第一条　为了保障学校安全，维护学校教育教学秩序，保护学生、教师以及其他职工和学校的合法权益，为培养德智体美劳全面发展的社会主义建设者和接班人创造安全环境，根据《中华人民共和国教育法》《中华人民共和国义务教育法》等法律、行政法规，结合本省实际，制定本条例。

第二条　本省行政区域内学校的安全保障与风险防控、安全教育与管理、应急处置与事故处理等，适用本条例。

本条例所称学校，包括幼儿园、普通中小学校、中等职业学校、技工学校、高等学校和特殊教育学校。

第三条　学校安全工作坚持以人为本、预防为主，遵循政府负责、社会协同、属地管理、综合治理的原则。

第四条　保障学校安全是各级人民政府和有关部门、学校举办者、学校、学生、学生家长的共同责任。

全社会应当支持学校安全工作，依法维护学校安全。

第五条　县级以上人民政府负责本行政区域内的学校安全工作，将其纳入国民经济和社会发展规划，并建立工作协调机制，统筹解决学校安全工作中的重大问题。

县级以上人民政府应当将学校安全工作经费列入本级财政预算，保障学校安全工作的开展。

乡镇人民政府、街道办事处应当依法履行学校安全工作职责。

村民委员会、居民委员会应当协助乡镇人民政府、街道办事处做好学校安全工作。

第六条 县级以上人民政府教育行政部门统筹管理本行政区域内的学校安全工作，对学校安全工作进行监督、检查和指导。

县级以上人民政府教育、人力资源社会保障和其他有关部门具体负责所管理学校的学校安全工作。

县级以上人民政府公安、生态环境、住房城乡建设、交通运输、卫生健康、应急管理、市场监督管理、广播电视、城市管理等部门按照各自职责做好学校安全工作。

第七条 工会、共产主义青年团、妇女联合会、残疾人联合会等团体和其他社会组织应当协助做好学校安全工作。

第八条 学校应当履行安全工作主体责任。学校主要负责人对校园安全工作全面负责。

第九条 县级以上人民政府和有关部门应当按照规定，对在学校安全工作中做出显著成绩的单位和个人给予表彰、奖励。

第二章 安全保障与风险防控

第十条 县级以上人民政府应当建立教育、人力资源社会保障、公安、卫生健康等部门参与的学校安全保障和风险防控机制，制定学校安全应急预案，并将学校安全工作作为教育督导的重要内容。

第十一条 县级以上人民政府应当保障公办学校安全工作所需经费；民办学校的举办者应当保障学校安全工作所需经费，县级以上人民政府可以给予适当支持。

第十二条　县级以上人民政府应当按照国家规定对学校进行规划、选址，避开可能发生地质灾害、环境污染等危险的区域，保障学校选址安全。

学校建设应当符合规划、选址要求和建设标准，确保学生、教师以及其他职工安全。

已建学校存在重大安全隐患的，县级以上人民政府应当采取有效防控措施或者组织学校迁移。

第十三条　县（市、区）人民政府应当按照学校安全防范有关规定，为公办中小学校和公办幼儿园配备专职保安员。

民办中小学校和民办幼儿园的举办者应当按照学校安全防范有关规定配备专职保安员。

第十四条　县级以上人民政府教育、人力资源社会保障和其他有关部门负责所管理学校的下列安全工作：

（一）建立健全学校安全风险防控制度，制定学校安全事故应急预案，处置学校安全事故；

（二）组织对学校安全状况进行评估，指导学校根据评估结果改善安全环境；

（三）指导、监督学校建立健全安全管理制度、安全应急机制、安全事故处置预案；

（四）指导学校开展安全教育培训和应急演练，定期组织对学校负责人、安全保卫人员等相关人员进行安全培训；

（五）会同有关部门对学校设施、设备状况进行安全检查，督促学校及时消除安全隐患；

（六）依法进行校车安全管理；

（七）指导学校聘用法律顾问协助防范安全风险、处理安全事故纠纷；

（八）法律、法规、规章规定的其他学校安全工作。

第十五条 县级以上人民政府公安机关负责学校安全下列工作：

（一）指导学校建立健全安全管理制度和安全应急机制，强化警校合作；

（二）指导学校做好内部安全保卫工作；

（三）保障学校周边公共安全，开展巡逻防控，制止并依法处理扰乱学校教育教学秩序和危害学生、教师以及其他职工安全的违法行为；

（四）依法进行校车安全管理，加强学校及其周边道路的交通安全管理；

（五）法律、法规、规章规定的其他学校安全工作。

第十六条 县级以上人民政府卫生健康主管部门应当指导、监督学校做好卫生工作，依法提供公共卫生服务，处置学校突发公共卫生事件。

第十七条 县级以上人民政府住房城乡建设主管部门应当对学校工程建设过程实施监督，发现安全隐患依法及时督促整改，指导学校开展校舍安全检查鉴定。

第十八条 县级以上人民政府市场监督管理部门应当对学校的特种设备实施重点安全监督检查，配合教育行政部门加强对学校采购产品的质量监督；对学校食堂以及学校采购的食品、食品相关产品、药品实施监督检查，指导、监督学校落实食品药品安全责任。

第十九条 学校应当建立健全风险防控、隐患排查、预测预警、应急处置等机制，制定安全事故处置预案，定期组织应对地震、火灾、水灾、拥挤踩踏等突发事件的应急演练，保障学生、教师以及其他职工安全。

第二十条 在学校及其周边进行施工作业等活动的单位或者个人，应当根据学校以及周边道路、环境等情况采取安全防护措施，保障学生、教师以及其他职工安全。

单位或者个人为学校提供产品或者服务的，其产品或者服务应当符合国家规定的质量标准、卫生标准和安全要求。

第二十一条　学生家长应当提高安全保障和风险防控意识，配合学校和有关部门做好学校安全工作。

学生有特异体质、特定疾病或者其他生理、心理异常状况的，其家长应当及时书面告知学校。

第二十二条　学生应当遵守法律、法规、规章和学校的管理制度，服从学校的安全教育和管理，增强自我保护意识。

第二十三条　普通中小学校、幼儿园、中等职业学校和特殊教育学校按照国家规定办理校方责任保险；鼓励技工学校、高等学校办理校方责任保险。

鼓励学生家长为学生办理人身意外伤害保险，分担学生在学校期间因意外发生的风险；鼓励社会力量设立学校安全风险基金或者学生救助基金，健全学生意外伤害救助机制。

鼓励保险机构创新保险产品和服务方式，拓展与学生安全相关的食品安全、校外实习、体育运动伤害等领域的保险业务。

第三章　学校安全教育与管理

第二十四条　学校应当开设安全课程；针对学生群体和年龄特点，联合有关部门和社会组织开展禁毒和防范网络沉迷、诈骗、溺水、欺凌、暴力以及交通安全、消防安全、食品安全、自救与互救等专题教育；通过互联网安全教育平台、专题讲座、志愿服务等方式，对学生、学生家长进行安全教育。

学校应当经常性地对教师、安全保卫人员以及其他职工进行安全风险防控、应急处置和相关法律知识的教育培训。

第二十五条　学校应当明确负责安全管理工作的机构和人员，开展经常性的校园安全检查和隐患排查；配备必要的安全防护器材，安装符合相关标准的视频监控系统、紧急报警装置，建立并实施网上巡查制度。

第二十六条 学校应当定期组织对校内建筑物、构筑物、悬挂物以及体育场馆、体育器材等设施、设备进行安全检查；对不符合安全标准或者存在安全隐患的，应当停止使用、设置警示标识并及时加固、维修、改造、更换或者重建。

学校的校舍、场地等设施不得违反规定储存易燃、易爆、有毒、有害等危险物品。

第二十七条 学校应当依法加强对锅炉、压力容器、电梯等特种设备的安全管理，定期组织维护、保养，保障其安全运行。

第二十八条 学校应当依法履行消防安全职责，制定灭火和应急疏散预案；按照规定配备消防设施、设备，定期进行安全检查、升级改造和维修保养；落实消防控制室持证上岗、值班制度，组织防火检查，及时消除火灾隐患。

第二十九条 中小学校、幼儿园应当在学生、幼儿在校期间对校园实行封闭式管理。

鼓励中小学校、幼儿园与社区、学生父母或者其他监护人合作，建立学校安全志愿者队伍，在上下学时段维护学校以及校门口秩序。

第三十条 学校应当在校门口设置硬质防冲撞设施，防止人员、车辆等非法进入。

学校安全保卫人员应当对进入学校的外来人员、车辆，登记相关信息以及进校、离校时间。

第三十一条 学校应当在通道、楼梯、出入口等容易发生人员拥挤的场所设置疏导标识或者警示标识；在人员拥挤时段，中小学校、幼儿园应当安排专人疏导。

第三十二条 学校应当加强对校园内道路和通行车辆的交通安全管理，在通往教学楼、图书馆、宿舍、餐厅等人员密集场所的道路上设置警示标识和减速装置，并协助公安机关对校园内发生的交通事故进行现场处置。

第三十三条　使用车辆接送学生、教师以及其他职工的学校应当建立健全车辆安全管理制度，明确学校和车辆提供者的安全责任，协助公安机关处理车辆交通违法行为和道路交通事故。

第三十四条　为学生提供住宿的学校应当建立健全宿舍安全管理制度，配备专职宿舍管理人员对住宿学生进行管理，定时开展安全巡查。

第三十五条　为未成年学生提供互联网上网服务的学校应当在上网设施上安装未成年人上网保护软件，防范其接触违法或者不良信息。

第三十六条　学校应当建立健全教学实验室安全管理制度，制定实验操作手册，规范实验操作流程，组织专业人员进行安全检查，加强对危险物品和实验仪器设备的采购、运输、储存、使用、处置等环节的管理。

第三十七条　学校应当落实食品安全责任，建立食品安全管理制度，安排专门人员负责学校食品安全管理工作。

自办食堂的学校采购食品原料、食品添加剂、食品相关产品，应当查验供货者的许可证或者登记证、产品合格证明，留存进货票据，加强对采购、供应、留样等环节的管理。

将食堂委托经营的学校应当对受托经营方加强监督管理，并将食品安全作为合同必要条款。

提供集中配餐的学校应当从取得食品生产经营许可的企业订餐，并按照要求对配送的食品进行查验。

第三十八条　学校应当依照国家学校卫生工作规定设置医院或者卫生室，配备卫生专业技术人员或者保健教师；建立健全学生健康查体制度，做好传染病疫情等突发公共卫生事件的预防控制工作。

第三十九条　学校应当制定学生日常行为规范，对学生日常行为进行管理；采取有效措施防范和制止学生在校园内携带管制刀具、打架斗殴、欺凌等不良行为或者违法行为。

幼儿园应当运用信息化手段对保育过程加强监管，并采取有效措施保障幼儿人身安全。

第四十条 学校应当建立学生考勤制度，及时将学生未按时到校、擅自离校、失去联系等异常情况告知学生家长，并采取处置措施，必要时向公安机关请求帮助。

小学、幼儿园应当建立一、二年级学生和幼儿接送交接制度，不得将学生或者幼儿交给其父母或者其他监护人及其委托的人以外的人。

第四十一条 学校教师以及其他职工应当遵守职业道德和工作纪律，不得侮辱、殴打、体罚或者变相体罚学生；发现学生心理、行为异常或者行为具有危险性时，应当及时报告学校，并告知学生家长。

第四十二条 学校组织学生开展活动应当与学生的生理、心理特点以及认知能力相适应，不得组织学生参加或者从事危及人身安全的活动。

学校组织学生参加文化娱乐、体育竞赛、社会实践等集体活动前，应当进行安全风险评估，制定安全风险防控方案，对学生进行安全教育，并安排专门人员进行安全管理。

第四十三条 学校应当关注有特异体质、特定疾病或者其他生理、心理异常状况学生的在校情况，及时将相关情况告知其家长，并安排适宜的教育教学、社会实践等活动，预防意外事故的发生。

第四十四条 学校组织学生实习，应当建立实习安全管理制度和安全评估机制，对实习指导教师和学生开展安全生产、劳动保护等培训。

学校组织学生在校外实习的，按照规定与实习单位签订实习协议，将保障学生安全作为协议必要条款；实习单位应当保障学生休息权利并按照规定为学生办理保险。

除相关专业和实习岗位有特殊要求外，学校不得违反规定安排学生在有安全风险的场所、岗位实习。

第四章　应急处置与事故处理

第四十五条　发生安全事故，学校应当立即启动处置预案，依法采取防范、控制、救助、抢险等措施，并按照规定报告县级以上人民政府教育、人力资源社会保障和其他有关部门；属于生产安全事故的，同时报告应急管理部门。

符合启动安全事故应急预案条件的，有关部门接到报告后应当立即启动应急预案；属于重大或者特大安全事故的，由县级以上人民政府立即启动学校安全应急预案。

第四十六条　出现可能影响学校安全的自然灾害、事故灾难、公共卫生事件和社会安全事件风险时，县级以上人民政府负责突发事件应对工作的部门应当立即通知学校；学校应当立即采取停课、暂避、疏散、管控等措施。

第四十七条　学校发现学生有欺凌和暴力行为，应当采取措施保护、帮助受伤害者，自发现之日起十日内完成调查，并按照规定进行处置；发现涉嫌违法犯罪的，应当向公安机关报案。

第四十八条　学校发现校园性侵犯事件，应当采取措施保护、帮助受伤害者，并立即向公安机关报案，同时向学校的主管部门报告。

第四十九条　学校和有关部门处理学生欺凌和暴力、校园性侵犯事件，应当依法保护当事人的隐私。

当事人双方应当配合学校和有关部门的调查处理，学校和有关部门应当听取双方意见诉求。

第五十条　新闻媒体报道学校安全事故，应当遵守有关法律、法规、规章的规定，恪守职业道德，做到真实、客观、公正。

发生学校安全事故，出现影响或者可能影响社会稳定、扰乱社会秩序的虚假或者不完整信息的，县级以上人民政府及其有关部门应当及时采取措施予以澄清。

第五十一条 发生学校安全事故，学生家长、学生以及其他人员不得有下列干扰事故处置和调查处理的行为：

（一）侮辱、威胁、恐吓、故意伤害学生、教师以及其他职工、事故调查处理人员或者限制其人身自由；

（二）围堵学校扰乱学校教育教学秩序；

（三）侵占、损毁学校设施、设备；

（四）携带危险物品和管制刀具进入学校；

（五）制造、散布谣言；

（六）其他违法行为。

发生前款行为，涉嫌违法犯罪的，学校应当立即向所在地公安机关报案；公安机关应当依法及时采取措施，予以处置，维护教育教学秩序。

第五十二条 因学校安全事故引起的民事纠纷，学校主管部门应当引导当事人通过协商、调解方式解决；当事人也可以通过诉讼方式解决。

县级以上人民政府司法行政部门、学校主管部门应当会同其他有关部门设立学校安全事故人民调解委员会，依法调解学校安全事故民事赔偿纠纷。

乡镇人民政府、街道办事处应当建立学校安全事故调解工作机制，支持、帮助学校处理学校安全事故纠纷。

第五章 法律责任

第五十三条 对违反本条例规定的行为，法律、行政法规已经规定了法律责任的，适用其规定。

第五十四条 违反本条例规定，县级以上人民政府有下列行为之一的，由上级人民政府责令限期改正；情节严重的，对直接负责的主管人员和其他直接责任人员依法给予处分：

（一）未建立学校安全保障和风险防控机制的；

（二）未制定学校安全应急预案的；

（三）未保障公办学校安全工作所需经费的；

（四）未按照国家规定对学校进行规划、选址的；

（五）未按照规定为公办中小学校和公办幼儿园配备专职保安员的；

（六）应当追究责任的其他行为。

第五十五条 违反本条例规定，县级以上人民政府教育、人力资源社会保障等部门及其工作人员有下列行为之一的，由本级人民政府或者上级主管部门责令限期改正，逾期不改正的，予以通报批评；对直接负责的主管人员和其他直接责任人员依法给予处分：

（一）未建立学校安全风险防控制度，未制定学校安全事故应急预案，或者未处置学校安全事故的；

（二）未组织学校安全状况评估，或者未指导学校根据评估结果改善安全环境的；

（三）未指导、监督学校开展安全教育与管理相关工作的；

（四）未按照规定对学校负责人、安全保卫人员等相关人员进行安全培训的；

（五）未按照规定对学校设施、设备状况进行安全检查的；

（六）应当追究责任的其他行为。

第五十六条 违反本条例规定，县级以上人民政府公安、生态环境、住房城乡建设、交通运输、卫生健康、应急管理、市场监督管理、广播电视、城市管理等部门及其工作人员未依法履行与学校安全相关的管理职责的，由本级人民政府或者上级主管部门责令限期改正，逾期不改正的，予以通报批评；对直接负责的主管人员和其他直接责任人员依法给予处分。

第五十七条 违反本条例规定，学校未履行安全教育与管理、应急处置与事故处理职责的，由县级以上人民政府教育、人力资源社会保障或者其他有关部门按照各自职责给予警告，责令限期改正；情节严重的，予以通报批评并取消其教育工作评先评优资格或者撤销先进单位称号，对学校直接负责的主管人员和其他直接责任人员依法给予处分。

第五十八条　违反本条例规定，学校发生安全事故并且负有责任的，由县级以上人民政府教育、人力资源社会保障等部门按照各自职责对学校直接负责的主管人员和其他直接责任人员依法给予处分。

违反本条例规定，学校发生安全事故，未按照规定进行处置、报告的，由县级以上人民政府教育、人力资源社会保障等部门按照各自职责给予警告，责令限期改正，并予以通报批评；对学校直接负责的主管人员和其他直接责任人员依法给予处分。

第五十九条　违反本条例规定，学生实施欺凌和暴力行为的，由学校给予批评教育，根据具体情节和危害程度给予纪律处分，并将其表现记入学生综合素质评价；情节严重的，由公安机关进行警示教育或者予以训诫；构成违反治安管理行为的，依法给予处罚。

第六十条　违反本条例规定，学生家长、学生以及其他人员干扰事故处置和调查处理，构成违反治安管理行为的，由公安机关依法给予处罚；构成犯罪的，依法追究刑事责任；造成人身伤害或者财产损失的，依法承担赔偿责任。

第六十一条　学生在学校学习、生活期间受到人身损害的，依照民事法律规定确定学校责任；学校尽到法定教育、管理职责的，依照民事法律的规定不承担责任。

第六章　附　则

第六十二条　经批准设立的其他教育培训机构的安全工作，参照本条例执行。

第六十三条　本条例自2019年1月1日起施行。

山东省人民政府办公厅
关于加快学前教育改革发展的意见

鲁政办字〔2018〕71号

各市人民政府，各县（市、区）人民政府，省政府各部门、各直属机构，各大企业，各高等院校：

为认真贯彻落实《中共中央、国务院关于全面深化新时代教师队伍建设改革的意见》（中发〔2018〕4号）、《教育部等四部门关于实施第三期学前教育行动计划的意见》（教基〔2017〕3号）精神，加快我省学前教育改革发展，经省政府同意，现提出如下意见。

一、总体要求

以习近平新时代中国特色社会主义思想为指导，全面落实党的十九大和十九届二中、三中全会精神，牢牢把握走在前列的目标定位，坚持统筹规划、公益普惠、机制创新、以人为本的原则，努力解决“入公办园难”“入民办园贵”问题，在“幼有所育”上不断取得新进展。到2020年，全省学前三年毛入园率达到90%，普惠性幼儿园覆盖率（公办幼儿园和普惠性民办幼儿园在园幼儿数占在园幼儿总数的比例）达到80%，尽力而为、量力而行，基本建成广覆盖、保基本、促公平、有质量的学前教育公共服务体系。

二、主要任务

（一）改革管理体制，落实发展责任。

建立健全“省市统筹、以县为主”的学前教育管理体制。省和设区的市政府加强统筹，加大对农村和贫困地区支持力度。落实县（市、区）政府主体责任，充分发挥乡镇政府（街道办事处）、城市社区居委会和农村村民自治组织的作用。

（二）加快幼儿园建设，增加资源供给。

1. 科学制定发展规划。结合本地实际，统筹考虑城镇化进程、人口变化趋势等因素，以县（市、区）为单位做好2018—2020年学前教育发展规划和幼儿园总体布局规划，吸收教育行政主管部门进入城乡规划委员会，将幼儿园建设纳入城乡公共服务设施配套建设规划、控制性详细规划和居住区规划，确定每所幼儿园的具体位置、四至范围、建设规模和完成时限。幼儿园布局建设规划要以县（市、区）政府名义公布，接受社会各界监督。进一步扩增普惠性学前教育资源总量，全省每年新建、改扩建幼儿园2000所以上，每年新增幼儿学位50万个以上。

2. 实施城镇幼儿园建设工程。提高城镇居住区配套幼儿园的配建标准，每3000—5000人口设置一所6个班以上的幼儿园。规模不足3000人口的居住区，规划部门应进行区域统筹，合理规划幼儿园配建项目。配套幼儿园建设用地，符合《划拨用地目录》的，按划拨方式供应。全面落实房地产开发项目建设条件意见书制度，依据规划条件，在建设条件中明确幼儿园的建设标准、完成时限、投资来源、移交方式，作为相关地块的出让条件，在土地供应成交后，提出关联条件部门应当要求土地使用权取得人提交项目用地承诺书。提出关联条件部门应对承诺书的履行进行监督，适时通报国土资源主管部门；幼儿园竣工达不到约定要求的，各相关部门按职能分工依法依约进行处置。明确配套幼儿园投资来源为开发企业的，实行“交钥匙”工程，由开发企业无偿优先代建，建成并验收合格后3个月内无偿交付当地教育行政主管部门。分期开发的项目应将配套幼儿园安排在首期建设。在开发企业申报规划设计方案、初步设计、施工图设计审查时，依据其规划条件和建设条件严格审查，不符合条件的不予受理或通过，保证同步规划设计。申报施工许可时，严格审核配套幼儿园的建设期限，不符合建设条件的不予核发，保证同步建设施工。申报竣工规划核实、竣工综合验收备案时，配套幼儿园应建未建，或者不符合规划条件、建设条件及有关技术标准规范的，不予办理，保证同步竣工验收、同步交付使用。支持各级政府投资建设配套幼儿园，明确配套幼儿园投资来源为当地政府的，由当地政府或当地政府委托国有投资平台组织实施项目建设，建成并验收合格后交付当地教育行政主管部门。教育行政主管部门接到建设完成的配套幼儿园后，应及时办理幼儿园土地、房屋等登记手续。居住区配套幼儿园应优先办成公办幼儿园，条件不具备的可由教育行政主管部门通过招标方式按照约定条件无偿委托公办幼儿园、学前教育专业机构、社会团体、民办幼教集团等举办成资产国有的普惠性民办幼儿园。老旧城区、棚户区改造、插建居住区楼盘要充分考虑幼儿学位需求和教育承载力，按照标准补建、配建幼儿园。学校布局调整闲置校舍、居住区公共服务设施等公共资源，要优先改建为幼儿园。

3. 开展城镇居住区幼儿园配建排查整改。按照“一园一案”原则对城镇居住区配套幼儿园进行全面整改，对规划不足、应建未建、未按规定建设或移交、没有办成公办幼儿园或普惠性民办幼儿园的，2020年年底前要全部整改到位。对幼儿园配建不及时的，责成开发企业限期按标准完成配套建设。对开发企业违反规划，在幼儿园建设用地上进行其他项目建设的，按违法建设予以拆除或改建，按规划要求限期完成幼儿园建设。对开发企业违规出租、办成高收费幼儿园的，责成开发企业限期收回，并依法追究责任。对历史形成的一定区域内幼儿园短缺问题，有关部门要抓好选址、设计、施工管理工作，确保能够在合适的地点建成规模适当、功能适用、符合安全要求的幼儿园。

4. 实施农村幼儿园建设与提升工程。把农村幼儿园建设纳入乡村振兴战略和美丽乡村建设体系，按照“大村独办、小村联办”原则，加快农村社区幼儿园建设，优先利用中小学闲置校舍改建幼儿园，或在小学附设幼儿园。各市、县（市、区）制定幼儿园改造提升计划，用好中央和省级转移支付等各类资金，加大本级投入，确保计划落实。加大贫困村幼儿园、黄河滩区幼儿园建设扶持力度，2018年全面完成省扶贫工作重点村幼儿园建设任务。

5. 大力支持民办幼儿园发展。积极鼓励社会力量以多种形式举办幼儿园或捐助学前教育。民办幼儿园用电、用水、用气、用热，执行与公办幼儿园相同的价格政策。落实用地、减免税费等优惠政策，吸引具有合法资质、信誉良好的社会团体、企业和公民出资举办幼儿园。

6. 实施普惠性民办幼儿园扶持计划。各市要制定普惠性民办幼儿园认定办法，以县（市、区）为单位逐年认定一批普惠性民办幼儿园，到2020年，普惠性民办幼儿园达到民办幼儿园总数的50%以上。认定通过的普惠性民办幼儿园名单，由县（市、区）教育行政主管部门向社会公布，并统一标识。各级按照普惠性民办幼儿园的类别、办园条件、保教质量等，通过生均财政补贴、购买服务、综合奖补、减免租金、派驻公办教师、培训教师、教研指导等方式，支持普惠性民办幼儿园发展。

7. 实行“优质园+”办园模式。建立示范性幼儿园对薄弱园、农村园、民办园的结对帮扶机制，鼓励企事业单位委托优质学前教育机构举办幼儿园，引导优质学前教育资源向农村地区和民办幼儿园辐射拓展，不断扩增优质学前教育资源总量。全面推行镇村一体化管理体制，社区、农村幼儿园由乡镇（街道）中心幼儿园统一管理，带动区域内学前教育发展和提高。

（三）加大财政投入，完善经费保障机制。

1. 明确各级政府投入责任。按照财政事权与支出责任相适应的原则，县（市、区）政府要切实承担学前教育投入主体责任，加大财政投入力度。设区的市政府设立学前教育专项经费，加大对县（市、区）特别是财政困难地区的支持。省级财政加大对学前教育的投入力度，结合中央转移支付资金，对幼儿园建设及提升、落实生均财政拨款标准、增加普惠性民办幼儿园、为公办幼儿园未纳入正式职工管理的教师缴纳“五险一金”、学前教育体制机制改革创新等进行奖补，加大对贫困地区的支持力度。省、市财政要进一步完善县级基本财力保障机制，增强财政困难县财政保障能力。

2. 建立完善财政拨款制度。2018年上半年，省级制定公办幼儿园生均公用经费财政拨款标准，保障公办幼儿园正常运转和稳定发展；制定普惠性民办幼儿园生均补助标准，引导和扶持民办幼儿园提供普惠性服务，对办学质量高、社会效益好、招收残疾儿童多的普惠性民办幼儿园适当提高补助标准。鼓励有条件的市、县（市、区）制定公办幼儿园生均综合定额拨款标准，由幼儿园统筹用于学前教育人员经费、保育教育业务和后勤服务等运转支出。

3. 完善幼儿园收费定价机制。公办幼儿园收费实行政府定价或政府指导价，由各市、县（市、区）政府根据当地经济发展状况、办园成本、幼儿园类别和群众承受能力等，制定公办幼儿园收费标准并实行动态调整。民办幼儿园收费实行市场调节价，经政府认定的普惠性民办幼儿园收费按办园成本实行政府指导价。各级价格主管部门、教育行政主管部门依法加强对幼儿园收费行为的监管。

4. 完善资助体系。落实学前教育政府助学金政策，逐步提高资助标准。对孤儿、残疾儿童、建档立卡贫困家庭儿童、城乡低保家庭儿童免收保教费。

（四）健全支持体系，加强教师队伍建设。

1. 完善公办幼儿园编制人员管理。各级机构编制部门按规定审批设立公办幼儿园，重点保障各级政府、教育行政主管部门举办的实验幼儿园、乡镇（街道）中心幼儿园、公办学校附属幼儿园纳入机构编制管理。2018年，按照公办幼儿园编制标准，核定公办幼儿园编制，充分挖掘现有编制资源，新增编制首先从改革管理、精简收回等待分配编制中调剂解决；现有编制总量内确实无法满足的市、县（市、区），可对实验幼儿园、乡镇（街道）中心幼儿园、公办学校附属幼儿园等公益二类幼儿园探索实行人员控制总量备案管理，参照公办幼儿园编制标准确定人员控制总量，按照《山东省实行人员控制总量备案管理的事业单位人事管理办法（试行）》（鲁人社发〔2017〕53号）进行管理。建立公办幼儿园编制（人员控制总量）动态管理制度，及时为公办幼儿园补充教师，并对核编及编制使用情况进行监督检查。对未纳入机构编制管理、利用国有资产举办的幼儿园，符合《事业单位登记管理暂行条例》及其实施细则和《山东省事业单位、社会团体及企业等组织利用国有资产举办事业单位登记管理办法（试行）》规定的，可申请登记为事业单位法人；参照公办幼儿园编制标准，通过政府购买服务的方式配齐教师。鼓励各地探索创新公办幼儿园管理运行机制，参照乡镇中小学学区法人机构设置的方式，整合设立中心幼儿园及其分园。

2. 完善幼儿教师培养培训机制。继续实施师范类学前教育专业初中起点五年制专科和七年制本科贯通培养，鼓励师范类（高等）院校在校生辅修学前教育第二专业。实施公费师范生乡村幼儿教师培养计划，按照公费师范生培养政策，2018—2020年每年招收1500名公费师范生，为乡镇中心幼儿园培养高层次幼儿教师。鼓励支持优秀男生报考学前教育专业。落实到财政困难县乡镇公办农村幼儿园任教的高校毕业生学费代偿制度。严格教师准入制度，新聘幼儿园教师必须具备教师资格，到2020年，基本实现幼儿教师全员持证上岗。提升幼儿教师学历层次和专业化水平，新进教师一般要具备专科及以上学历，到2020年，专科及以上幼儿教师比例要达到80%以上。实施幼儿教师素质提升计划，建立省、市、县三级培训网络，到2020年完成一轮幼儿教师全员培训。制定幼儿园园长任职资格实施办法，实施幼儿园园长任职岗前培训。设立名师名园长工作室，充分发挥示范带动作用。

3.健全幼儿教师待遇保障机制。研究制定幼儿园教师岗位设置结构比例指导标准，在职称评审中，对幼儿教师实行单独分组评审。幼儿园须严格按照有关法律法规规定，与聘用教职工签订聘用合同或劳动合同。按规定为乡镇的农村公办幼儿园正式工作人员落实乡镇工作补贴政策。用人单位依法保障公办幼儿园未纳入正式职工管理人员和农村集体办、企业办、民办幼儿园教师工资发放，其平均工资不得低于本地区城镇职工平均工资水平，并按规定参加职工社会保险，足额缴纳“五险一金”。

4. 加强师德师风建设。广泛开展做“四有”好老师主题教育活动，引导幼儿教师做幼儿健康成长的启蒙者和引路人。大力宣传优秀幼儿教师典型事迹，营造浓厚的尊师重教氛围。对违背师德行为加大查处力度，实行零容忍，情节严重的坚决予以辞退，涉嫌违法的依法追究法律责任。

（五）加强教育引导，提升科学育儿水平。

1. 坚持科学保教。配齐省、市、县三级管理和教科研人员。建立教研指导责任区制度，强化区域教研和园本教研。坚持以游戏为基本活动方式，建立县域、镇域游戏教育实验区。开展幼儿园“小学化”倾向专项治理，情节严重的幼儿园作降类处理，直至取消办园资格。

2. 加强幼儿园保教质量监管。建立健全幼儿园保教质量评估体系，开展幼儿园质量评估工作。制定幼儿园办园评估标准，对幼儿园进行认定和分类管理，将幼儿园分为省级示范、一类、二类、三类幼儿园，并统一标识，评定结果向社会公布。健全学前教育管理信息系统，加强幼儿园籍管理。

3. 分类保障适龄儿童受教育权利。以输入地政府管理为主，以公办幼儿园和普惠性民办幼儿园为主，建立完善随迁子女接受学前教育申报登记制度。切实做好农村留守儿童就近接受学前教育工作。积极推进残疾儿童随园保教工作，提升随园保教质量。

4. 推进学前教育家园共育。指导幼儿园全面建立家长委员会，强化家长参与和监督管理。积极开展家庭教育培训，建设家长学校，提高家长科学育儿水平。

（六）强化监督管理，规范办园行为。

1. 加强幼儿园安全监管。实行园长安全负责制，建立健全安全管理制度。强化人防、物防、技防措施，确保园舍、场地和其他教育教学设施、生活设施安全。加强对幼儿园安全保卫、膳食营养、健康检查、疾病防控工作的监督指导，建立分工负责、上下联动、齐抓共管的幼儿园安全防护体系。

2. 理顺幼儿园办园体制。逐步理顺机关、企事业单位幼儿园办园体制，实行属地化管理，通过当地政府接收、与当地优质公办资源合并、政府购买服务等多种方式，确保公共资源不流失、教职工合法权益得到合理保障。机关、事业单位、国有企业等举办的幼儿园有空余学位的，应面向社会提供公共服务，按规定享受当地支持政策。未经省教育行政主管部门批准，不得擅自将公办学前教育机构转制。学前教育机构的变更或者停办，应当经教育行政主管部门批准，并依法办理法人登记。

3. 加强幼儿园准入监管。严格实行幼儿园登记注册制度和年度检验制度，对幼儿园实行动态监管。幼儿园登记注册实行全链条办理、一站式服务。2018年，按照“疏堵结合、分类治理”原则开展无证幼儿园专项整治行动，对存在安全隐患的限期整改或取缔。

4. 建立幼儿园责任督学挂牌督导制度。参照《中小学责任督学挂牌督导办法》，每10所幼儿园配备一名兼职督学，对责任区幼儿园开展经常性督导。县级人民政府确定督导工作补助标准，为督学开展工作提供条件和经费保障。

三、保障措施

（一）加强组织领导。各级政府要把发展学前教育作为重大民生工程，列入政府工作重要议事日程和相关部门年度任务，认真编制并组织实施第三期学前教育行动计划。各市三期行动计划经市政府批准后，于2018年6月底前报省教育厅备案。

（二）建立工作推进机制。各级政府建立教育行政主管部门牵头、相关部门协同推进的工作机制，着力破解长期制约学前教育发展的体制机制问题。教育、机构编制、扶贫、发展改革、公安、民政、财政、人力资源社会保障、国土资源、住房城乡建设、卫生计生、国资、工商、物价、残联等部门根据职责分工，加大工作力度，加强协调配合，共同做好学前教育事业发展相关工作。

（三）建立督查考核机制。将学前教育发展情况纳入新型城镇化考核。建立普及学前教育督导评估制度，将学前教育发展情况纳入对市、县（市、区）政府履行教育职责的评价实施方案，逐县进行评估，结果向社会公布，确保2020年全面完成目标任务。

（四）加强宣传引导。采取多种形式加大宣传力度，广泛宣传学前教育政策、科学育儿知识和先进典型。对发展学前教育成绩突出的单位和个人，按照有关规定进行表彰，营造全社会关心支持学前教育的良好氛围。

山东省人民政府办公厅

2018年5月15日

山东省人民政府办公厅关于城镇居住区配套教育设施规划建设的意见

鲁政办字〔2018〕189号

各市人民政府，各县（市、区）人民政府，省政府各部门、各直属机构：

为深入学习贯彻习近平新时代中国特色社会主义思想和党的十九大精神，适应新型城镇化发展要求，合理配置教育资源，优化城镇中小学校、幼儿园布局，加强城镇总体规划确定的建设用地范围内商品住宅、保障性住房、城中村和棚户区改造项目等（以下简称居住区）配套非营利性普通中小学校、幼儿园（以下简称配套教育设施）的规划建设、管理使用工作，满足适龄儿童就近入学入园需求，经省政府同意，现提出以下意见。

一、完善建设规划

1. 调整完善城镇教育设施专项规划。吸收教育行政部门进入各级城乡规划委员会。在城乡规划委员会领导下，各市、县（市、区）规划主管部门牵头，教育、国土资源部门共同参与，依据城镇总体规划和土地利用总体规划，调整完善2019—2035年的城镇教育设施专项规划，并确定近期、中期居住区配套教育设施建设布局规划。规划主管部门负责将居住区配套教育设施建设布局规划纳入城镇控制性详细规划和居住区规划，明确每所配套教育设施的具体位置、四至范围。

2. 确定配套教育设施建设规划标准。配套教育设施建设规划，应统筹考虑城镇化进程、学龄人口变动趋势等因素，由市、县（市、区）政府组织教育、卫生计生、统计等部门科学测算本行政区域内每千人口的入学、入园人数，作为编制配套教育设施建设规划的依据。配套幼儿园服务半径原则上不大于300米；配套小学服务半径原则上不大于500米；配套中学服务半径原则上不大于1000米。符合教育设施配建要求的居住区，应独立设置规模适宜的义务教育学校和幼儿园；规模较小、无法独立配建教育设施的居住区，应统筹在各居住区就近位置设置义务教育学校和幼儿园。建设规划配套教育设施，应符合省定中小学、幼儿园办学条件标准。其中，幼儿园不宜超过12个班，小学和初中不超过36个班，九年一贯制学校不超过45个班，普通高中不超过60个班；幼儿园平均每班不超过30人，小学每班不超过45人，中学每班不超过50人。鼓励开展小班化教学，设置小规模学校。

3. 加强已建成居住区配套整改。已建成居住区现有学前教育和义务教育学位无法满足需求，或现有幼儿园和中小学校不符合规划条件及有关技术标准规范的，由县（市、区）政府负责统筹，规划、住房城乡建设、教育、国土资源等部门共同参与，补建（改建）配套教育设施。因居住区开发建设单位原因未达到配建要求的，责成开发建设单位完成教育设施配套建设，拒不履行配建责任的，记入不良信用记录，限制或停止其承接新的开发项目。

二、加强用地保障

4. 优先供应配套教育设施建设用地。根据城镇控制性详细规划确定的配套教育设施办理建设用地手续，并依法划拨给教育部门。盘活的存量土地优先用于配套教育设施用地，确需新增建设用地的，由市、县（市、区）通过新增用地计划和城乡建设用地增减挂钩等节余指标统筹解决。各地在编制年度用地供应计划时，优先安排配套教育设施用地。

5. 优先熟化配套教育设施用地。配套教育设施用地未熟化、没有达到建设条件的规划建设居住区，不予供给建设用地，确保教育设施用地与首期居住用地同步供地、同步达到建设条件

6. 加强配套教育设施建设用地管理。规划为配套教育设施的建设用地，不可挪作他用；确需调整的，应同等面积补偿，位置要符合配套要求，并经同级教育行政部门同意。已经建成的学校（幼儿园）需要调整的，经所属教育行政部门同意后，实行先建后调整，不得影响正常教学活动。

三、加强资金保障

7. 全面落实房地产开发项目建设条件意见书制度。依据规划条件，在建设条件中明确配套教育设施的建筑规模、建设标准、完成时限、投资来源、移交方式，作为相关地块的出让条件。

8. 配套教育设施与居住区捆绑建设。应独立建设配套教育设施的居住区，配套教育设施和居住区捆绑建设，由当地政府或开发建设单位出资建设，须在房地产开发项目建设条件意见书中明确，当地政府要加强监管。不能独立建设的配套教育设施，按照配套教育设施建设标准要求，核定教育设施建设成本，纳入土地熟化成本，并作为土地招拍挂出让条件，由当地政府或当地政府委托国有投资平台组织实施配套教育设施项目建设。

9. 减免有关收费。城镇居住区配套中小学校、幼儿园等教育设施建设，严格执行国家、省有关收费减免政策。

四、加强建设管理

10. 坚持同步规划设计。现有居住区的扩建规划及新建居住区的规划，须征求同级教育行政部门意见，对不能满足控制性详细规划和规划

条件确定的教育设施规划布局要求、无法满足适龄儿童入学入园需求的居住区建设项目，不予办理规划许可手续。规划调整涉及教育设施建设调整的，须经同级教育行政部门同意。

11. 坚持同步建设施工。分期开发的居住区建设项目应将配套教育设施安排在首期建设。建设条件意见书中明确由政府投资建设配套教育设施的，原则上应先于居住区首期建设项目开工建设。建设条件意见书中明确由开发建设单位投资建设配套教育设施的，应与居住区首期建设项目主体工程一并申报施工许可，不符合建设条件的，住房城乡建设部门不予核发建筑工程施工许可证。

12. 坚持同步竣工验收。配套教育设施应与居住区建设项目同步竣工，同步接受验收。建设条件意见书中明确由政府投资建设配套教育设施的，要确保工程施工进度，不得影响居住区业主正常使用配套教育设施。建设条件意见书中明确由开发建设单位投资建设配套教育设施的，居住区建设项目申报竣工综合验收备案时，应配套教育设施未与居住区首期建设项目同步完成建设的，住房城乡建设部门不予办理开发项目竣工综合验收备案手续。

13. 坚持同步交付使用。实施配套教育设施建设“交钥匙”工程，建成并验收合格后3个月内无偿交付当地教育行政部门。教育行政部门接到建设完成的配套教育设施后，应及时办理产权登记手续。对配套新建的公办中小学校、幼儿园，机构编制、人力资源社会保障部门应配合教育行政部门及时落实机构编制和师资配备。配套建设教育设施办成非营利性中小学校、幼儿园的，教育行政部门负责监管，按照省定办学（园）条件标准提前配齐配足师资和设施设备，保障正常办学、办园。

五、加强组织实施

14. 加强组织领导。各市、县（市、区）政府要强化举办普通中小学校、幼儿园教育的主体责任，制定实施细则，完善落实规划委员会和房地产开发项目建设条件意见书制度，建立政府领导、部门配合、联合推进的工作机制，加强配套教育设施规划建设的保障落实。

15. 强化监督考核。建立健全督导考核机制，将配套教育设施规划建设情况作为对各级政府履行教育职责考核的重要内容，定期进行督查，督查结果向社会公布，接受监督。

山东省人民政府办公厅

2018年9月30日

山东省人力资源和社会保障厅
山东省教育厅
关于印发山东省深化中小学教师职称
制度改革实施方案的通知

鲁人社发〔2016〕16号

各市人力资源社会保障局、教育局，省直各部门（单位），各大企业，各高等院校：

根据人力资源社会保障部、教育部《关于印发〈关于深化中小学教师职称制度改革的指导意见〉的通知》（人社部发〔2015〕79号）规定，我省在认真总结2012年全面部署深化中小学教师职称制度改革经验的基础上，重新修订完善了《山东省深化中小学教师职称制度改革实施方案》，并已经人力资源社会保障部、教育部批复同意。现印发给你们，请结合实际，认真组织实施。

各市、各部门（单位）要严格按照国家和省深化中小学教师职称制度改革的精神和要求，加强领导，精心组织，突出重点，周密部署，统筹处理好各方面关系，积极稳妥地做好深化中小学教师职称制度改革的各项工作。

2012年省人力资源社会保障厅、教育厅《关于印发山东省深化中小学教师职称制度改革实施方案的通知》（鲁人社发〔2012〕53号）同时停止执行。

本实施方案自2016年4月29日起施行，有效期至2021年4月28日。

山东省人力资源和社会保障厅

山东省教育厅

2016年4月29日

山东省深化中小学教师职称制度改革实施方案

为深化我省中小学教师职称制度改革，加强教师队伍建设，促进教育事业科学发展，根据人力资源社会保障部、教育部《关于印发〈关于深化中小学教师职称制度改革的指导意见〉的通知》（人社部发〔2015〕79号）要求，在总结改革经验的基础上，结合实际，制定本实施方案。

一、改革的指导思想和总体要求

（一）指导思想。全面贯彻落实党的十八大和十八届二中、三中、四中、五中全会精神，按照党中央、国务院决策部署，遵循教育发展规律和教师成长规律，按照深化职称制度改革的方向和要求，建立与事业单位聘用制度和岗位管理制度相衔接、符合教师职业特点、统一的中小学教师职称（职务）制度，充分调动广大中小学教师的积极性，为中小学聘用教师提供基础和依据，为全面实施素质教育提供制度保障和人才支持。

（二）总体要求。深化中小学教师职称制度改革，应当有利于推动教育事业又好又快发展，有利于中小学教师队伍建设，吸引和稳定优秀人才长期从教、终身从教，有利于中小学人事制度改革配套推进，坚持以人为本、分类管理，民主、公开、竞争、择优，重师德、重能力、重业绩和重贡献的原则，统筹规划，稳步推进，妥善处理改革发展稳定的关系，全面完成各项改革任务，逐步建立健全新的统一的中小学教师职称制度。

二、改革的实施范围

（一）普通中小学、职业中学、幼儿园、特殊教育学校、工读学校的教师。

（二）设区的市、县（市、区）教学研究、电化教育、少年宫等校外教育机构的教师。

（三）民办中小学、幼儿园的教师可参照本实施方案及有关规定参加中小学教师职称评审。

三、改革的主要内容

深化中小学教师职称制度改革，重点围绕健全制度体系、拓展职业发展通道、完善评价标准、创新评价机制，形成以能力和业绩为导向、以社会和业内认可为核心、覆盖各类中小学教师的评价机制，建立与事业单位岗位聘用制度相衔接的职称制度。改革的主要内容包括：

（一）健全制度体系。改革原中学和小学教师相互独立的职称（职务）制度体系。贯彻落实义务教育法，建立统一的中小学教师职务制度。教师职务分为初级职务、中级职务和高级职务。原中学教师职务系列与小学教师职务系列统一并入新设置的中小学教师职称（职务）系列。

统一职称（职务）等级和名称。初级设员级和助理级；高级设副高级和正高级。员级、助理级、中级、副高级和正高级职称（职务）名称依次为三级教师、二级教师、一级教师、高级教师和正高级教师。统一后的中小学教师职称（职务），与原中小学教师专业技术职务的对应关系是：原中学高级教师（含在小学中聘任的中学高级教师）对应高级教师；原中学一级教师和小学高级教师对应一级教师；原中学二级教师和小学一级教师对应二级教师；原中学三级教师和小学二级、三级教师对应三级教师。

统一后的中小学教师职称（职务）分别与事业单位专业技术岗位等级相对应：正高级教师对应专业技术岗位一至四级，高级教师对应专业技术岗位五至七级，一级教师对应专业技术岗位八至十级，二级教师对应专业技术岗位十一至十二级，三级教师对应专业技术岗位十三级。

（二）完善评价标准。适应实施素质教育和课程改革的要求，着眼于中小学教师队伍长远发展，修改完善中小学教师水平评价标准。评价标准要充分体现中小学教师职业特点，注重师德素养，注重教育教学工作业绩，注重教育教学方法，注重教育教学一线实践经历，引导教师立德树人，爱岗敬业，积极进取，不断提高实施素质教育的能力和水平。切实改变过分强调论文、学历的倾向，乡村教师评审职称（职务）不做发表论文的刚性要求。

（三）创新评价机制。进一步健全同行专家评议制度，完善评审委员会工作程序和评审规则，建立评审专家责任制。改进评价方式方法，关注育人，注重教学，鼓励教研，综合评价，继续探索社会和业内认可的多种评价方式。探索采取说课讲课、面试答辩、专家评议等多种评价方式，对中小学教师的业绩、能力进行有效评价，增强同行专家评审的公信力。全面推行公示制度，增强职称工作透明度。

（四）实现与事业单位岗位聘用制度的有效衔接。中小学教师职称评审在核定的岗位结构比例内进行。评聘工作在有岗位空缺的前提下，按照个人申报、单位推荐、专家评审、核准公布、按岗聘用的基本程序进行。学校应按照有关规定将通过职称评审的教师聘用到相应教师岗位，人力资源社会保障部门、教育行政部门应及时兑现受聘教师的工资待遇，防止在有评审通过人选的情况下出现“有岗不聘”的现象。

鼓励中小学教师跨校评聘。发挥学校在用人上的主体作用，实现中小学教师职务聘任和岗位聘用的统一。学校要明确各个岗位的最低工作量，加强履职考核和聘后管理，在岗位聘用中实现人员能上能下。对改革前已经取得中小学教师专业技术职务任职资格但未聘用到相应岗位的人员，要结合实际采取措施，对这部分人员择优聘用时给予适当倾斜。对长期在特殊教育学校任教，经考核突出并符合具体评价标准条件的教师，要予以适当倾斜。在乡村学校任教（含城镇学校教师交流、任教）3年以上、经考核表现突出并符合具体评价标准条件的教师，同等条件下优先评聘。年度考核被确定为优秀等次且符合相应条件要求的，同等条件下可优先推荐评审高一级专业技术职务资格、聘任高一级专业技术岗位。

四、改革的组织实施

深化中小学教师职称制度改革，是贯彻落实国务院重要决策，进一步加强教师队伍建设，推动义务教育和基础教育科学发展的重要举措，是大力实施科教兴鲁和人才强省战略，建设经济文化强省的重要措施，各级各部门（单位）要高度重视，在各级党委、政府的统一领导下，认真抓好组织实施工作。

（一）提高认识，加强领导。各市、各部门（单位）要充分认识改革的重大意义，将深化中小学教师职称制度改革作为当前加强中小学教师队伍建设的首要任务，予以高度重视，切实加强领导。在深化中小学教师职称制度改革领导小组领导下，切实抓好改革工作的组织实施。

（二）分工负责，密切配合。改革实施工作由人力资源社会保障、教育部门共同负责，按照现有职能分工，做好相关工作。人力资源社会保障部门要加强对中小学教师职称制度改革实施工作的综合管理和指导监督，教育行政部门要切实做好改革实施工作的具体组织和落实，各学校（单位）要按照核准的岗位设置方案和工作安排，认真做好中小学教师职称申报推荐、岗位聘用和聘后管理等工作。

（三）科学谋划，稳妥推进。正确处理好改革、发展和稳定的关系，深入做好教职工的思想教育工作，通过多种方式广泛宣传改革实施工作的主要精神和重大意义，充分调动教师理解支持改革、积极参与改革的积极性，把推进改革与全面履行职责、加强教师队伍建设、深入推进素质教育有机结合起来，确保改革实施工作有序进行。

附件：1. 山东省中小学教师职称评审办法

2. 山东省中小学教师水平评价基本标准条件

附件1

山东省中小学教师职称评审办法

第一章　总　则

第一条　为深化中小学教师职称制度改革，加强教师队伍建设，客观、公正地评价中小学教师能力水平，根据人力资源社会保障部、教育部《关于印发〈关于深化中小学教师职称制度改革的指导意见〉的通知》（人社部发〔2015〕79号）及其他有关规定，结合实际，制定本办法。

第二条　本办法所指中小学教师职称评审是指对参加正高级教师、高级教师、一级教师、二级教师、三级教师岗位竞聘人选的品德、知识、能力、业绩和专业水平是否达到相应标准要求的综合评价，是中小学教师岗位聘用的重要依据。

第三条　中小学教师职称评审，须在核定的教师岗位结构比例内进行。

第四条　中小学教师职称评审，坚持客观公正、公开透明，育人为本、德育为先的原则，实行同行专家评价，重在社会和业内认可。

第五条　中小学教师职称评审实行分级管理。正高级教师由省人力资源社会保障厅、省教育厅组织评审，报人力资源社会保障部、教育部备案；其他等级教师职称评审的组织管理按照《山东省专业技术职务任职资格评审办法（试行）》（鲁人发〔2002〕26号）及有关规定执行。

第二章　申　报

第六条　申报评审中小学教师职称，必须符合《山东省中小学教师水平评价基本标准条件》中规定的标准条件和要求。

第七条 中小学教师申报评审职称，须个人提出申请，按要求填写《山东省中小学教师职称评审表》、《中小学教师申报评审职称情况一览表》等，并如实提供相关申报评审材料。

第八条 经拟聘学校（单位）同意，中小学教师可以跨校竞聘、申报，并根据推荐、评审情况，由该学校（单位）按职称评审、岗位聘用等有关规定予以聘用。

第三章 推 荐

第九条 学校根据教师岗位空缺数量、等级和工作需要，确定竞争推荐人数，并组织竞争推荐。

已取得相应专业技术职务资格未被聘用的和未取得相应专业技术职务资格、符合岗位条件的教师均可参加竞争推荐。通过竞争推荐，已取得相应专业技术职务资格的，由学校（单位）直接聘用；未取得相应专业技术职务资格的，须按规定程序和要求参加职称评审，通过评审的，由学校（单位）聘用到相应教师岗位。

第十条 学校（单位）成立由专家和一线教师组成的推荐委员会（7人以上），对参加竞争推荐人员进行综合评价，提出推荐意见。

第十一条 学校（单位）根据推荐委员会的推荐意见，结合参加竞争推荐人员任现职以来各学年度的考核情况，集体研究确定推荐人选。学校（单位）将推荐人选的申报材料在单位内公示5个工作日，无异议后推荐上报。

第十二条 主管部门对申报材料进行审查，签署意见，负责人签字并加盖印鉴后，及时送呈报部门。

第十三条 正高级教师的推荐，由设区的市人力资源社会保障部门和教育部门按相关规定统一组织。将推荐人选公示5个工作日，无异议后呈报。

第四章　呈　报

第十四条　申报材料须由申报人所在学校（单位）报送，经主管部门审查同意并签署呈报意见后，评审委员会办事机构方可受理。

其中，报上级职称主管部门组建的评审委员会评审时，须逐级经人力资源社会保障部门和教育部门审核同意。

第十五条　呈报部门应对评审材料进行认真审查，严格把关，按照规定的评审材料的类别和数量及时呈报到相应评审委员会办事机构。

第十六条　评审委员会办事机构应组织专人对申报材料逐一进行认真审查，符合规定要求后，再提交评审委员会评审。不符合要求的材料一律不予受理。

第五章　评　审

第十七条　评审委员会办事机构根据要求受理申报材料，进行分类整理，制定评审工作方案，经评审委员会组建部门审核同意后组织实施。

第十八条　中小学教师职称实行评审委员会评审制度。根据评审的需要分别组建高级（含正高级）、中级、初级教师职称评审委员会。高级（含正高级）教师职称评审委员会执行委员一般不少于17人，中级教师职称评审委员会执行委员一般不少于10人，初级教师职称评审委员会执行委员一般不少于7人。评审委员会执行委员须由现聘为相应及以上职称等级的教师组成。

高级（含正高级）教师职称评审委员会执行委员由长期在中小学一线从事教学工作的正高级教师和高等院校基础教育教授岗位、中小学教育教学研究机构研究员岗位上任职且相同或相近专业的专家组成，其中，中小学教师应不少于60%。

第十九条　评审委员会对申报人员的品德、知识、能力和业绩情况进行综合评价，注重教书育人业绩和一线教学实践经历。乡村中小学教师和城镇中小学教师分开评审，对长期在乡村学校任教的教师予以适当倾斜。

评审委员会实行评审专家责任制。

第二十条 评审工作的基本程序：

（一）评审委员会办事机构简要汇报准备工作情况。

（二）专业（学科）评议组成员或评审委员会执行委员分组审阅评审材料，集体评议讨论，提出初步评议意见。

（三）专业（学科）评议组向评审委员会汇报评议情况。

（四）评审委员会全体执行委员审议，进行综合评价，最后以无记名投票方式表决。

第二十一条 对经评审委员会评审通过的人员实行公示制度。评审委员会办事机构将评审通过人员名单，反馈到原呈报部门和申报人员所在单位公示。公示期为10个工作日。

第二十二条 评审委员会办事机构写出工作总结、会议纪要等，对评审工作进行认真总结，并按要求整理好有关评审材料，公示期结束后及时报送核准。

第六章 核准公布

第二十三条 经评审委员会评审通过且公示无异议的，或公示有异议经调查核实符合条件和评审程序的，由评审委员会组建部门核准并正式行文公布。

评审未通过的人员，当年度不再重新召开评审会议对其进行复议，也不得再改报其他评审委员会评审。

第二十四条 经核准公布的，颁发统一制式的中小学教师专业水平评价证书，其《山东省中小学教师职称评审表》存入本人档案。

第七章　附　则

第二十五条　中小学教师职称评审其他未尽事项，按照《山东省专业技术职务任职资格评审办法（试行）》（鲁人发〔2002〕26号）规定执行。

第二十六条　按照事业单位岗位管理和职称改革的有关规定，改革后的中小学教师，不再适用原人事部《〈企事业单位评聘专业技术职务若干问题暂行规定〉有关具体问题的说明》（人职发〔1991〕11号）中“关于国家教委承认的正规全日制院校毕业生见习期满并考核合格，即可聘任相应的专业技术职务问题”的规定，应按照有关规定参加相应的专业技术职务资格评审。

第二十七条　本办法自印发之日起施行。

附件2

山东省中小学教师水平评价基本标准条件

一、基本条件

（一）拥护中国共产党领导，热爱社会主义祖国，遵守宪法和法律，自觉执行党和国家的教育方针，忠诚于人民教育事业。

（二）具有崇高的职业理想和坚定的职业信念，自觉遵守教育法律法规、学校规章制度和教学行为规范，具有高尚的职业道德，热爱教育事业，爱岗敬业，无私奉献，教书育人，注重身教，为人师表，以身作则。

（三）身体健康，心理素质良好，具备从事教育教学的身心条件。

（四）掌握和运用普通文化知识、教育学、心理学基本原理，自觉运用教育新观念和新理念，指导教育教学工作。

（五）具备《教师法》规定的相应的教师资格，在教育教学一线任教，切实履行教师岗位职责和义务。

（六）符合国家和省规定的继续教育等要求。

二、业绩能力水平

（一）正高级教师

1. 教书育人业绩卓著

（1）长期工作在教育教学第一线，积极履行育人职责，能够结合所教学科特点，将德育教育融入课堂教学，促进学生身心健康成长，引导学生养成良好行为习惯，形成健全人格。

（2）承担班主任、辅导员等工作5年以上，工作中能够准确把握学生成长规律，及时了解学生思想状态，帮助学生正确分析、认识成长过程中的问题，尊重学生差异，既注重学生群体成长，又关注每个学生的全面发展。

（3）积极参与社会教育活动，与社区和学生家长建立良好的沟通渠道，能够针对学生的教育成长、学校教育工作和社区教育发展等提出指导性意见或方案。

2. 教学业务精湛

（1）能够准确把握和使用教材，深入系统地掌握所教学科课程体系和专业知识。

（2）备课认真、严谨，课堂教学目标明确，课程内容设计周密、完整，重点突出。

（3）课堂教学能够驾驭自如，有创新点或新颖性，形成独到的教学风格，受到学生普遍欢迎，得到同行认可。

（4）课堂教学效果突出，高质量完成课程标准规定的教学目标和任务，所教学科学生的学业水平普遍高于教育质量要求。

（5）根据学生成长规律、学科特点和教学要求，创造性地组织、指导开展课外实践活动。

（6）在县（市、区）或更大范围内有较大影响，公认为教育教学领军人物。

3. 教研能力突出

（1）具有主持、指导和引领一定区域或本学科领域内教育教学研究的能力和水平。能够正确把握教育教学研究方向，及时发现并准确分析和解决教育教学中存在的问题；积极开展教育思想、教育理论和课程改革、教学方法等方面的纵深研究与总结创新，取得创造性成果，并广泛运用于教学实践；在实施素质教育中，发挥示范和引领作用。

（2）任现职以来出版过或在全国中文核心期刊上发表过独创性的教育教学研究著作或论文。

4. 示范引领作用显著

（1）在本学科领域享有较高知名度，为同行公认的教育教学专家。

（2）具有很强的团队精神，在教学团队的成长和发展中发挥关键性作用，在指导、培养中青年骨干教师方面做出突出贡献。

（3）积极参与学校教学改革，在推动学校发展、促进学科建设和先进教育理念的推广与普及工作中取得显著成绩。

（二）高级教师

1. 教书育人业绩显著

（1）长期工作在教育教学第一线，积极履行育人职责，能结合所教学科特点，将德育教育融入课堂教学，引导学生养成良好行为习惯，促进学生身心健康成长。

（2）承担班主任、辅导员等工作5年以上，引导形成良好班风学风，及时了解学生思想状态，尊重并关注学生差异，帮助学生正确分析、认识成长过程中的问题，关注每个学生的全面发展。

（3）与学生家长沟通良好，能够对学生的教育成长提出指导性建议。

2. 教学业务精通

（1）能够准确把握和使用教材，系统掌握所教学科课程体系和专业知识。

（2）备课细致、认真，课程教学目标明确，课程设计完整，内容细致，重点突出。

（3）能够自如驾驭课堂教学并形成一定的教学特色，得到学生普遍认可。

（4）课堂教学效果突出，保质保量地完成课程标准规定的教学目标和任务，所教学科学生的学业水平高于教育质量要求。

（5）根据学生成长规律和学科教学需要，组织开展课外实践活动。

（6）在本校或更大范围内有较高知名度，为学校教育教学骨干。

3. 教研能力较强

（1）具有指导和开展教育教学研究的能力和水平。能够发现并针对教育教学中存在的问题进行自我反思和评价；在教育理论、课程改革和教学方法研究等方面准确把握研究方向并取得显著成果；在素质教育创新实践中，能够指导、组织和执行教学实践、选修课程开设和开发并取得突出的成绩。

（2）任现职以来出版过或在公开出版发行的刊物上发表过与任教学科相关的具有较高水平的教育教学研究著作或论文。或具有较高水平的教研成果，在本校以及更大范围内推广应用、示范学习。

4. 指导培养教师成效明显

具有良好的团队精神，能够在教学团队中充分发挥骨干作用，完成教育教学研究和实践任务，在指导、培养青年教师方面发挥重要作用。

（三）一级教师

1. 教书育人业绩突出

（1）积极履行育人职责，能结合所教学科特点，将德育教育融入课堂教学，促进学生身心健康成长。

（2）承担班主任、辅导员等工作3年以上，能够与学生和学生家长进行有效交流，了解学生思想状态，关注每个学生的全面发展，在班级管理工作中引导形成良好班风学风。

2. 教学成绩优良

（1）能够准确把握和使用教材，熟悉所教学科课程体系，掌握课程标准。

（2）备课认真，课程教学目标清晰，课程设计完整、重点明确。

（3）能够使用现代教育技术开展教育教学活动，较为熟练地使用教学语言和运用恰当的教学方法组织课堂教学，与学生产生良好互动和交流，课堂教学效果良好，完成课程标准规定的教学目标和任务，所教学科学生的学业水平普遍达到教育质量要求。

（4）积极协助组织开展学生课外实践活动。

（5）在高水平教师指导下，参与教学实践、选修课程开设和开发。一般应具有讲授县级以上公开课、示范课、优质课的经历。

3. 具有一定的研究能力

具有拓展专业知识和提升教育教学水平的发展潜力，能够积极参与教育教学研究，并在高水平教师指导下对教育教学进行自我反思和评价。

（四）二、三级教师

1. 积极履行全员育人职责，结合所教学科特点，将德育教育融入课堂教学，帮助学生进步。

2. 协助做好班主任、辅导员等工作，关注学生的全面发展。

3. 能正确把握和使用教材，独立掌握所教学科的课程标准，备课认真，课程教学目标准确，课程设计合理。

4. 能够规范使用教学语言和运用现代教育技术等教学方法，与学生产生良好互动和交流，作业设计切合授课内容，能够帮助学生掌握学科知识，教学效果较好，能够完成课程标准规定的教学目标和任务，所教学科学生的学业水平达到教育质量要求。

三、任职资历等其他条件

（一）正高级教师：应具有高等教育大学本科及以上学历，在教学一线从事教学工作20年以上，并在高级教师岗位从事教学工作5年以上。城镇中小学教师原则上要有1年以上在薄弱学校或农村学校从事教学工作的经历。

（二）高级教师：具备博士学位，在一级教师岗位从事教学工作2年以上且最近连续2年在教育教学一线从事教学工作；具备硕士、学士学位、高等教育本科毕业学历，在一级教师岗位从事教学工作5年以上；具备高等教育专科毕业学历在初中或小学（幼儿园）从事教学工作，在教学一线从事教学工作15年以上，并在一级教师岗位从事教学工作5年以上。城镇中小学教师应有1年以上在薄弱学校或农村学校从事教学工作的经历。

（三）一级教师：具备博士学位；或者具备硕士学位，并在二级教师岗位从事教学工作2年以上，坚持在教育教学一线从事教学工作；具备学士学位或高等教育本科毕业学历，或具备高等教育专科毕业学历在初中或小学（幼儿园）从事教学工作，在二级教师岗位从事教学工作4年以上且最近连续3年在教育教学一线从事教学工作；具备中等师范学校毕业学历在小学（幼儿园）从事教学工作，在二级教师岗位从事教学工作5年以上且最近连续3年在教育教学一线从事教学工作。

（四）二级教师：具备硕士学位；具备学士学位或高等教育本科毕业学历，见习1年期满并考核合格；具备高等教育专科毕业学历，并在初中或小学（幼儿园）三级教师岗位从事教学工作2年以上；具备中等师范学校毕业学历，并在小学（幼儿园）三级教师岗位从事教学工作3年以上。

（五）三级教师：具备高等教育专科毕业学历在初中、小学（幼儿园）从事教学工作，或者具备中等师范学校毕业学历在小学（幼儿园）从事教学工作，见习1年期满并考核合格。

中共山东省委组织部　山东省人力资源和社会保障厅　山东省机构编制委员会办公室　山东省财政厅关于印发山东省实行人员控制总量备案管理的事业单位人事管理办法（试行）的通知

鲁人社发〔2017〕53号

各市人民政府，省直各部门（单位）：

以习近平新时代中国特色社会主义思想为指导，深入贯彻党的十九大精神，根据中央及省委、省政府深化干部人事制度改革和分类推进事业单位改革的总体部署要求，适应社会主义市场经济体制和经济社会发展需要，尊重人才成长规律，创新人员控制总量备案管理的事业单位人事管理制度，推进“放管服”改革，落实事业单位用人自主权，调动各类人才的积极性、主动性、创造性，激发事业单位活力，为社会提供优质高效的公共服务，研究制定了《山东省实行人员控制总量备案管理的事业单位人事管理办法》，经省政府同意，现印发给你们，请结合实际，认真贯彻执行。

各级要高度重视实行人员控制总量备案管理的事业单位人事制度改革，把这项工作摆上重要议事日程，履行好宏观指导、统筹协调的职责。要切实加强党对事业单位人事制度改革的领导，充分发挥事业单位党组织的领导和政治核心作用，用事业凝聚人才，以人才推进事业。要加强宣传和思想政治工作，形成正确的舆论导向和良好的改革氛围，保障群众的知情权、参与权、选择权和监督权。

各级组织、人力资源社会保障、机构编制、财政部门要充分发挥职能作用，按照改革的指导思想和原则要求，加强与相关部门协调配合，做好与机构编制、收入分配、社会保险、财政制度及行业体制改革的配套衔接，统筹谋划，周密部署，有计划、有步骤推进改革。

中共山东省委组织部　　山东省人力资源和社会保障厅

山东省机构编制委员会办公室　　山东省财政厅

2017年12月27日

山东省实行人员控制总量备案管理的事业单位人事管理办法（试行）

第一章　总　则

第一条　为促进公益事业发展，做好人员控制总量备案管理的事业单位人事管理工作，按照省委、省政府深化事业单位改革的要求，根据《关于进一步深化医药卫生体制改革的实施意见》（鲁办发〔2015〕53号）、《关于推进高等教育综合改革的实施意见》（鲁办发〔2016〕19

号）和《关于创新公益类事业单位机构编制管理方式的实施意见》（鲁编〔2016〕13号）等有关规定，制定本办法。

第二条 实行人员控制总量备案管理的事业单位人事管理坚持以下原则。

（一）坚持解放思想、改革创新，始终把提高公益服务水平、满足人民群众需求作为出发点和落脚点。

（二）坚持依法依规、统一规范，人员控制总量内的所有人员，实行统一的事业单位人事管理制度，同工同酬，同等待遇。

（三）坚持分类指导、稳慎实施，从实际出发，根据行业岗位特点，制定科学可行的方案，激发人才活力，加强队伍建设。

（四）坚持民主公开、竞争择优，逐步形成能上能下、能进能出、公平公正、充满生机活力的用人机制。

第三条 根据鲁办发〔2015〕53号、鲁办发〔2016〕19号和鲁编〔2016〕13号等有关规定实行人员控制总量备案管理的事业单位及其在人员控制总量内按照《事业单位人事管理条例》（国务院令第652号）依法依规聘用的工作人员适用本办法。

第二章　健全完善事业单位人事管理制度

第四条 实行人员控制总量备案管理的事业单位及其工作人员适用《中华人民共和国社会保险法》《事业单位人事管理条例》等有关法律法规及政策规定。

第五条 事业单位在人员控制总量内依法依规聘用的工作人员实行统一的事业单位人事管理制度。

人员控制总量内的工作人员在公开招聘、职称考评、岗位聘用、考核奖惩、薪酬分配、社会保险、管理使用等方面，适用事业单位人事管理政策，同工同酬，同等待遇。

第六条 根据《中华人民共和国社会保险法》等有关法律法规，事业单位应当自用工之日起30日内凭组织、人力资源社会保障部门的招聘、任用等手续，为其职工向社会保险经办机构申请办理社会保险登记。

第七条 实行人员控制总量备案管理的事业单位公开招聘方案、招聘结果、岗位设置方案、竞聘上岗实施方案以及聘用结果按规定报人力资源社会保障部门备案，将聘用人员纳入规定的人事管理信息系统（山东省机关事业单位人事综合管理信息系统）实行信息化管理。

第八条 人员控制总量内所有人员实行实名制管理，事业单位应当及时向同级机构编制部门报送实名制人员变动情况。

第三章 落实事业单位用人自主权

第九条 实行人员控制总量备案管理的事业单位依法依规行使用人自主权。

第十条 自主制订单位内部人事管理制度。事业单位根据行业运行规律和《事业单位人事管理条例》等相关法律法规政策，完善单位民主管理、专家学术委员会运行、考核评价体系、激励约束机制、政务公开、社会监督等内部治理机制，完善单位各项人事管理制度，构建层次合理、简洁明确、协调高效的制度体系，确保单位人事管理科学规范、合理有序，对失职行为严肃问责，加强自我约束和管理。

第十一条 自主管理岗位设置。事业单位根据中央和省事业单位岗位设置管理办法有关政策规定，在人员控制总量内组织制订岗位设置方案和管理办法，报设区的市以上人力资源社会保障部门备案后，主动公开，接受监督。岗位设置方案应包括岗位总量，管理、专业技术、工勤技能各类岗位的名称、数量、结构比例、职责任务、工作标准、任职条件等。

第十二条 自主安排、执行用人计划。在备案的人员控制总量内，事业单位根据事业发展，集体研究确定用人计划，按有关政策规定的形式组织实施。

第十三条 自主公开招聘各类人才。事业单位根据事业发展、专业学科建设和队伍建设需要，在人员控制总量内按照国家、省公开招聘有关规定自主公开招聘各类人才。

第十四条 自主组织竞聘上岗和人员聘用管理。事业单位应当围绕主业、突出重点、支持创新，在人员控制总量内聘用人员；应当根据单位自身特点和发展需要，依法依规制订聘用合同条件；应根据岗位设置方案和竞聘上岗规定自主开展竞聘上岗，竞聘结果报同级人力资源社会保障部门备案后，与工作人员签订聘用合同，开展考核奖惩等聘后管理。

第十五条 自主确定本单位绩效工资分配方式。事业单位根据备案人员控制总量、当地经济发展水平、发展层次等因素，按规定在核定绩效工资总量内，集体研究确定本单位绩效工资分配方案并组织实施，绩效工资分配要向关键岗位、高层次人才、业务骨干和做出突出贡献的工作人员倾斜。允许突破现行公立医院、科研院所工资调控水平，允许医疗服务收入、科研单位收入扣除成本并按规定提取各项基金后主要用于人员奖励，建立与岗位职责、工作业绩、实际贡献紧密联系的分配激励机制和动态调整机制。公立医院严禁给科室和医务人员设定创收指标，医务人员薪酬不得与公立医院的药品、耗材、检查、化验等业务收入挂钩。鼓励用人单位对急需紧缺高层次人才实行协议工资制、项目工资制和年薪制。事业单位工作人员依法取得的科技成果及其转化奖励、人才工程业绩奖励收入和急需紧缺人才薪酬纳入单位绩效工资总量管理、不纳入单位绩效工资总量基数。

第四章 其他相关事项

第十六条 事业单位对因履行职能需要购买辅助性服务的（包括根据《中华人民共和国劳动合同法》等相关法律法规采取劳务派遣方式完成相应工作），应当按照政府采购法律制度有关规定执行，相关人员不纳入人员控制总量。

第十七条　高校、科研院所、公立医院等事业单位为完成重大项目，可以设立流动岗位，吸引有创新实践经验的企业管理人才、科技人才和海外高水平创新人才兼职，可按规定为流动岗位聘用人员发放劳务费；事业单位应当与流动岗位人员订立协议，明确工作期限、工作内容、工作时间、工作要求、工作条件、工作报酬、保密、成果归属等内容。不与事业单位签订人员聘用合同，不纳入人员控制总量。

第十八条　事业单位及其主管部门（举办单位）要进一步规范对自行聘用人员的管理和使用。具体管理办法由省人力资源社会保障厅会同有关部门另行制定。

第五章　加强监督检查

第十九条　各级各有关部门（单位）要落实监管责任，加强对实行人员控制总量备案管理的事业单位人事管理的事中事后监管，加强事业单位人事管理政策执行情况的评估，建立评估制度，规范评估程序，强化评估结果的运用。探索由第三方机构对事业单位人事管理评估。

第二十条　建立健全政府监管和社会监督相结合的多层次、全方位外部监督机制。推行“双随机、一公开”监管方式，通过随机抽取检查对象、随机选派执法人员的“双向互盲”等方式，采取书面检查、实地核查、网络监测等多种手段对事业单位进行检查，并将检查结果在“信用山东”等平台公开。组织、人力资源社会保障、机构编制、财政部门联合事业单位主管部门（或举办单位）按照管理权限和规定程序，定期或不定期对事业单位人事管理制度执行情况进行监督检查，监督结果及时向社会公开，作为事业单位评先树优、机构和人员控制总量调整、财政经费预算、岗位设置调整等的重要依据和事业单位领导人员任用、奖惩的重要参考。充分发挥人大、政协、监察机关以及行业协会、学会等层面的监督作用。对违反人事管理纪律的依法依规进行严肃处理。

第六章　附　则

第二十一条　本办法按照职能分工负责解释。

第二十二条　本办法自2017年12月27日起施行。

山东省财政厅　山东省教育厅关于幼儿园生均公用经费财政拨款标准有关问题的通知

鲁财教〔2018〕29号

各市财政局、教育局，省财政直接管理县（市）财政局、教育局：

按照《中共中央办公厅 国务院办公厅关于深化教育体制机制改革的意见》（中办发〔2017〕46号）、《教育部等四部门关于实施第三期学前教育行动计划的意见》（教基〔2017〕3号）、《山东省人民政府办公厅关于加快学前教育改革发展的意见》（鲁政办字〔2018〕71号）等要求，为提高幼儿园经费保障水平，支持扩大普惠性学前教育资源，促进学前教育事业持续健康发展，现就幼儿园生均公用经费财政拨款标准有关问题通知如下：

一、重要意义

学前教育是教育事业发展的短板，也是财政投入的薄弱环节。党的十九大报告提出，要“在幼有所育上不断取得新进展”；2017年中央经济工作会议要求，“解决好婴幼儿照护和儿童早期教育服务问题”。制定全省公办幼儿园生均公用经费拨款标准和普惠性民办幼儿园生均补助标准，是支持我省学前教育加快发展的有力抓手和切入点，对于进一步提高公办幼儿园运转保障水平，引导和扶持民办幼儿园为社会提供普惠性服务，促进学前教育持续健康发展具有十分重要的意义。各级财政、教育部门要充分认识制定和落实幼儿园生均公用经费财政拨款标准的重要性和紧迫性，将其作为推进教育均衡发展、办好人民满意教育的重大民生工程切实抓紧抓好，确保按时按要求完成目标任务。

二、拨款标准

综合考虑外省情况和我省实际水平，为进一步加大学前教育经费支持力度，同时兼顾各地财政负担能力，将我省幼儿园生均公用经费财政拨款最低标准确定为每生每年710元，自2018年起正式执行，确有困难的市、县（市、区），必须在2020年以前落实到位。各县（市、区）要制定拨款标准落实时间表，经市级汇总后报省财政厅、省教育厅备案。各市要进一步加强对所辖县（市、区）的监督检查力度，确保各县（市、区）在明确的时间节点足额落实拨款标准。已建立生均公用经费制度且标准高于省定最低标准的，不得降低现行标准。以后年度，省里将适时提高拨款标准，建立公用经费正常增长机制。

三、适用范围

公用经费财政拨款标准适用范围为全省所有公办幼儿园（包括教育和其他部门办园，企事业单位、部队、集体办园），对市、县（市、区）认定公布的办园行为规范、达到相关办园标准，且收费不高于同级公办园收费标准2倍的普惠性民办幼儿园，按公办园标准给予生均经费补助。

在足额落实省定生均公用经费最低标准的基础上，各地要结合本地区经济社会发展水平、学前教育发展状况、办园成本差异、办学质量和规模、财力状况等因素，因地制宜、科学合理确定本地区不同规模、不同性质幼儿园的生均公用经费具体标准，鼓励引导企事业单位、部队、集体幼儿园面向社会提供普惠性学前教育服务，对办学质量高、社会效益好、招收残疾儿童多的普惠性民办幼儿园可适当提高补助标准。

四、经费开支范围

公办幼儿园生均公用经费是指保障幼儿园正常运转、完成保育教育活动和其他日常工作任务等方面支出费用，具体开支范围包括：保教业务与管理、教师培训、文体活动、水电、取暖、交通差旅、邮电、物业、劳务、图书资料及玩教具等购置，以及房屋、建筑物、仪器设备的日常维修维护等，不得用于基本建设投资、偿还债务等方面开支。幼儿园要按照综合预算的原则，统筹安排财政拨款、保教费收入等各项资金，在足额落实公用经费的同时，保障好教职工人员经费等各项开支需要。

普惠性民办幼儿园生均补助经费由幼儿园统筹用于保育教育活动等方面支出。

五、经费保障

按照财政事权和支出责任相适应的原则和“省市统筹、以县为主”的学前教育管理体制，落实省定生均公用经费最低标准所需资金，按照幼儿园隶属关系，由同级财政负责落实，具体办法由各市财政、教育部门结合实际确定。省级将生均公用经费纳入学前教育奖补资金奖补范围，在资金分配时统筹考虑各地落实省定标准资金需求、政策落实等情况，激励引导市县足额落实好生均公用经费投入。在此基础上，结合县级基本财力保障机制、均衡性转移支付等资金，加大对财政困难县的补助力度。

六、有关要求

（一）提高思想认识。各地要切实增强加快发展学前教育的责任感和紧迫感，主动适应新形势新要求，进一步调整优化财政支出结构和教育支出结构，突出学前教育的优先支持地位。一方面，要足额安排资金，落实好学前教育省定生均公用经费标准；另一方面，要加大建设资金投入，多渠道多形式扩增学前教育资源，着力增加幼儿园学位。

（二）落实投入责任。市级财政要强化对市域内学前教育发展的统筹指导，加大对各县（市、区）特别是财政困难县的转移支付力度，支持学前教育均衡发展。县级财政要切实落实投入主体责任，通过盘活存量、用好增量，统筹各项资金来源，努力增加学前教育资金规模，保障学前教育发展需要。

（三）加强经费管理。各级财政、教育部门要加强对各级各类幼儿园特别是民办园办园和财务管理情况的考核评价，并将评价结果作为拨款的重要依据。要督促有关幼儿园完善经费管理办法，科学规范使用补助经费，提高资金使用效益。幼儿园要建立财务公开制度，定期公布财政补助经费支出情况。省财政厅、省教育厅将加强对各地幼儿园生均公用经费财政拨款标准落实情况的监督检查，对政策落实不到位、弄虚作假套取财政资金和挤占挪用、违规使用公用经费等行为，按照有关规定严肃处理。

本通知自2018年8月1日起施行，有效期至2023年7月31日。

山东省财政厅　山东省教育厅

2018年6月29日

山东省幼儿园收费管理办法

第一章　总　则

第一条　为规范我省幼儿园收费管理，维护学前儿童和幼儿园的合法权益，促进学前教育事业健康发展，根据《中华人民共和国价格法》《中华人民共和国教育法》《山东省学前教育条例》等法律法规和有关规定，制定本办法。

第二条　本办法适用于山东省行政区域内依法举办的幼儿园对学前儿童实施保育和教育的收费管理。

第三条　幼儿园收费实行政府定价、政府指导价、市场调节价等管理方式。

第四条　各级人民政府应当以提供普惠性服务为衡量标准，科学核定办园成本，健全学前教育成本分担机制，保障学前教育的公益性和普惠性。

第二章　收费项目和定价权限

第五条　幼儿园收费项目包括保育教育费（以下简称保教费）、住宿费、服务性收费和代收费。

第六条　保教费是指幼儿园为在园儿童提供保育教育服务收取的费用。

第七条　住宿费是指寄宿制幼儿园为在园住宿儿童提供住宿服务收

取的费用。

第八条 服务性收费是指幼儿园在完成正常的保育教育外，为在园儿童提供的由家长自愿选择的服务而收取的费用。

服务性收费项目包括伙食费、校车服务费等。

第九条 代收费是指幼儿园为方便儿童在园学习和生活，在家长自愿的前提下，为提供服务的单位代收代付的费用。

代收费项目包括床上用品费、居民基本医疗保障费、儿童人身意外伤害保险等。

第十条 与幼儿园保育教育直接关联的服务事项，以及明确规定纳入公用经费开支的项目，不得列为服务性收费和代收费。

第十一条 公办幼儿园、普惠性民办幼儿园和其他非营利性民办幼儿园的保教费、住宿费实行政府定价或政府指导价，服务性收费和代收费实行市场调节价。省人民政府另有规定的除外。

营利性民办幼儿园收费实行市场调节价。

第十二条 实行政府定价或政府指导价管理的幼儿园收费项目，其收费标准由各市、县（市、区）人民政府制定。具体分级管理范围由市人民政府确定。

第三章　收费标准制定

第十三条 对公办幼儿园、普惠性民办幼儿园以及其他非营利性民办幼儿园，实行保教费动态调整机制，原则上每3—5年核定一次保教费收费标准。

公办幼儿园和普惠性民办幼儿园的保教费标准根据当地城乡经济发展水平、办园成本和群众承受能力等实际情况制定或调整。未纳入机构编制管理及其他自收自支的公办幼儿园，各地制定收费标准时可以适当上浮，但不得超过同类型普惠性民办幼儿园收费标准。

其他非营利性民办幼儿园的保教费标准根据办园成本、办园水平、市场需求等因素制定或调整。

第十四条 幼儿园住宿费标准按实际成本确定。

服务性收费应为方便儿童保育教育为目的，按照成本补偿和非营利原则收取。

代收费项目按照实际支出情况收取。

第十五条 各级发展改革部门应当加强对幼儿园保教费定价成本的调查或监审。公办幼儿园每3年进行一次定期调查或监审，非营利性民办幼儿园实行定调价成本调查或监审。对公办幼儿园的成本调查或监审报告应抄送同级财政、教育等部门。

发展改革部门可以委托或聘请第三方机构参与成本调查或监审，所需费用纳入部门预算。

第十六条 幼儿园应当建立健全会计核算制度，完整准确记录保教费、住宿费等成本和收入情况，如实提供相关资料，配合做好成本调查或监审工作。

第十七条 公办幼儿园确需调整保教费、住宿费标准的，教育部门应在广泛征求各方面意见基础上研究提出调整意见，根据价格管理权限报发展改革、财政等部门依法履行调整程序。调整公办幼儿园保教费标准需经同级人民政府批准。

调整意见包括幼儿园建设管理情况、年度收费开支、保教费调整幅度、调整理由、调整后的收费增减额、调整后对社会负担和幼儿园收支影响，以及发展改革、财政等部门要求提供的其他情况。

第十八条 普惠性民办幼儿园以及其他非营利性民办幼儿园保教费、住宿费标准，由幼儿园根据办学成本和幼儿园建设发展状况，向教育部门提出调整申请，教育部门对调整申请审核后形成调整意见，按照价格管理权限转报发展改革部门批准执行。

调整意见包括幼儿园性质认定情况、建设管理情况、年度收费开支等，以及发展改革部门要求提供的其他情况。

第四章　收费行为规范

第十九条　幼儿园应当按照规定做好收费公示工作，通过门户网站、公示栏、明白纸等多种形式，向社会和儿童家长公开收费项目、收费标准等相关内容。

收费项目、收费标准发生变化的，应及时更新公示内容。

第二十条　幼儿园招生简章应写明幼儿园性质、收费项目和收费标准等。

在招生前没有按规定公示收费标准，或者没有明确收费标准调整变化的，对新招生儿童的收费不得超过上年度的收费标准。

第二十一条　保教费、住宿费、伙食费按月、季度或学期收取。具体收取方式和退费办法由各市根据当地情况制定。

服务性收费和代收费应即时发生，即时收取，分项列明，据实结算。

第二十二条　营利性民办幼儿园实施收费，应与家长签订协议，明确保教费、住宿费等收费标准、收费方式、退费办法，以及双方的权利、责任、义务。调整保教费、住宿费标准的，应于秋季开学3个月前向社会公示。

第二十三条　公办幼儿园收取的保教费、住宿费按照行政事业性收费管理。收费使用山东省财政厅统一监制的山东省财政票据，收费收入通过山东省非税收入征收和财政票据管理系统全额缴入财政，实行“收支两条线”管理。

第五章　附　则

第二十四条　招收外籍人员子女就读的民办幼儿园，向外籍人员子女收取费用，其收费项目和标准由学校自主制定。

第二十五条　本办法由山东省发展和改革委员会、山东省财政厅、山东省教育厅负责解释。

第二十六条　本办法自2020年1月1日起施行，有效期截至2022年12月31日。

山东省幼儿园保育教育定价成本监审办法

第一章　总　则

第一条　为加强幼儿园保育教育成本监管，规范政府定价成本监审行为，提高价格决策的科学性，根据《政府制定价格成本监审办法》《山东省学前教育条例》等有关规定，制定本办法。

第二条　本办法适用于本省市、县（市、区）价格主管部门（以下简称“价格主管部门”）对幼儿园提供保育教育服务实施定价成本监审的行为。

第三条　本办法所称幼儿园是指公办幼儿园、普惠性民办幼儿园和其他非营利性民办幼儿园（以下统称幼儿园）。

第四条　本办法所称幼儿园保育教育定价成本，是指价格主管部门核定的幼儿园向学前儿童提供保育教育服务的合理费用支出。

第五条　核定幼儿园保育教育定价成本应当遵循以下原则：

（一）合法性。计入定价成本的费用应当符合有关法律、法规，财务制度和国家统一的会计制度，以及价格监管制度等规定。

（二）相关性。计入定价成本的费用应当与幼儿园保育教育过程直接相关或者间接相关。

（三）合理性。计入定价成本的费用应当反映幼儿园保育教育正常需要，并按照合理方法和合理标准核算；影响定价成本水平的主要技术、经济指标应当符合行业标准或公允水平。

第六条　幼儿园保育教育定价成本应当以监审前三年经会计师事务所审计或者政府有关部门审核的年度财务报告以及手续齐备的原始凭证及账册为基础，按照定价成本监审的有关规定核定。

未正式营业或者营业不满一个会计年度的可不实施定价成本监审。

第七条　幼儿园应当建立、健全保育教育成本核算制度，完整准确记录、核算保育教育成本和收入。

幼儿园应当积极配合价格主管部门实施成本监审，客观如实反映情况，并按要求提供财务报告、会计凭证、账簿、科目汇总表等相关文件资料和电子原始数据。

第八条　价格主管部门可以委托或聘请第三方机构参与成本监审工作。

第二章　定价成本构成

第九条　幼儿园保育教育定价成本由工资福利支出、商品和服务支出、对个人和家庭的补助支出、固定资产折旧、无形资产摊销、借款利息支出和长期待摊费用等构成。

第十条　工资福利支出包括工资总额、工会经费、职工福利费、社会保险费和其他工资福利支出。

职工工资总额包括基本工资、绩效工资、津贴补贴、奖金和其他工资支出等。

第十一条　商品和服务支出包括办公费、印刷费、咨询费、手续费、水电费、邮电费、取暖费、安保费、保洁费、绿化费、物业费、差旅费、维修（护）费、租赁费、会议费、业务招待费、专用材料费、劳务费、学生活动费以及其他商品和服务支出等。

第十二条　对个人和家庭的补助支出包括离退休费、退职费、抚恤费、生活补助、医疗费、助学金费用、住房公积金、提租补贴、购房补贴及其他对个人和家庭补助支出等。

第十三条　长期待摊费用包括摊销期限在1年以上的租入固定资产改

良支出和其他费用。

第十四条 下列费用不得计入幼儿园保育教育定价成本：

（一）不符合《中华人民共和国会计法》等有关法律、法规，财务制度和国家统一的会计制度，以及价格监管制度等的费用；

（二）与幼儿园正常保育教育活动无关的费用，以及虽与正常保育教育活动有关，但有专项资金来源予以补偿的费用；

（三）幼儿园附属独立核算经济实体的支出；

（四）固定资产盘亏、毁损、闲置和出售的净损失；

（五）向上级管理部门上交的利润性质的管理费用、代上级管理部门缴纳的各项费用以及对附属单位的补助支出等；

（六）各类捐赠、赞助、滞纳金、违约金、罚款，以及计提的准备金；

（七）公益广告、公益宣传费用；

（八）幼儿园过度购置固定资产所增加的支出（折旧、修理费、借款利息等）；

（九）其他不合理费用。

第三章　定价成本核定

第十五条 幼儿园生均保育教育定价成本是指幼儿园保育和教育幼儿标准生的年平均成本。

生均保育教育定价成本=保育教育定价总成本÷幼儿标准人数

幼儿标准人数=（年初幼儿数×8+年末幼儿数×4）÷12

幼儿班均人数不得超过规定的班额，其中小、中、大班班额标准分别为25人、30人、35人，超过限额的人数不得计入幼儿标准人数。

第十六条 教职工人数。幼儿园教职工包括保教人员、卫生保健人员、行政人员、教辅人员、工勤人员等。幼儿园保教人员包括专任教师和保育员。幼儿园应当按照服务类型、教职工与幼儿以及保教人员与幼儿的一定比例配备教职工，满足保教工作的基本需要。

（一）单位定编人数。在职教职工总数如果突破单位定编人数，则按超编数、在职教职工人均工资及福利费、人均住房公积相应核减，未突破编制不核增。

（二）生师比。幼儿标准人数与教职工人数的合理比例（生师比），全日制服务类幼儿园幼儿与全园教职工比为：5∶1—7∶1，幼儿与全园保教人员比为：7∶1—9∶1；半日制服务类幼儿园幼儿与全园教职工比为：8∶1—10∶1，幼儿与全园保教人员比为：11∶1—13∶1；低于这一比例则按超比例教学人员数、教学人员的人均工资及福利费、人均公积金核减支出，高于这一比例不核增支出。

教职工生师比=标准学生数÷全园教职工人数

保教人员生师比=标准学生数÷全园保教人数

（三）除保教人员外其他人员。包括：园长、卫生保健人员、炊事人员、财会人员、安保人员等。

园长：6个班以下的幼儿园设1名，6—9个班的幼儿园不超过2名，10个班及以上的幼儿园可设3名。

卫生保健人员：根据《托儿所幼儿园卫生保健工作规范》配备。

炊事人员：幼儿园应根据餐点提供的实际需要和就餐幼儿人数配备适宜的炊事人员。每日三餐一点的幼儿园每40～45名幼儿配1名；少于三餐一点的幼儿园酌减；在园幼儿人数少于40名的供餐幼儿园（班）应配备1名专职炊事员。

财会人员：根据国家和地方有关财会工作规定配备。

安保人员：根据国家和地方有关安保工作规定配备。

（四）为幼儿提供住宿、伙食、校车等服务的教职工及人员费用，不得计入与保育教育对应的教职工核定人数及职工福利支出中；通过购买服务为公办幼儿园提供安保、卫生保健的工作人员，应当从可配备教职工总人数中剔除，其人员费用同时作相应调整。

第十七条　职工工资总额按照职工平均工资与在岗职工人数核定。

其中，职工平均工资原则上据实核定，但不得超过辖区内在编保教人员平均工资水平；由政府有关部门进行工资管理的，职工工资总额上限为按照其工资管理核定的数值。

因解除与职工的劳动关系给予的补偿，按照一定年限分摊计入定价成本。

第十八条 社会保险费（包含补充医疗和补充养老保险）、住房公积金、职工教育经费、工会经费、职工福利费，审核计算基数原则上按照幼儿园实缴基数核定，但不得超过核定的职工工资总额和当地政府规定的基数，计算比例按照不超过国家或者当地政府统一规定的比例确定。应当在职工教育经费、工会经费和职工福利费中列支的费用，不得在其他费用项目中列支。

第十九条 维修（护）费原则上据实核定，但下列情形应当予以核减：

（一）按规定提取的“专用基金-修购基金”；

（二）超过该固定资产原值50%且发生修理后固定资产的使用寿命延长2 年以上的固定资产改良支出。

超过该固定资产原值50%且发生修理后使用寿命延长2年以上的固定资产改良支出应予以资本化。尚未提足折旧的，增加固定资产原值，并适当延长折旧年限计提折旧；对已提足折旧的固定资产的改良支出，应作为递延资产，在不短于5年的期间内平均摊销。

第二十条 水、电费原则上据实核定。幼儿住宿区、食堂等发生的水、电费支出不得计入保育教育定价成本，水、电费尚未单独计量的，应当按照合理方法分摊。

第二十一条 业务招待费按照不超过当年单位预算中“商品和服务支出”的2%据实计入定价成本；没有预算会计资料的，按照审核后当年“商品和服务支出”扣除“业务招待费和维修（护）费”余额的2%核定。

第二十二条 其他商品和服务支出总额不得超过当年已核定的“商品和服务支出”总额（扣除业务招待费、维修费及其他商品和服务支出）的15%，未超过15%的据实核定。

第二十三条 离退休人员费用只计算由幼儿园负担的部分，不包括财政补助收入中的离退休人员拨款。

第二十四条 固定资产、无形资产等各类资产的原值，参照合理规模，遵循历史成本原则核定。按照规定进行过清产核资的，根据有关部门认定的固定资产价值核定。

未投入实际使用的、不能提供价值有效证明的、由政府补助或者社会无偿投入的资产，以及评估增值的部分不得计提折旧或者摊销费用。

固定资产折旧参照财政部《关于中小学校执行〈政府会计制度——行政事业单位会计科目和报表〉的补充规定》有关规定计提。

提供住宿服务的设备、用具，提供校车接送服务的交通工具，以及食堂专用的各种燃具、炊具、餐具、餐桌椅、冷藏设备等资产的折旧，不得计入保育教育定价成本；与保育教育项目共用的固定资产，应当根据具体使用情况合理分摊折旧。

第二十五条 无形资产从开始使用之日起，在有效使用期限内分摊计入年度费用中。其中，土地使用权费已计入地面建筑物价值且无法分离的，随建筑物提取折旧；其他按照土地使用权年限分摊。特许经营权费用原则上不得计入保育教育定价成本，政府规定允许计入的，按照特许经营年限分摊，没有特许经营年限的按30年分摊。专利权等其他无形资产，按受益年限分摊，没有明确受益年限的按不少于10年分摊。

第二十六条 长期待摊费用按照受益期间摊销计入定价成本。

第二十七条 借款利息支出原则上据实核定。年度利息支出差异较大的，按照还款期计算的年平均利息核定。

第二十八条 利用幼儿园办学资源在非保教时间提供住宿服务，以及为在园幼儿提供膳食服务和校车接送服务所发生的其他直接费用支出应当单独核算，不得计入保育教育定价成本。

第二十九条 由财政性补助资金和上级补助资金形成的费用支出以及因超限额招生取得的收入，应当冲减当期保育教育总成本。

第三十条 其他业务与幼儿园保教业务共同使用资产、人员或统一支付费用的，应当按照其他业务收入的一定比例冲减总成本，该比例可按收入比例、直接人员数量（工资）比例、资产占用时间（面积）比例或其他方法合理确定。

第三十一条 本办法未规定的其他费用，有关法律法规和国家政策已明确规定核算原则和标准的，按照有关规定核定；没有明确规定的，原则上据实核定，但应当符合公允水平。

第三十二条 对保育教育定价成本影响较大但不能直接进行核算的事项，应当在定价成本监审报告中予以说明。

第四章　附　则

第三十三条 本办法由山东省发展和改革委员会、山东省教育厅负责解释。

第三十四条 本办法自2020年5月1日起施行，有效期截至2025年4月30日。